Cuno Pümpin

Das Dynamik-Prinzip

Cuno Pümpin

Das Dynamik-Prinzip

Zukunftsorientierungen
für Unternehmer und Manager

ECON Verlag
Düsseldorf · Wien · New York

Meinen ehemaligen Assistenten
Hans O. Henkell
Hans-Peter Koller
Günther Pipp
Urs Rüegsegger
Walter Stecher
Markus Weber
Hans A. Wüthrich
gewidmet

CIP-Titelaufnahme der Deutschen Bibliothek

Pümpin, Cuno:
Das Dynamik-Prinzip: Zukunftsorientierungen für Unternehmer und Manager/
Cuno Pümpin. – Düsseldorf; Wien; New York: ECON Verl., 1989
ISBN 3-430-17607-7

Lektorat: Ulrike Preußiger-Meiser
Gesetzt aus der Times, Linotype
Satz: Lichtsatz Heinrich Fanslau, Düsseldorf
Papier: Papierfabrik Schleipen GmbH, Bad Dürkheim
Druck und Bindearbeiten: Bercker GmbH, Kevelaer
Printed in Germany
ISBN 3-430-17607-7

Inhalt

Geleit

Ein innovativer Beitrag zur Unternehmensführung

Die Wirtschaft durchläuft zur Zeit eine Phase der Umstrukturierung und der Globalisierung, welche auf Jahre, wenn nicht Jahrzehnte hinaus die strategischen Größenordnungen im Wettbewerb beeinflussen kann. Für jeden Unternehmer, gleich welcher Branche, geht es jetzt darum, sein Handeln den neuen Umständen anzupassen.
Ich habe Professor Pümpins Werk mit Interesse und Sympathie gelesen, bin ich dabei doch auf viele bekannte Themen und Forderungen gestoßen, mit denen ich mich im Verlaufe meiner beruflichen Tätigkeit, vor allem aber während der letzten Jahre als Chef der Nestlé-Gruppe, auseinanderzusetzen hatte. Das Buch enthält eine Reihe von innovativen Lösungsvorschlägen, welche die Verantwortlichen dazu ermutigen sollen, das Richtige zu tun.
Aus diesem Blickwinkel finde ich die Idee besonders wichtig, daß ein klares Unternehmenskonzept mit einem hohen Grad an Flexibilität verbunden sein muß. Dynamik, sicher eines der zentralen Elemente für den Erfolg eines Unternehmens, hängt in entscheidendem Maße von der Fähigkeit ab, rasch auf Änderungen im Markt, aber auch auf sich bietende Gelegenheiten zu reagieren. Dies steht keineswegs im Widerspruch zu einer strategischen Grundlinie, die ein Unternehmen davor bewahrt, mit überhöhter Sensibilität auf die oft widersprüchlichen Signale des Marktes hin zu handeln. Der Autor hat klar herausgearbeitet, daß die Kombination dieser beiden Faktoren – Konzept und Flexibilität – zu Dynamik und letztlich zum Erfolg führt.

Ich bin ihm dankbar, daß er den Begriff Dynamik in seinen zahlreichen Facetten ausgeschliffen und konkretisiert hat, und es hat mich gefreut, in Professor Pümpins Werk eine Reihe von Gedanken, die mir seit vielen Jahren am Herzen liegen, in einer neuen zukunftsgerichteten Kombination zu finden. Ich denke hier zum Beispiel an die dezentrale Organisation, an die operative Autonomie, an flache Strukturen und an eine Führungspolitik, die auf Menschen und Produkte ausgerichtet ist, nicht auf Systeme und Methoden, deren Überbetonung die Gefahr der Bürokratisierung in sich schließt.
Zur zentralen These der Nutzenpotentiale sei hier nur bemerkt, daß sich in der Tat eine gute Strategie nicht immer auf ausgetretenen Pfaden bewegt. Der wiederholte Hinweis auf die Bedeutung dieser Nutzenpotentiale erinnert mich an den alten Produktbegriff mit seinen Elementen von Gesamtleistung und Stärke; ich plädiere dafür, das Nutzenpotential kundenorientiert zu interpretieren, im Gegensatz zur oft begangenen Sünde, zuerst an den Nutzen für das Unternehmen und erst in zweiter Linie an jenen für den Kunden zu denken.
Ein weiterer Punkt, den auch der Autor hervorhebt, scheint mir sehr wichtig: Es reicht oft nicht, das Richtige zu tun, wenn der Zeitpunkt falsch gewählt ist. Das Timing spielt für unternehmerische Entscheide eine maßgebliche Rolle, und jeder Verantwortliche weiß um den Vorteil, das Richtige etwas früher getan zu haben als die Mitbewerber.
Es gereicht dem Werk zum Vorteil, daß es nicht konzeptionell-theoretisch am Schreibtisch entworfen wurde, sondern auf einer konkreten Untersuchung einer Reihe von Firmen beruht. Professor Pümpin hat die Managementdiskussion in vieler Hinsicht angereichert und ihr eine neue Dimension erschlossen. Ich bin sicher, daß es zu weiteren Überlegungen – so zum Beispiel zur Stakeholder-Theorie und zur Prioritätenordnung zwischen diesen Gruppen – Anlaß geben wird. Ich wünsche dem Buch viele Leser, die es nicht nur als interessante Lektüre empfinden, sondern auch von seinem Nutzenpotential für erfolgreiches unternehmerisches Handeln Gebrauch machen!

Vevey, im Mai 1989

Helmut Maucher
Delegierter des Verwaltungsrates der Nestlé AG

Vorwort

Wie dieses Buch entstand

Die Idee, dieses Buch zu schreiben, entwickelte sich im Verlaufe eines Forschungsseminars, das ich Ende 1986 gemeinsam mit der Tom Peters Group in der Nähe von London veranstaltete. Im Kreise von dreißig führenden Betriebswirtschaftern und Spitzenmanagern wurde die Frage erörtert, welche Schlüsselprobleme die Unternehmen in den kommenden Jahren mit der Perspektive auf den Jahrtausendwechsel zu lösen hätten. Die Kernerkenntnis, daß neue Wege zur Dynamisierung des Unternehmens gefunden werden müßten, war Grundlage für das nun vorliegende Konzept. Dieses hat sich allerdings aufgrund der hinzugewonnenen Erfahrungsbasis in beachtlichem Maße von den damaligen ersten Ergebnissen und den von Tom Peters formulierten Ansätzen entfernt.
Ein zweiter Zugang zum Thema Unternehmensdynamik ergab sich für mich daraus, daß ich etwa gleichzeitig in der Unternehmenspraxis intensiv mit Fragen des Turnaround-Managements konfrontiert wurde. Ich erhielt die Verantwortung für ein Unternehmen, das mit Verlusten arbeitete, bei dem also jeder nicht zur Verbesserung der Situation genutzte Tag eine Erhöhung der Verluste bedeutete und relativ genau definierbare Negativresultate mit sich brachte. In dieser Situation ist eine dynamische, auf Schnelligkeit ausgerichtete Veränderung eine zentrale Voraussetzung für eine erfolgreiche Trendwende.
Ein dritter Anstoß zu der vorliegenden Arbeit erfolgte schließlich durch aktuelle »Umweltturbulenzen« wie Wechselkursverschiebun-

**Dynamisierung ist eine zentrale Herausforderung für die Unternehmen in den neunziger Jahren.
Vermehrte und intensivere Umweltturbulenzen zwingen zur raschen und flexiblen Anpassung, denen die Unternehmen Rechnung tragen müssen.**

gen, Börsencrash 1987, technologische Quantensprünge, neue Werthaltungen und insbesondere die integrationspolitischen Entwicklungen (Stichwort: Europa 1992). All diese Faktoren machen eine dynamische Unternehmensanpassung zur zentralen Erfolgsvoraussetzung.

Für die Präsentation meines Stoffes hatte ich ursprünglich eine Gliederung vorgesehen, die auf den traditionellen Begriffen Strategie, Struktur usw. aufbaut. Doch auf diese Weise wären neue Betrachtungsweisen nicht deutlich genug hervorgetreten. Ich habe daher den unkonventionelleren und reizvolleren Weg eingeschlagen, indem ich bis jetzt relativ wenig beachtete unternehmerische Verhaltensweisen in bezug auf Nutzenpotentiale und Multiplikation in den Mittelpunkt gerückt habe. Dabei bin ich mir natürlich bewußt, daß ich die mit jeder Innovation verbundene Gefahr einkalkulieren muß, daß die Spanne zwischen Bekanntem und Neuem zu groß ausfällt. Die hier eingeschlagene Methode erscheint mir aber als ein sinnvoller Schritt, der zur Überwindung der in den vergangenen beiden Jahrzehnten etablierten Betrachtungsweisen führen kann. Sicherlich sind in dieser Richtung in Zukunft noch wesentliche Vertiefungen vorzunehmen.

Die Quellen dieses Buches sind vielfältig. Eine wertvolle Grundlage bilden meine Projekte mit Tom Peters und Michael Porter. Hinzu kommen meine persönlichen Erfahrungen als Verwaltungsrat international tätiger Firmen. Wichtig sind aber vor allem die vielen Gespräche, die ich, unterstützt durch meine Mitarbeiter, mit europäischen Topunternehmen führte, die gemäß den entwickelten Kriterien als besonders »dynamisch« gelten. Eine unverzichtbare Ergänzung bilden außerdem die zahlreichen Diskussionen mit Kollegen und Freunden. Auch diese haben – ebenso wie die vorhandene Fachliteratur – zu den vorliegenden Ergebnissen maßgeblich beigetragen.

Forschungsmethodisch spielte die kasuistische Methode eine wichtige Rolle. Mit meinen Mitarbeitern habe ich achtzehn europäische Unternehmen ausgewählt, die dem hier vertretenen Dynamikbegriff entsprechen. Die Auswahl erfolgte unter Anwendung verschiedener Kriterien. Im Vordergrund stand die Forderung, daß die Firmen den Nutzen für ihre Bezugsgruppen in relativ kurzer Zeit vervielfachen (siehe dazu den Dynamik-Begriff auf S. 30). Im weiteren spielte natürlich auch die Zugänglichkeit zu Informationen eine Rolle. So haben wir einerseits Wert auf Verfügbarkeit von Sekundärmaterial gelegt. Dieses bestand in Geschäftsberichten, Zeitschriftenartikeln, Firmenbroschüren, Firmengeschichten usw. Andererseits haben wir vorausgesetzt, mit Spitzenrepräsentanten der Firmen eingehende Gespräche führen zu können. Schließlich wollten wir uns nicht auf ein Land beschränken, sondern haben unsere Analysen von Anfang an auf ganz Europa ausgerichtet und auch amerikanische und japanische Firmen mit berücksichtigt.

Es ist zuzugeben, daß die Firmenauswahl keinen Anspruch auf Repräsentativität erheben kann. Auch muß hervorgehoben werden, daß die Analysen – wie nicht anders möglich – retrospektiv vorgenommen wurden. Unser Ziel bestand dementsprechend nicht darin, Aussagen über die zukünftige Dynamik und den zukünftigen Erfolg der beschriebenen Unternehmen vorzunehmen, vielmehr dienen die Fallstudien als Modelle, um vorher entwickelte Hypothesen zu überprüfen. Im Ergebnis hat dies dazu geführt, einige zu Beginn des Forschungsprozesses aufgestellte Hypothesen im Verlaufe der Firmenuntersuchungen zu revidieren. So haben sich die beiden Eckpfeiler des neuformulierten Konzepts – die Nutzenpotentiale und die Multiplikation – erst während der Recherchen immer deutlicher herauskristallisiert. Gerne benütze ich die Gelegenheit, an dieser Stelle allen nachstehend genannten Unternehmern für die offenen und hochinteressanten Gespräche herzlich zu danken, mit denen sie zum Entstehen dieses Buches beigetragen und in vieler Hinsicht nachahmenswerte Beispiele zum Ausdruck gebracht haben.

ASEA AB, Västeras (Dr. Curt Nicolin, Präsident des Verwaltungsrates); Bank in Liechtenstein, Vaduz (Christian Norgren, Präsident des Verwaltungsrates); Bertelsmann AG, Gütersloh (Dr. Mark Wössner, Vorsitzender des Vorstandes); Cartier SA, Paris (Pierre Haquet, Directeur Général, und Michel Gutin, Directeur Général); Club Méditerranée SA, Paris (Gilbert Trigano, Président-Directeur Géné-

Dieses Buch baut auf der kasuistischen Methode auf: Grundlage war eine Untersuchung von achtzehn europäischen Unternehmen, die sich in ihrer Entwicklungsgeschichte durch besondere Dynamik auszeichnen konnten.

ral, und Thierry Piekar, Generaldirektor Club Méditerranée Suisse); Crossair AG, Basel (Moritz Suter, Delegierter des Verwaltungsrates); Electrolux AB, Stockholm (Hans Werthén, Präsident des Verwaltungsrates); Forbo AG, Zürich (Dr. R. Ruepp, Delegierter des Verwaltungsrates); Glaxo PLC, London (Sir Paul Girolami, Chairman of the Board); Hanson PLC, London (M. G. Taylor, Vice-Chairman of the Board, und Alexander C. Notter, Direktor); IKEA, Älmhult (Ingvar Kamprad, Gründer); Jacobs Suchard AG, Zürich (Klaus Jacobs, Präsident des Verwaltungsrates); METRO International AG, Zug (Hans-Dieter Cleven, Mitglied des Verwaltungsrates und Vizepräsident der Generaldirektion; Erwin Conradi, Delegierter des Verwaltungsrates und Präsident der Generaldirektion; Dr. Hannjörg Hereth, Mitglied des Verwaltungsrates und Vizepräsident der Generaldirektion); Mikron AG, Biel (Dr. Theo Fässler, Präsident des Verwaltungsrates); Nokia Corporation, Helsinki (Kari Kairamo, Präsident des Verwaltungsrates); Ing. C. Olivetti & C., S.p.A., Ivrea (Dr. Bruno Lamborghini, Direktor); Sarna AG, Sarnen (Dr. H. P. Käser, Direktor); Schweizerische Kreditanstalt, Zürich (Robert Jeker, Präsident der Generaldirektion).

Bereits Mitte der achtziger Jahre hatte ich Gelegenheit, mit einigen Spitzenvertretern japanischer Unternehmen Gespräche zum Thema Strukturwandel und dynamische Anpassung an neue Entwicklungen zu führen. Auch diese Diskussionen haben die vorliegende Arbeit maßgeblich beeinflußt, und ihnen allen gebührt Dank.

Mein ganz besonderer Dank gebührt aber auch noch weiteren Gesprächspartnern. Nennen möchte ich hier Dr. Markus Altwegg, stellvertretender Generaldirektor, F. Hoffmann-La Roche & Co. AG, Basel; Professor Dr. Knut Bleicher, Hochschule St. Gallen; Professor Dr. Silvio Borner, Universität Basel; Professor Dr. E. Brauchlin, Hochschule St. Gallen, Max Burger, Partner, Corporate Finance Partners, Zürich; Walter Ernst, Direktor, ATAG Allgemeine Treuhand AG, Zürich; Professor Dr. Peter Gomez, Direktor, Distral AG, Zürich; Dr. Carlo Imboden, Geschäftsführer, Implementa AG, Bern; James A. Kohlberg, Partner, Kohlberg & Co., New York; Alex O.

Lendi, Vorstandsmitglied, Hilti AG, Schaan; Dr. Peider Mengiardi, Präsident des Verwaltungsrates, ATAG Allgemeine Treuhand AG, Basel; Jeffrey D. Tannenbaum, Direktor, Kohlberg & Co., New York; G. Richard Thoman, President, American Express Travel Related Services Intl., New York; Dr. Hans von Werra, Delegierter des Verwaltungsrates, Sprecher & Schuh Holding AG, Aarau; PD Dr. Hans Peter Wehrli, Universität Zürich; Dr. Hans Widmer, Präsident des Verwaltungsrates, Maschinenfabrik Schweiter AG, Horgen; Dr. Hans A. Wüthrich, Partner, D&RSW AG, Zürich.

Danken möchte ich sodann meinen wissenschaftlichen Mitarbeitern Toni Calabretti, Balz Ryf und Michele Vela. Sie haben nicht nur die vielen mit jeder Buchpublikation verbundenen Basisarbeiten ausgeführt, sondern meine Arbeit auch in vielen kritischen Diskussionen mit ihrer Unvoreingenommenheit und Kreativität befruchtet. Danken darf ich aber auch meiner Sekretärin Frau M. Eschmann, die viele administrative Aufgaben tatkräftig erfüllt hat.

Ein weiteres Dankeschön schulde ich Herrn Dr. Haro Eden, Direktor der Handelskammer Deutschland-Schweiz, der innerhalb kürzester Zeit das Buch redaktionell bearbeitet hat. Er hat das Werk mit einer ganzen Reihe von Anregungen bereichert.

Mein ganz besonderer Dank gebührt schließlich meiner Frau Ruth und meinen Töchtern Simone, Catherine und Susanne, die mich jederzeit mit viel Verständnis unterstützt und dafür gesorgt haben, daß ich ungestört meinem Vorhaben nachgehen konnte.

Cuno Pümpin

Jona, im März 1989

Prolog: Zwei Firmengeschichten

Electrolux: Vom Staubsaugerhersteller zur Nr. 1 im Weißwarengeschäft

Noch vor zirka zwanzig Jahren war der Weißwarenmarkt (Kühlschränke, Gefrierschränke, Waschmaschinen, Kochherde usw.) durch die Grenzen des jeweiligen Landes definiert, denn in jedem lokalen Markt kämpften einige Anbieter um Marktanteile. In der Bundesrepublik zählten beispielsweise AEG, Bauknecht, Bosch, Miele und Siemens zu den wichtigsten Konkurrenten. Bereits zu jener Zeit neigten viele Landesmärkte zur Sättigung.

Damals war Electrolux vor allem bekannt als schwedischer Staubsaugerhersteller, der in seinem Heimmarkt auch noch in beschränktem Umfang Kühlschränke produzierte und anbot. Der Konzernumsatz betrug 1967 850 Mio. DM. Besonders im Weißwarenbereich war dieser wesentlich geringer als der der namhaften internationalen Konkurrenz.

Im Jahre 1988 präsentiert sich das Bild wie folgt: Electrolux ist der weltgrößte Hersteller von Weißwaren mit einem Gesamtumsatz von 22 Mrd. DM. Viele mit Electrolux in Beziehung stehende Personenkreise profitierten von dieser Expansion. Die Kunden erfreuten sich über die Qualitätsverbesserungen und über die Preissenkungen. Für die Arbeitnehmer stiegen die von Electrolux angebotenen Stellen von 19 150 im Jahre 1967 auf 140 500 im Jahre 1988. Hierdurch ergaben sich einerseits für viele tüchtige junge Manager neue, interessante und herausfordernde Aufgaben, und andererseits hatten die Kapitalgeber ebenfalls einen hohen Nutzen. Der Aktienkurs stieg (adjustiert) von 23 skr Ende 1967 auf über 310 skr Anfang 1989. Auch das öffentliche Gemeinwesen profitierte insofern von Electrolux, als das Steueraufkommen von 22,8 Mio. skr im Jahre 1967 auf 914 Mio. skr im Jahre 1987 anstieg. Schließlich sind die Lieferanten zu erwähnen. Sie hatten Vorteile durch das Wachstum des Unternehmens in der Form zusätzlicher Zulieferaufträge. Dazu kommt, daß sie bei Electrolux (im Gegensatz zu den Firmen AEG und Bauknecht, die im Jahre 1982 in den Vergleich respektive den Konkurs gingen) keinerlei Debitorenverluste erlitten. Insgesamt gesehen wird dabei deutlich, daß Electrolux in den vergangenen zwanzig Jahren für alle Bezugsgruppen, d. h. für alle mit ihr in Beziehung stehenden Organisationen und Personen, einen signifikant höheren Nutzen als vergleichbare Wettbewerber stiftete.

Wie kann diese Entwicklung erklärt werden?

1967 berief der schwedische Industrielle und Hauptaktionär von Electrolux, Marcus Wallenberg, den 47jährigen Hans Werthén an die Spitze der damals stagnierenden Electrolux. Werthén erkannte, daß angesichts der Sättigung des Weißwarenmarktes eine herkömmliche Marketingstrategie kaum zu einem Durchbruch geführt hätte. Hätte man versuchen wollen, zusätzliche Marktanteile mittels eines optimierten Einsatzes der Absatzinstrumente zu gewinnen, so hätte man sich in aufwendige Werbe- und Preiskämpfe verstrickt und bestenfalls marginale Fortschritte erzielt.

Werthén wollte jedoch in neue Dimensionen vorstoßen, denn er ging von der richtigen Erkenntnis aus, daß in Europa immer mehr mittelständische Weißwarenhersteller in Schwierigkeiten geraten würden. Er sah in dieser Tatsache eine große Chance für sein Unternehmen, weil er erkannte, daß durch die Übernahme und Restrukturierung derartiger Firmen ein beachtlicher Nutzen erzielt werden könnte. Dieser resultierte weniger auf der Markt- als auf der Finanz- und Produktionsseite.

Electrolux entwickelte sich vom lokalen Haushaltsgerätehersteller zum weltweit führenden Fabrikanten von Weißwaren.

Der Vorstoß in neue unternehmerische Dimensionen erfolgte durch die Übernahme und Restrukturierung von Wettbewerbern.

1985:	**Zanker**	**Bundesrepublik Deutschland**
	Beijer Bygg	**Schweden**
	Duo-Therm	**USA**
	Staub / BM	**Frankreich**
	Righton	**Großbritannien**
1986:	**White**	**USA**
	Gotthard	**Schweden**
	Poulan / WE	**USA**
1987:	**Tricity / Stott Benham**	**Großbritannien**
	D & M	**USA**
	AKTA	**Schweden**
1988:	**Corberó / Domar**	**Spanien**
	Unidad Hermética	**Spanien**
	Briax / Kolb / Cooldr.	**GB / Bundesrepublik / Australien**
	A & E System	**USA**
	Alpeninox	**Italien**
	American Yard Prod.	**USA**

Abb. 1: Die wichtigsten Akquisitionen und Restrukturierungen von Electrolux 1985–1988

Auf der Finanzseite konnte Werthén nach Firmenübernahmen oft unbenötigte Aktiva veräußern und auf diese Weise mehr als den Kaufpreis zurückholen. Mittels Produktionszusammenlegungen wurden die Stückkosten markant gesenkt, was zu einer deutlichen Margenverbesserung gegenüber der Konkurrenz führte. Der internationale Austausch von Produktions-Know-how ermöglichte zudem Qualitätsverbesserungen, die den Kunden zugute kamen.

Kernstücke der Strategie waren eindeutig die Akquisition und Restrukturierung von Weißwarenfirmen (und nicht etwa die Optimierung des Marketingmix). »Ich hielt mich an das Kaiserhaus Habsburg, das seinen Machtbereich durch Heirat vergrößerte«, sagte Werthén.[1]

Im Gegensatz dazu konzentrierten sich die meisten deutschen (und europäischen) Konkurrenten wie AEG und Bauknecht darauf, über den Marketingmix ihre Stellung zu verbessern. AEG investierte z. B. massiv in das Produktdesign, und ihre Geräte wurden dafür mehrfach ausgezeichnet. Die Entwicklung zeigt jedoch sehr deutlich, daß in weitgehend gesättigten Märkten eine ausschließliche Optimierung der Marketingaktivitäten kaum die Lösung darstellen kann. Viele Weißwarenhersteller, welche diesen Weg begingen, mußten letztlich Konkurs oder Vergleich (AEG, Bauknecht, Zanussi) anmelden. Zahlreiche andere Betriebe wurden noch in letzter Minute an Electrolux verkauft, der es gelang, dank ihrer Restrukturierungsstrategie diese Firmen wieder rasch zur Blüte zu bringen.

Die Festlegung einer Akquisitions- und Restrukturierungsstrategie ist die eine, ihre Durchsetzung die andere Sache. Und hier hat Electrolux Großartiges geleistet. Ein Erfolgskriterium dabei war die Geschwindigkeit, mit der Electrolux ihre Projekte realisierte. Bei der Akquisition des drittgrößten US-Herstellers weißer Ware, der Firma White Consolidated, wurden die Verhandlungen innerhalb einer Woche abgeschlossen. Die sich im Konkurs befindende Zanussi-Gruppe erreichte bereits ein Jahr nach der Übernahme wiederum den Breakeven-Point. Dieses hohe Umsetzungstempo wurde durch den Einsatz von Task-Forces, drei bis vier Mann starken Gruppen, erreicht, welche an Ort und Stelle den neuen Partner auf potentielle Synergieeffekte bei Einkauf, Produktion und Vertrieb untersuchen. Weitere Charakteristika der Electrolux sind die weitestgehende Dezentralisierung und die hohe Flexibilität innerhalb der definierten Marschrichtung. Dazu gehört auch ein ausgesprochen unkonventionelles, bisweilen sogar kühnes Vorgehen. Werthén fragt beispielsweise seine Länderchefs anläßlich seiner Besuche immer wieder: »Wenn wir wirklich den Teufel loslassen wollen, was würdest du tun?« Die bei solchen »Brainstormings« gewonnenen Ideen werden nicht selten in die Tat umgesetzt.

Bei den Grundlagen des Erfolgs von Electrolux handelt es sich also nicht um verzweifelte Perfektionierungsbemühungen in ihrem ange-

Viele europäische Konkurrenten von Electrolux konzentrierten sich zu stark auf die Optimierung ihres Marketingmix und der herkömmlichen Geschäftstätigkeiten. Auf diese Weise konnten sie keinen entscheidenden Durchbruch erzielen.

stammten Geschäftsbereich, sondern das schwedische Unternehmen suchte systematisch und fand daher auch Wertschöpfungsmöglichkeiten in völlig neuen Aktivitätsfeldern. Übernahmen und Restrukturierungen waren keine einmaligen Sonderanlässe, sondern wurden zur immer wieder zu vollziehenden Kerntätigkeit. So akquirierte und restrukturierte Electrolux in den letzten zwanzig Jahren nicht weniger als vierhundert Firmen verschiedenster Größenordnungen. Diese wiederholte Abwicklung der Akquisitions- und Restrukturierungsprozesse ließ Electrolux eine einmalige Fertigkeit erreichen, welche zu den Grundvoraussetzungen für die unternehmerische Wertschöpfung und die Nutzengenerierung zählt.

Glaxo: Wie überholt man die ganze Pharmaprominenz?

Im Jahre 1979 war Glaxo noch ein mittelgroßes englisches Chemieunternehmen, das mit Pharmazeutika, Lebensmitteln, Spezialchemikalien, Landwirtschafts- und Gartenprodukten einen Umsatz von 539 Mio. £ erzielte. 1988 betrug der praktisch ausschließlich mit Pharmazeutika erzielte Umsatz 2 059 Mio. £. Durch diese dynamische Expansion wurde Glaxo innerhalb weniger Jahre zum zweitgrößten Pharmahersteller der Welt. Einzig die amerikanische Merck wurde von Glaxo noch nicht vom Spitzenplatz verdrängt. Alle anderen renommierten Hersteller – Hoechst (1981 Nr. 2), Ciba-Geigy (noch 1987 Nr. 2), American Hospital (1984 Nr. 2) usw. – wurden spielend überholt.
In diesen zehn Jahren konnte der Gewinn nach Steuern von 47 Mio. £ auf 571 Mio. £ erhöht werden. Die Dividendenzahlungen wurden von 13 Mio. £ (1979) auf 185 Mio. £ (1988) gesteigert. Auch das Gemeinwesen profitierte von Glaxo in der Form eines von 25 Mio. £ (1979) auf 261 Mio. £ (1988) erhöhten Steueraufkommens.
Anhand dieses Beispiels sehen wir wiederum, daß Glaxo durch seine Expansion den Nutzen sowohl für die Mitarbeiter (attraktive Arbeits-

	1985	1986	1987	1988
1	Merck	Merck	Merck	Merck
2	American H.	Ciba-Geigy	Ciba-Geigy	Glaxo
3	Ciba-Geigy	American H.	Glaxo	Ciba-Geigy
4	SKB	SKB	American H.	American H.
5	Pfizer	Hoechst	Hoechst	Hoechst
6	J&J	Pfizer	SKB	SKB
7	Hoechst	Glaxo	Pfizer	Pfizer
8	Eli Lilly	J&J	J&J	Sandoz
9	Bristol-Myers	Eli Lilly	Sandoz	Eli Lilly
10	Roche	Sandoz	Eli Lilly	Bayer

Abb. 2: Die »Top ten« der Pharmabranche

plätze, persönliche Entwicklungsmöglichkeiten) als auch für die Aktionäre und das Gemeinwesen massiv gesteigert hat. Vor allem haben aber die Kunden von den Firmenleistungen profitiert. Beispielsweise können heute dank dem von Glaxo entwickelten und angebotenen Medikament Zantac, das gegen Magenschleimhautentzündungen eingesetzt wird, Magengeschwüroperationen in vielen Fällen vermieden werden.

Worin liegt somit das »Geheimnis« für die dynamische Entwicklung dieses britischen Pharmaherstellers?

Ein Markstein bildete sicher die Übertragung der Geschäftsleitung auf Sir Paul Girolami im Jahre 1980. Er entschloß sich zu einer Reihe von dramatischen Neuorientierungen. Dazu gehörte die volle Konzentration auf das Pharmageschäft, was bewirkte, daß in den achtziger Jahren alle Aktivitäten außerhalb des Pharmageschäfts aufgegeben wurden.

Sir Pauls Hauptleistung bestand jedoch darin, daß er den Pharmavertrieb revolutionierte. Bis 1980 war es unvorstellbar, daß ein Pharma-

Glaxo avancierte innerhalb kürzester Zeit zum zweitgrößten Pharmahersteller der Welt. Eine Revolution im Pharmavertrieb, das Co-Marketing, eröffnete dem Unternehmen völlig neue Expansionsmöglichkeiten, die es zu nutzen verstand.

hersteller ein von ihm entwickeltes Produkt einem Konkurrenten zum Vertrieb überlassen würde. Sir Paul hatte jedoch nur ein Ziel: Er wollte die Ende der siebziger Jahre registrierte Substanz Ranitidin, die hauptsächlich unter dem Markennamen »Zantac« angeboten wurde, mit höchster Geschwindigkeit in möglichst vielen Märkten einführen. Dazu fühlte er sich infolge der relativ kurzen Dauer des Patentschutzes gezwungen, denn der Aufbau einer eigenen Absatzorganisation hätte viel zuviel Zeit in Anspruch genommen.

In dieser Situation erkannte Sir Paul das Potential, das in der Kooperation mit anderen Pharmaorganisationen vorhanden war. Innerhalb kürzester Zeit wurden Kooperationsvereinbarungen mit einer ganzen Reihe von »Konkurrenten« abgeschlossen. Beispielsweise wurde Zantac in den USA gleich über drei Absatzorganisationen vertrieben. Dies ermöglichte es Glaxo, den USA-Umsatz von 66 Mio. £ im Jahre 1983 auf 193 Mio. £ im Jahre 1984 zu verdreifachen und innerhalb von fünf weiteren Jahren einen Umsatz von 831 Mio. £ zu erreichen. Erst der Entschluß zur Kooperation mit anderen Pharmafirmen – bei Glaxo spricht man von Co-Marketing – führte letztlich zu der unvorstellbaren Expansionsdynamik, aber auch zu der einmaligen Ertragskraft von Glaxo (Umsatzrentabilität vor Steuern 1988 entspricht 40 %)!

Ein zweites schlummerndes Potential entdeckte Sir Paul in den internen organisatorischen Abläufen, die Glaxo zur Registrierung neuer Wirkstoffe anwendete. Wie praktisch alle Pharmahersteller benützte Glaxo bis Ende der siebziger Jahre ein sequentielles Vorgehen: Neue Wirkstoffe wurden zu Beginn lediglich im Heimmarkt registriert. Sir Paul entschloß sich kurzum, die Wirksubstanz Ranitidin gleichzeitig weltweit in allen wichtigen Pharmamärkten registrieren zu lassen. Dieser Übergang von der damals normalen sequentiellen Registrierung (die Bewilligung für den Vertrieb von Medikamenten wird hier von den Gesundheitsbehörden der einzelnen Länder hintereinandergestaffelt eingeholt) zur Parallelregistrierung stellte eine hochkreative Lösung und epochemachende Innovation dar. Wohl kaum hätte sich einer der prominenten Pharmakonzerne infolge der verschiedentlich feststellbaren bürokratischen Organisationsstrukturen und der herr-

schenden Meinung (»Wir haben es immer schon so gemacht«) zu einer derart unkonventionellen Lösung durchringen können. Nur ein Außenseiter – Sir Paul war früher als Revisor von Cooper Brothers and Co. für Glaxo tätig – konnte eine derartige Entscheidung fällen.
Sicher ist der Erfolg von Glaxo ebenfalls auf leistungsfähige Medikamente und insbesondere die neuentwickelte Wirksubstanz Ranitidin zurückzuführen. Wohl bietet das entsprechende Medikament Zantac gegenüber dem Konkurrenzprodukt Tagamet von Smith-Kline Beckmann gewisse Vorteile. So muß Zantac im Vergleich zu Tagamet nur zwei- bis dreimal pro Tag (gegenüber sieben- bis achtmal bei Tagamet) verabreicht werden. Dieser Wettbewerbsvorteil allein kann jedoch keinesfalls den durchschlagenden Erfolg von Glaxo erklären.

Und die Moral von der Geschicht'...

Betrachten wir die zwei angeführten Beispiele, so fällt durchaus eine Reihe von Parallelen auf.
Beiden beschriebenen Firmen ist es gelungen, in völlig neue unternehmerische Dimensionen vorzustoßen. Beide Unternehmen waren in der Ausgangslage relativ statische Wettbewerber, die in ihren Branchen eine untergeordnete Rolle spielten. Innerhalb relativ kurzer Zeit haben sie jedoch eine Metamorphose durchgemacht. Electrolux wurde zum weltgrößten Anbieter von Weißwaren, und Glaxo etablierte sich auf Platz zwei der Pharmagiganten.
Maßgeblich ist weniger das Umsatzwachstum, sondern entscheidend ist, daß beide Firmen für viele Gruppen, mit denen sie in Kontakt stehen – die sogenannten Bezugsgruppen – einen großen Nutzen stiften. So profitieren von diesem Vorstoß in neue Dimensionen Kunden (qualitativ hochwertige Produkte), Mitarbeiter (neue Arbeitsplätze), Kader (Entwicklungsmöglichkeiten), aber auch Lieferanten (expandierende, sichere Geschäftsbeziehungen), das öffentliche Gemeinwesen (höhere Steuern, Zuwendungen) und nicht zuletzt die Aktionäre

Eine weitere entscheidende Innovation wurde im ablauforganisatorischen Bereich erzielt: Durch die Einführung der Parallelregistrierung neuer Medikamente konnte der Produkteinführungsprozeß dramatisch beschleunigt werden.

(Dividende, Kurssteigerung). Schon aus diesen beiden Beispielen läßt sich ableiten, daß dynamische Unternehmen den Nutzen für die Bezugsgruppen substantiell erhöhen.
Eine weitere Gemeinsamkeit zwischen den zwei Firmen ergibt sich aus der Art und Weise, wie dieser Vorstoß in neue Dimensionen unternommen wurde.
Bei herkömmlicher Betrachtungsweise könnte man einfach sagen, daß beide Firmen geschickt die jeweiligen Marktpotentiale – Electrolux diejenigen für Weißwaren, Glaxo diejenigen für pharmazeutische Spezialitäten – erschlossen hätten. Eine nähere Analyse deckt jedoch schnell auf, daß damit nicht der Kern der Sache getroffen wird. Prüfen wir nämlich, wie die beiden Firmen die gewaltigen Wertschöpfungen und Nutzensteigerungen für die Bezugsgruppen erzielt haben, so stellen wir fest, daß weniger die Erschließung des Marktpotentials, sondern daß andere Grundverhaltensweisen ausschlaggebend waren: So erkannte Hans Werthén das Potential, das in der Übernahme und Restrukturierung von Weißwarenfirmen liegt. Sir Paul Girolami war der erste, der das enorme Kooperationspotential über das Co-Marketing erschloß. Zudem innovierte er den gesamten Prozeß der Produkteregistrierung. Werthén multiplizierte in der Folge den Akquisitions- und Restrukturierungsprozeß und wandte ihn über vierhundertmal an. Sir Paul multiplizierte die mit dem Co-Marketing verbundenen Kooperationsprozesse.
Doch vergleichen wir nochmals die Verhaltensweisen der Wettbewerber mit denjenigen der hier beschriebenen Firmen.
Bei den Weißwarenfirmen fällt auf, daß sich viele deutsche und italienische Anbieter auf eine intensivere Durchdringung der Heimmärkte konzentrierten. Demgegenüber wählte Electrolux mit der Übernahme und Restrukturierung von Weißwarenfirmen eine völlig andere Strategie. Gewiß blieb auch Electrolux weiterhin mehr oder weniger in der angestammten Branche tätig, die erfolgsbringende Geschäftsaktivität war jedoch eine neuartige: Nicht die klassische Marktdurchdringung (intensivere Durchdringung existierender Märkte mit bekannten Produkten), sondern die Übernahme und Restrukturie-

rung von ehemaliger Konkurrenz stand im Mittelpunkt der Wertschöpfung von Electrolux. Diese Wertschöpfung entstand durch die Reorganisation übernommener Firmen, indem ihr Ertragswert drastisch erhöht wurde. Der Hauptunterschied zwischen Electrolux und den meisten deutschen und italienischen Konkurrenten liegt somit primär im neuen Unternehmenskonzept. Damit jedoch Electrolux dieses überhaupt entwickeln und realisieren konnte, war wesentlich mehr erforderlich. Erfolgsvoraussetzung war eine neue unternehmerische Grundhaltung, nämlich die flexible, unkonventionelle und systematische Suche nach neuen Möglichkeiten zur Wertschöpfung und Nutzenstiftung und deren dynamische Umsetzung.
Der Großerfolg von Glaxo ist vor allem in der Kooperation, nämlich im völlig neuen Angehen des Marktes mittels Co-Marketing, aber auch in der organisatorischen Revolution der Parallelregistrierung zu sehen. Beide Maßnahmen waren nur dank einer neuen unternehmerischen Grundhaltung möglich, zeichneten sie sich doch durch flexibles, unkonventionelles und äußerst kreatives Vorgehen aus. Demgegenüber verfolgten traditionelle Pharmahersteller eher klassische und konventionelle Führungsansätze, die letzten Endes zu Statik und damit zu verpaßten Chancen führten.
Zusammenfassend erkennen wir, daß dynamische Unternehmen ihre Aktivitäten auf neue Möglichkeiten ausrichten. Sie gehen gegenüber ihren ursprünglichen Wettbewerbern völlig eigene, neuartige und kreative Wege, denn nur hierin kann der wahre Kern der Unternehmensdynamik liegen.

Der Erfolg der schwedischen Firma Electrolux und der englischen Glaxo lag in erster Linie darin begründet, daß es ihnen gelang, mittels innovativer Konzepte einen überlegenen Nutzen für alle Bezugsgruppen gleichzeitig zu stiften.

1. Teil:
Das Dynamik-Prinzip

1. Dynamik – Basis prospektiver Unternehmensführung

Dynamische Unternehmen meistern Turbulenzen

Die Entwicklungen im Umfeld unserer Unternehmen sind in den letzten Jahren durch zunehmende Turbulenzen geprägt.

- Wirtschaftliche Entwicklungen wie der entstehende europäische Binnenmarkt, die Schuldenkrise, Wechselkursveränderungen usw. zwingen die Unternehmen zu raschen Anpassungsmaßnahmen.
- Im rechtlich-politischen Bereich können neue Gesetze und Verordnungen neue Rahmenbedingungen schaffen. Aber auch globalpolitische Entwicklungen wie z. B. Perestroika oder daraus resultierende Gegenbewegungen haben ihre ökonomischen Auswirkungen.
- Gerade in jüngster Zeit sind im technologischen Bereich rasante Fortschritte erzielt worden, deren Umsetzung für viele Unternehmen eine zentrale Herausforderung darstellt.
- Neue Auflagen ergeben sich in zunehmendem Maße seitens der Ökologie. Die damit verbundenen Problemstellungen sind vielfach weitreichender, als vor kurzem noch angenommen.
- Soziale Einflüsse, wie die Bevölkerungsstagnation in den meisten Industrieländern, die nach wie vor brisante Bevölkerungsexplo-

Zunehmende Turbulenzen in Wirtschaft, Technologie, Ökologie sowie im rechtlich-politischen als auch im sozialen und kulturellen Bereich beeinflussen in immer stärkerem Ausmaß die Unternehmen. Dynamik wird somit zur Erfolgsvoraussetzung.

sion in vielen Drittweltländern, aber auch sozialpsychologische Entwicklungen wie der zunehmende Hedonismus, werden in Zukunft an Bedeutung gewinnen.

Diese Entwicklungen können in den für die Unternehmen relevanten Absatz- oder Beschaffungsmärkten, aber auch in Finanz- und Personalmärkten innerhalb kürzester Zeit zu dramatischen Veränderungen führen, Veränderungen, die eben als Turbulenzen in Erscheinung treten. Ausfluß dessen sind die immer häufiger auftretenden Firmenübernahmen, denn die Turbulenzen kommen nicht zuletzt auch darin zum Ausdruck, daß ehemalige Spitzenfirmen überraschend schnell von der Bildfläche oder ihren Positionen verschwinden können. So sind beispielsweise von den 100 größten Firmen der Fortune-500-Liste des Jahres 1966 bis zum Jahre 1986 53 Unternehmen ausgeschieden. Von den restlichen 47 Firmen waren 23 schlechter plaziert. In der Schweiz sind 7 Industriefirmen, die noch im Jahre 1970 unter den 20 größten figurierten, 1988 nicht mehr in einer entsprechenden Liste enthalten.

Aus den aufgeführten Veränderungen ergeben sich sowohl Chancen als auch Gefahren. Erfolgreiche Unternehmen zeichnen sich dadurch aus, daß sie nicht nur die Gefahren abwenden, sondern zusätzlich die greifbaren Chancen zielstrebig nutzen. Dabei gilt jedoch immer ein Grundsatz: Je turbulenter die Umwelt- und Marktentwicklung, desto rascher muß sich das Unternehmen anpassen. Hier liegt der Hauptgrund für die zunehmende Bedeutung der Unternehmensdynamik: Nur dynamische Unternehmen sind in der Lage, die sich bietenden Chancen so auszuschöpfen, daß der Nutzen für die Bezugsgruppen um ein Mehrfaches zunimmt.

Dieser an und für sich einfache Zusammenhang wird leider von vielen Unternehmen verdrängt. Aus verschiedensten Gründen wird anstelle einer prospektiven Chancenausnützung eine schwerfällige Abwehrpolitik verfolgt. Mittels bürokratischer Regelungen versucht das Management, sich vor Umweltturbulenzen abzuschirmen. Dadurch wird die Diskrepanz zwischen Unternehmensleistung und Umwelterfordernissen immer größer: Das Verpassen des Anschlusses, ja der Niedergang sind programmiert. Unternehmensdynamik wird somit in Zeiten turbulenter Umweltveränderungen eine zentrale Erfolgsvoraussetzung.

Maßstab der Dynamik: Nutzen für Bezugsgruppen

Bereits die einleitenden Betrachtungen zeigen uns, daß sich dynamische Unternehmen dadurch auszeichnen, daß sie flexibel die sich in turbulenten Zeiten bietenden Chancen ausnützen. Dies ist jedoch nicht das einzig Entscheidende. Aus den Beispielen Electrolux und Glaxo können wir vielmehr lernen, daß diese Firmen vor allem Nutzen generieren. Ihre Dynamik führt zu substantiellen Wertsteigerungen. Damit kann auch die Basisdefinition abgeleitet werden!

Unter einem dynamischen Unternehmen ist eine wirtschaftliche Einheit zu verstehen, welche den Nutzen für ihre Bezugsgruppen innerhalb relativ kurzer Zeit um ein Mehrfaches erhöht. Eine Definition, aus der einige Erkenntnisse abgeleitet werden können:

Im Mittelpunkt steht der Nutzen für die Bezugsgruppen, d.h. für diejenigen Personenkreise und Organisationen, die mit dem Unternehmen in einer Beziehung stehen.[1] In der Regel generiert das dynamische Unternehmen nicht nur Vorteile für eine Bezugsgruppe (z.B. Aktionäre), sondern in ausgewogener Weise für alle.

Das dynamische Unternehmen erhöht den Nutzen um ein Mehrfaches und begnügt sich nicht mit marginalen Steigerungen. Ihm gelingt es, in neue unternehmerische Dimensionen vorzustoßen.

Der Faktor Zeit ist von zentraler Bedeutung. Durch die Dynamik wird es möglich, die Nutzensteigerung innerhalb einer relativ kurzen Zeitspanne, in der Regel innerhalb weniger Jahre, zu erzielen.

Eng mit dem Begriff »dynamisches Unternehmen« verbunden ist der Ausdruck »Unternehmensdynamik«. In diesem Fall stehen die spezifische, eben auf Dynamik ausgerichtete Ausgestaltung des Unterneh-

Als dynamisch bezeichnen wir im folgenden diejenigen Unternehmen, welche den Nutzen für ihre Bezugsgruppen – Kunden, Mitarbeiter, Aktionäre, Gemeinwesen usw. – innerhalb relativ kurzer Zeit um ein Mehrfaches erhöhen können.

mens sowie die entsprechenden Verhaltensweisen im Vordergrund. Als Unternehmensdynamik könnte man demnach die Entfaltung eines Unternehmens bezeichnen, die zu einer Vervielfachung des Nutzens für die Bezugsgruppen in relativ kurzer Zeit führt.
Stößt ein Unternehmen aus einer statischen Ausgangslage in neue Dimensionen vor und vervielfacht so den Nutzen für seine Bezugsgruppen, so nennen wir diesen Prozeß »Dynamisierung«.
Durch diese relativ pragmatischen Definitionen wird es möglich, mit Hilfe einer empirischen Betrachtung Erkenntnisse über das Wesen der Unternehmensdynamik zu gewinnen. Aus diesem Grund besteht das zentrale Ziel dieses Buches auch darin, Unternehmern, Spitzenkräften der Wirtschaft und unternehmerischen Managern Wegweisungen zur dynamischen Führung des Unternehmens zu geben. Welche Managementgrundsätze wenden dynamische Unternehmen an? Wie soll ein dynamisches Unternehmen geführt werden? – Diese und weitere zentrale Fragen sollen im folgenden beantwortet werden.

Ist Dynamik anzustreben?

Wir leben in einer Zeit, in welcher zu Recht über das von Menschen Machbare und dessen Grenzen nachgedacht werden muß. Zumal da von einem wachsenden Teil unserer Gesellschaft quantitatives Wachstum mit Argwohn betrachtet wird.
Es liegt aber auf der Hand, daß das hier entwickelte Dynamik-Prinzip ein auf Expansion gerichtetes Grundgedankengut darstellt. Ist ein solches heute, wo eine Wachstumsphilosophie von Anbeginn an kritisch betrachtet wird, noch opportun?
Diese Thematik möchte ich aus vierfachem Blickwinkel erörtern:

- aus Sicht der wirtschaftlichen Ausgangslage,
- aus Sicht der Wachstumsart,
- aus Sicht des Wettbewerbs,
- aus Sicht der Mitarbeiter.

Die wirtschaftliche Ausgangslage ist nach wie vor in vielen Ländern durch Unsicherheit, Stagnation, hohe Arbeitslosigkeit und oft durch Armut gekennzeichnet. Eine aufgeblähte Bürokratie verhindert vielfach eine prospektive Entwicklung. In allen diesen Ländern hängt das Wohlergehen der Einwohner davon ab, ob es gelingt, die wirtschaftliche Entwicklung zu fördern. Deswegen sind – je mehr, desto besser – Unternehmen erwünscht, die bewirken, daß in relativ kurzer Zeit der Nutzen für die Bezugsgruppen um ein Mehrfaches erhöht wird. Dies äußert sich dann in neugeschaffenen Arbeitsplätzen, aber auch in zusätzlichen Bezügen bei Lieferanten, in einem erhöhten Steueraufkommen und nicht zuletzt in höheren Leistungen an die Aktionäre und Inhaber. Es sind somit diese dynamischen Unternehmen, die in erster Linie einen Beitrag zur Lösung der aktuellen wirtschaftlichen Probleme vieler Länder zu leisten vermögen. Die mit der Dynamik verbundene Entbürokratisierung kann im weiteren dazu beitragen, die Schlagkraft sowohl privatwirtschaftlicher als auch staatlicher Unternehmen zu erhöhen.

Wenn wir Wachstum betrachten, so bezieht sich die gängige Kritik in erster Linie auf das quantitative Wachstum. Die mit der Dynamisierung verbundene Expansion ist jedoch nicht vorrangig quantitativer Natur. Im Gegenteil: In der heutigen Zeit bezieht sich ein neugeschaffener Nutzen sehr oft auf qualitative Werte; die Produkteigenschaften werden verbessert, und es werden neue, sinnvolle Dienstleistungen angeboten. Die zusätzliche Wertschöpfung wird immer mehr durch Software- und nicht durch Hardwareleistungen erbracht. In vielen Fällen kann sogar erreicht werden, daß die Unternehmensexpansion mit einem Rückgang des Materialdurchsatzes einhergeht. Dies kommt deutlich bei solchen Firmen zum Ausdruck, deren Dynamik in der Übernahme und Restrukturierung von »undermanaged companies« besteht.[2] Ein Beispiel aus der Automobilindustrie veranschaulicht das am Phänomen der Materialoptimierung. Im Jahre 1975 wog ein Cadillac DeVille Sedan noch 2 355 kg. Dieses Gewicht wurde im Verlaufe der Neuorientierung in den Jahren nach dem Ölschock um 37 % auf 1 495 kg im Jahre 1987 reduziert, was zeigt, daß Expansion also keines-

Die mit der Dynamik verbundene Expansion führt infolge einer besseren Nutzung wirtschaftlicher Werte primär zu einem qualitativen Wachstum: Produkteigenschaften werden verbessert und neue sinnvolle (Dienst-)Leistungen realisiert.

falls mit forciertem quantitativem Wachstum gleichzusetzen ist. Eine gekonnte Expansion konzentriert sich ganz im Gegenteil mit Vorrang auf qualitative Elemente.
Aus Sicht des Wettbewerbs erscheint die Dynamik selbstverständlich als wichtiger Bestimmungsfaktor des Überlebens schlechthin. Dynamische Unternehmen sind anpassungsfähiger, sie können sich rascher auf neue Trends ausrichten. Dies führt zwangsläufig zu Wettbewerbsvorteilen und Marktanteilsgewinnen.
Die Unternehmensdynamik hat schließlich für die Mitarbeiter starke Bedeutung. Identifikation und Motivation werden zweifellos vom Nutzen mitbestimmt, den eine Firma für ihre Bezugsgruppen generiert. Es ist letzten Endes dieser Nutzen, welcher der Unternehmenstätigkeit einen Sinn gibt. Dynamische Unternehmen zeichnen sich durch einen überdurchschnittlichen Nutzenbeitrag aus. Bereits die damit verbundene Sinngebung fördert Identifikation und Motivation. Im weiteren bringt Unternehmensdynamik auch Zukunftsorientierung mit sich: Die Mitarbeiter erkennen, daß das Unternehmen prosperiert und persönliche Entwicklungsmöglichkeiten eröffnet. Auch dies wirkt motivierend. Wenn beispielsweise die Bank in Liechtenstein in der Zeit von 1980 bis 1988 weit über 300 % neue Stellen schuf, so konnten viele Mitarbeiter dem Wachstum entsprechend in höhere und anspruchsvollere Managementpositionen aufsteigen. Derartige Chancen sind nicht allein wegen der konkreten Aufstiegsmöglichkeiten stimulierend, vielmehr führt der Erfolg zu Stolz und Identifikation mit dem Unternehmen und damit gleichzeitig zu einer höheren Arbeitszufriedenheit.
Insgesamt gesehen führt die Dynamik per saldo zu einer sinnvolleren und kreativeren Verwendung der Ressourcen, denn Verschwendung widerspricht grundsätzlich der Dynamik. Insofern steht eine gesunde Unternehmensdynamik durchaus im Einklang mit den heute als wichtig erkannten ökologischen Zielsetzungen. Es wäre kurzsichtig, die Unternehmensdynamik aus Gründen einer dogmatischen Wachstumsfeindlichkeit unkritisch abzulehnen, da dies zwangsläufig eine Vereitelung überwiegend positiver Werte bedeuten würde.

Wie dynamisieren?

In der Regel stehen einem Unternehmen folgende Ansatzpunkte zur Entfaltung von Dynamik zur Verfügung: Maßnahmen im Bereich von Organisation und Mitarbeiterführung einerseits und nutzengerichtete Ansätze andererseits.

In den erstaunlich spärlichen bisherigen Veröffentlichungen zum Thema Unternehmensdynamik werden eindeutig die Aktivitäten im Bereich Organisation und Mitarbeiterführung in den Vordergrund der Beschreibung gerückt.[3] Es wird von einem idealtypischen Manager ausgegangen, der aufgrund seiner »dynamischen« Persönlichkeit Aktivitäten entfaltet und die Organisation dynamisiert. Dabei werden etwa folgende Führungsgrundsätze als richtig herausgestellt:

- Setze anspruchsvolle und in relativ kurzer Zeit zu erreichende Ziele.
- Erzeuge einen »Aktionsdruck« (»bias for action«).
- Entwickle eine leistungs- und zeitorientierte Unternehmenskultur.
- Setze sämtliche geeigneten Motivationsmittel wie z. B. hohe Leistungsprämien ein.
- Schaffe eine flache Organisationsstruktur, und delegiere Aufgaben auf breiter Basis.

Diese beispielhaft aufgeführten Führungsgrundsätze zeigen, daß Dynamik als Ausfluß der Führungshandlung eines Chefs verstanden wird. Dieser muß ein dynamikerzeugendes Führungsverhalten entwickeln.

Eine ganz andere Philosophie liegt dem zweiten Ansatz zugrunde. Hier geht es darum, Dynamik dadurch zu erzeugen, daß die sich in der Form von Nutzenpotentialen bietenden Chancen ausgeschöpft werden. Dabei kommt dem für die Bezugsgruppen gestifteten Nutzen eine besondere Bedeutung zu. Die ihr zugrunde liegende Basisüberlegung kann wie folgt umrissen werden: Gelingt es dem Unternehmen, nutzenstiftende Leistungen zu erbringen, so entsteht Dynamik sozusagen aus sich heraus. Im Extremfall ist es gar nicht notwendig, daß

Aus der Sicht der Unternehmensdynamik besteht der Zweck eines Unternehmens letztlich darin, allen relevanten Bezugsgruppen gleichermaßen einen hohen Nutzen zu stiften und diesen sogar permanent und nachhaltig zu erhöhen.

ein »dynamischer« Chef über Führungs- und Organisationsmaßnahmen Einfluß nimmt. Vielmehr wird die Organisation aufgrund der richtigen Leistungen in einen expansiven Sog hineingezogen. Kann beispielsweise eine Firma dank einer überlegenen Innovationsleistung ein der Konkurrenz substantiell überlegenes Produkt anbieten, so wird ihr dieses praktisch »aus den Händen gerissen«. Dank dem Kundendruck ist kaum mehr eine Einflußnahme von seiten des Chefs erforderlich: Die Mitarbeiter werden unmittelbar vom Markt zu einem dynamischen Verhalten veranlaßt.

Ich bin der Auffassung, daß das dynamische Unternehmen idealerweise beide Möglichkeiten kombinieren sollte. Die Hauptaufgabe zur Verwirklichung der Dynamisierung liegt darin, nutzenstiftende Aktivitäten zu entfalten. Wie noch eingehend dargelegt wird, muß sich das Unternehmen darauf konzentrieren, attraktive Nutzenpotentiale multiplikativ zu erschließen.

Bei der Umsetzung der nutzenstiftenden Aktivitäten sind in der Folge die richtigen organisatorischen und motivationalen Maßnahmen zu treffen. Auf diese Weise werden gleichsam automatisch latent vorhandene expansive Kräfte im Unternehmen freigesetzt.

Die Ansätze zur Dynamik-Entfaltung sind in Abb. 3 übersichtsmäßig dargestellt.

Dynamische Unternehmen zeichnen sich somit dadurch aus, daß sie nicht nur über Organisation und Motivation ihre Dynamik erzeugen. Grundlage ist vielmehr ein spezifisches, der Dynamik förderliches Nutzenkonzept. Maßnahmen in den Bereichen Organisation und Motivation werden sodann im Rahmen der Umsetzung geschickt eingesetzt. Aus dieser Erkenntnis ergibt sich, daß es extrem schwierig ist, ein Unternehmen lediglich über Maßnahmen im Bereich von Organisation und Motivation zu dynamisieren.

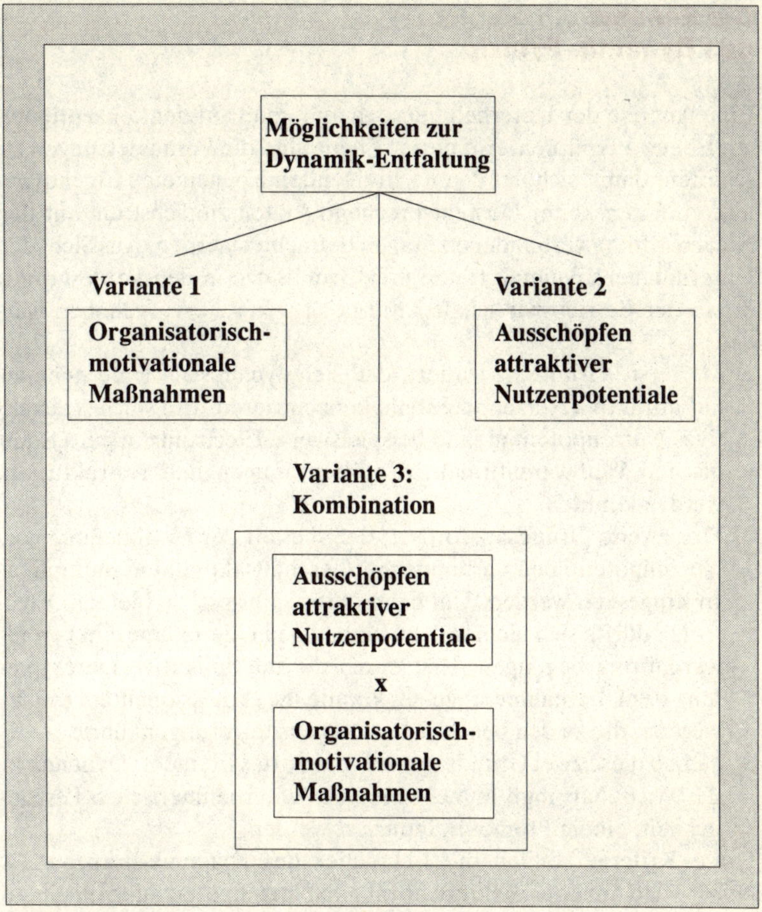

Abb. 3: Drei Ansätze zur Dynamik-Entfaltung

Es läßt sich konstatieren, daß Dynamik nicht nur aus organisatorisch-motivationalen Maßnahmen resultiert, sondern in noch größerem Ausmaß sich aus der konsequenten Ausrichtung der Unternehmensaktivitäten auf attraktive Nutzenpotentiale ergibt.

Die Essenz: das Dynamik-Prinzip

Eine Analyse der Unternehmensdynamik muß auf der konzeptionellen Ebene anknüpfen. Auf dieser Ebene sind die Voraussetzungen zu schaffen, damit sich auf den nachfolgenden Ebenen eine Eigendynamik entfalten kann. Dementsprechend sollten zunächst die mit der Nutzenstiftung verbundenen Fragen betrachtet werden. Aus Sicht der Unternehmensdynamik treten drei Grundsätze in den Vordergrund, die in der Betriebswirtschaftslehre noch wenig hervorgehoben wurden.

1. Der erste Grundsatz fordert, daß sich dynamische Unternehmen auf attraktive Nutzenpotentiale konzentrieren. Ein solches attraktives Nutzenpotential fand beispielsweise Electrolux in mittelständischen Weißwarenfirmen, die übernommen und restrukturiert werden konnten.
2. Der zweite Grundsatz fordert, daß die mit der Erschließung von Nutzenpotentialen verbundenen Geschäftsaktivitäten multiplikativ eingesetzt werden. Um beim obigen Beispiel zu bleiben: Electrolux durfte sich nicht mit der einmaligen Übernahme einer Weißwarenfirma begnügen. Erst durch die multiplikative Durchspielung des Übernahmeprozesses konnte die Professionalität erreicht werden, die zu den beachtlichen Nutzensteigerungen führte.
3. Neben diese zwei Grundsätze tritt ein drittes Element: Dynamik in der Wirtschaft muß immer von einer unternehmerischen Persönlichkeit, einem Promotor, induziert werden.

Diese Kriterien bilden die Eckpfeiler des Dynamik-Prinzips. Es besagt, daß ein oder mehrere attraktive Nutzenpotentiale von einem Promotor erkannt werden und unter seiner Leitung multiplikativ erschlossen werden. Die Bedeutung dieser drei Elemente ergibt sich aus nachstehenden Beispielen.

Das Nutzenpotential

1964 wurden die beiden englischen Transportunternehmen Oswald Tillotson und Commercial Motors von der Wiles Group für 900 000 £ übernommen. Der Chairman von Tillotson, James Edward Hanson (heute Lord Hanson), und sein Vorstandsvorsitzender und CEO, Gordon White (heute Sir Gordon White), wechselten daraufhin in die Geschäftsleitung der Muttergesellschaft. Die Wiles Group erwirtschaftete zu jener Zeit einen Gewinn nach Steuern von rund 75 000 £. Hanson erkannte, daß sich im bestehenden Geschäftsbereich der Wiles Group langfristig keine interessanten Chancen eröffnen würden. Er mußte mit einer schwindenden Ertragskraft rechnen.

Schon in den fünfziger Jahren war Lord Hanson zur Überzeugung gelangt, daß viele englische Firmen alles andere als effizient geführt würden. Die während der Labour-Regierung eingetretene Sozialisierung hatte das Management gelähmt. In vielen Firmen trauerte die Geschäftsleitung den »guten alten Zeiten« nach, und Passivität und Resignation nahmen überhand. Die Kluft zwischen Management und Mitarbeitern vergrößerte sich zusehends, worin Lord Hanson eine gewaltige Chance sah. Er war sich mit Sir Gordon einig, die Gruppe in eine Industrieholding umzustrukturieren. Ab Mitte der sechziger Jahre kaufte diese kontinuierlich »undermanaged companies«, reorganisierte diese und stieß sie zum Teil wieder ab.

1969 wurde der Name Wiles Group in Hanson Trust geändert, und seit 1988 firmiert die Gruppe unter Hanson PLC. Das Unternehmen entwickelte sich in der Folge zu einer der dynamischsten und erfolgreichsten Firmen schlechthin. Im Geschäftsjahr 1988 erzielte Hanson PLC einen Umsatz von 7,4 Mrd. £ und einen Rekordgewinn von 880 Mio. £. Lord Hanson schreibt denn auch im Geschäftsbericht 1988 stolz: »25 years of sustained growth.«

Aus diesem praktischen Beispiel können wir das Wesen der Dynamik sehr gut erkennen. Lord Hanson hätte einerseits den steinigen Weg mit seiner Transportfirma weiter begehen und gegen alle Unbill ankämpfen können. Er erkannte aber, daß Wachstums- und Ertragspotentiale beschränkt waren, und suchte deshalb nach neuen Möglich-

Drei Eckpfeiler bestimmen das Dynamik-Prinzip. Auf eine kurze Formel gebracht: Attraktive Nutzenpotentiale werden von einer unternehmerischen Führungspersönlichkeit (einem Promotor) konsequent multiplikativ erschlossen und ausgeschöpft.

keiten. Er fand sie in den »undermanaged companies«, denn diese Firmen konnte man zu günstigen Preisen erwerben. Demjenigen, der die Unbill einer Restrukturierung auf sich nahm, winkte eine hohe Belohnung: Der Wert der Unternehmen konnte massiv gesteigert werden.

Das Erfolgsrezept von Lord Hanson liegt also darin, daß er das Potential erkannt hatte, das im England der sechziger Jahre in Gestalt von »undermanaged companies« vorhanden war. Dieses Potential erlaubte es ihm, mit seinen Aktivitäten einen hohen Nutzen zu generieren – es war ihm möglich, ein enormes Nutzenpotential zu erschließen.

Die logische Folge ist, daß nicht nur Lord Hanson und seine heute über 200 000 Aktionäre von diesem Nutzenpotential profitierten. Hanson PLC wurde zu einem der bedeutendsten britischen Steuerzahler und schuf damit einen beachtlichen Nutzen für das Gemeinwesen. Zudem konnten mehr als 100 000 Mitarbeitern interessante Arbeitsplätze geboten werden. Viele Führungskräfte fanden in der dynamischen Organisation neue Aufstiegschancen, aber auch Lieferanten gewannen in Hanson PLC einen sicheren Geschäftspartner.

Zentrale Voraussetzung für eine derartige dynamische Entwicklung ist das Vorhandensein attraktiver Nutzenpotentiale. Erschließt ein Unternehmen attraktive Nutzenpotentiale, so kann es sich eben dynamisch entwickeln – anderenfalls schwimmt es gegen den Strom, und die Früchte der Arbeit bleiben aus.

Nutzenpotentiale können nun in den verschiedensten Bereichen vorhanden sein. Am bekanntesten ist sicher das Marktpotential, das in der Form von unerschlossener Nachfrage besteht und das immer noch den Fokus der Unternehmensführung bildet. Als zu Beginn der achtziger Jahre die Kapitalmärkte weltweit äußerst liquide wurden, eröffnete diese Entwicklung ein enormes Potential für innovative Finanzierungsformen. Dieses wurde denn auch mittels Leveraged-Buyouts, Venture-Kapital-Finanzierung usw. systematisch ausgeschöpft. Ein Beispiel, das zeigt, daß neben dem Marktpotential weitere Nutzenpotentiale enorme Wertschöpfungsmöglichkeiten für dynamische Firmen bieten. Ganz offensichtlich können jene Firmen eine bedeutende

Dynamisierung erreichen, die relativ frühzeitig innovative und attraktive Nutzenpotentiale erkennen und erschließen.

Die Multiplikation

Das zweite Element des Dynamik-Prinzips besteht in der Multiplikation von Geschäftsaktivitäten zur Erschließung von Nutzenpotentialen.

Hanson PLC multiplizierte die Firmenakquisitions- und Restrukturierungsprozesse, aber auch in den im Prolog dargelegten Beispielen wurden die Vorteile dieser Strategie genutzt: Ähnlich wie Hanson PLC multiplizierte Electrolux die Akquisition und Restrukturierung von Weißwarenherstellern. Glaxo multiplizierte gleich mehrere mit der Erschließung des Marktpotentials für hochinnovative Medikamente verbundene Aktivitäten:

- Erstens wurden im Rahmen einer Globalisierungsstrategie die Kooperationsprozesse in der Form des Co-Marketing vervielfacht. So ging Glaxo mit mehreren Pharmafirmen wie z. B. Hoffmann-La Roche Joint-Ventures ein.
- Zweitens multiplizierte Glaxo den Prozeß zur beschleunigten Registrierung von Wirksubstanzen.
- Drittens wurden Produktionseinrichtungen und Produktionsprozesse multipliziert. In 30 Ländern wurden Fabriken aufgebaut.

Dieses Beispiel beweist, daß nur eine multiplikative Erschließung von Nutzenpotentialen optimale Dynamik generiert. Hätte sich nämlich Glaxo mit dem Vertrieb von Zantac in den angestammten Märkten (gegen Ende der sechziger Jahre waren dies noch in der Hauptsache Großbritannien und die Commonwealth-Staaten) begnügt, so hätte kaum eine Vervielfachung des Nutzens für alle Bezugsgruppen stattfinden können. Der Erfolg wäre wohl rasch verpufft und die Gefahr groß gewesen, daß die Dynamik allmählich erschlafft wäre.

Dynamik kann somit offenbar nur erzeugt und aufrechterhalten werden, wenn die mit der Erschließung des Nutzenpotentials verbundenen Aktivitäten multipliziert werden – die Multiplikation erscheint als ein konstituierendes Element der Unternehmensdynamik.

Lord Hanson, der Chairman von Hanson PLC, schöpfte seit Mitte der sechziger Jahre ein Nutzenpotential aus, das er sowohl in Großbritannien als auch später in den Vereinigten Staaten in zahlreichen »undermanaged companies« fand.

Somit kann als Gesetz formuliert werden, daß alle dynamikerzeugenden Führungsaktivitäten erst im Rahmen der Multiplikation richtig zum Tragen kommen. Damit aber effizient – und nur davon kann hier die Rede sein – multipliziert werden kann, müssen beispielsweise relativ autonome, flexible Organisationsformen zum Einsatz gelangen.

Der Promotor

Die Bank in Liechtenstein (BIL) ist ein im Jahre 1920 gegründetes Institut, das bis zum Jahre 1980 nicht international tätig war und eindeutigen Lokalbankcharakter aufwies. Wohl konnte die Bank vom Wirtschaftsaufschwung im Liechtenstein der siebziger Jahre profitieren. Die eigentliche Wende trat jedoch erst 1980 mit der Berufung von Christian Norgren zum Präsidenten ein.
Norgren wuchs bereits in einer unternehmerischen Atmosphäre auf. Schon durch das Vorbild seines Elternhauses erkannte er, daß Unternehmensführung aktives Handeln, Kreation, Aufbau und Veränderung bedeutet. Er absolvierte die Stockholm Business School, wo er sich das betriebswirtschaftliche Rüstzeug erwarb. Entscheidend für seine erfolgreiche Laufbahn als Bankier war die Zeit mit Marcus Wallenberg, mit dem er zwischen 1971 und 1980 zusammenarbeitete. Wallenberg prägte nicht nur Norgrens Unternehmergeist maßgeblich, sondern er lehrte ihn vor allem auch die so wichtigen unternehmerischen Grundverhaltensweisen. Außerdem konnte Norgren aber auch durch zusätzliche intensive Schulungen am IMEDE und in Stanford seine Kenntnisse erweitern.
1980 berief der Fürst von Liechtenstein Christian Norgren zum Leiter der Fürst-von-Liechtenstein-Stiftung. Als Generalbevollmächtigter der Stiftung übernahm er ebenfalls das Präsidium der Bank in Liechtenstein.
Aufgrund seiner Persönlichkeit, aber auch seiner fundierten Ausbildung war Christian Norgren von Anfang an klar, daß die ökonomischen Werte der Fürst-von-Liechtenstein-Stiftung und damit der Bank in Liechtenstein besser genutzt werden sollten. Er leitete deshalb in der Stiftung im allgemeinen und bei der Bank im besonderen eine Rei-

he von innovativen unternehmerischen Aktionen ein und induzierte die beachtliche dynamische Entwicklung der BIL.
Christian Norgren erkannte deutlich die Chancen, die mit der zunehmenden Globalisierung der Finanzmärkte und der Kapitalanlage verbunden waren. Er war überzeugt, daß die BIL die mit diesen Chancen verbundenen Nutzenpotentiale erschließen kann.
In der Folge leitete der neue Chef eine konsequente Globalisierungsstrategie ein. Zuerst wurde eine Niederlassung in Zürich eröffnet. Kurze Zeit später folgten Neugründungen in Frankfurt, London und New York. Filialbüros waren zudem bald in Genf, Hongkong, San Francisco, Rio de Janeiro und Buenos Aires zu finden.
Diese Expansionspolitik wurde zum Teil kritisch aufgenommen. Verschiedene Kreise stellten sie sogar grundsätzlich in Frage, wünschten sie doch eine Konzentration auf Liechtenstein. Eine derartige Selbstbeschränkung der Aktivitäten hätte der unternehmerischen Persönlichkeit Christian Norgrens jedoch völlig widersprochen und stand deshalb für ihn im Interesse des Instituts nicht zur Debatte.
Namhafte Persönlichkeiten stellten auch die von Norgren vorgeschlagene Internationalisierungsstrategie durch Eigengründungen in Frage, weil diese als zu aufwendig und zu risikoreich betrachtet wurden. Der BIL-Präsident erkannte jedoch klar, daß eine ausschließlich lokal operierende Bank kaum ein gewichtiger Gesprächspartner für internationale Übernahmekandidaten sein kann. Deshalb mußte zuerst ein globales Netz aufgebaut werden, das die Glaubwürdigkeit und die Vertrauensbasis international stärkte. Als Dynamik-Promotor setzte sich Christian Norgren gegen jede Opposition durch.
Die in der Zwischenzeit eingetretene Entwicklung gab ihm recht. Dank der verstärkten Stellung gelang es der BIL im Januar 1989, die renommierte und weltweit tätige G.T. Management PLC, eine der führenden Firmen im Bereiche des Portfoliomanagements, zu übernehmen. Die BIL-Gruppe zählt damit heute zu den bedeutendsten internationalen Spezialinstituten für Anlageberatung und Portfoliomanagement.
Die dynamische Expansionspolitik schlägt sich in allen wichtigen Eck-

Damit nachhaltige Dynamik erzeugt werden kann, müssen die Unternehmensaktivitäten multipliziert werden. Dabei ist es wichtig, daß eine unternehmerische Führungspersönlichkeit oder eine Gruppe von Managern als Dynamikpromotoren auftreten.

werten der BIL-Gruppe nieder. Beispielsweise versiebenfachten sich in der Zeit von 1980 bis 1989 die verwalteten Vermögenswerte. Eine vergleichbare Entwicklung konnte in bezug auf die eigenen Mittel und die Ertragskraft festgestellt werden. Auch wurde eine Vielzahl neuer Arbeitsplätze geschaffen.

Entscheidend ist jedoch, daß die von Christian Norgren entwickelte Strategie und die damit verbundene Dynamisierung zu einer völlig neuen Qualität der Bankleistung führte. Durch die weltweite Präsenz kann das Geschehen an den internationalen Finanzmärkten besser verfolgt werden. Insbesondere in Frankfurt konnte eine Researchequipe von höchstem Niveau aufgebaut werden. Beide Grundlagen erlauben es der Bank in Liechtenstein, in ihrem Hauptgeschäft Vermögensverwaltung und Anlageberatung Spitzenleistungen zu erbringen.

Wir erkennen aus diesem Beispiel klar die Rolle des unternehmerischen Dynamik-Promotors: Er entwickelt erstens eine Vision, die zu einer neuen Unternehmensqualität führt. Zweitens trifft er mit großem Elan und mit Tatkraft die zur Strategierealisierung erforderlichen Maßnahmen.[4]

Es ist offensichtlich, daß nur dann eine optimale Dynamik erzielt wird, wenn ein oder mehrere Promotoren zur Verfügung stehen. Im Sinne des klassischen Unternehmerbegriffs sind diese Persönlichkeiten gewillt, etwas zu unternehmen, die damit verbundenen Risiken einzugehen und die Zukunft zu gestalten.

Grundstruktur des Dynamik-Prinzips

Aus den bisherigen Überlegungen wird die Struktur des Dynamik-Prinzips ersichtlich. In seinem Kern besteht es aus drei Eckpfeilern:

- Erstens wird Dynamik erzeugt, indem attraktive Nutzenpotentiale erschlossen werden. Diese zeichnen sich dadurch aus, daß mit den entsprechenden Geschäftsaktivitäten ein hoher Nutzen gestiftet wird. Er führt dazu, daß die Leistungen des Unternehmens bereitwillig aufgenommen werden, und im Idealfall entsteht sogar ein Sog: Die Leistungsinteressenten treten von sich aus an das Unternehmen heran. Die hohe Nachfrage bewirkt für die Unternehmensangehörigen einen Aufforderungscharakter und erzeugt damit von sich aus Dynamik.

- Zweitens müssen die Aktivitäten systematisch multipliziert werden, denn eine einmalige Erschließung eines Nutzenpotentials führt noch kaum zur Dynamik. Wohl kann vorübergehend eine gewisse erhöhte Geschäftigkeit daraus resultieren, jedoch nachhaltige Bewegung kommt dadurch nicht in das Unternehmen. Aus diesem Grunde müssen möglichst Nutzenpotentiale ausgeschöpft werden, die eine oftmalige Durchführung der Aktivitäten erlauben. Mit der damit verbundenen Multiplikation ist eine Reihe von Vorteilen verbunden, die in ihrer Art wiederum dynamisierend wirken. Solche Vorteile sind z. B. Skaleneffekte, die zu substantiellen Effizienzsteigerungen führen können. Dadurch erhöht sich ein weiteres Mal der Nutzen, und zwar in der Form einer erhöhten Wertschöpfung.
- Drittens sorgt eine unternehmerische Persönlichkeit als Promotor dafür, daß Dynamik erzeugt wird. Sie initiiert die Dynamik.

Die drei Eckpfeiler des Dynamik-Prinzips sind in Abb. 4 zusammengefaßt, und die Darstellung zeigt auch die Wechselbeziehungen zwischen ihnen: Der Dynamik-Promotor induziert die multiplikative Erschließung der Nutzenpotentiale. Die Situation in bezug auf die Nutzenpotentiale und Multiplikationsmöglichkeiten beeinflußt ihrerseits wiederum den Dynamik-Promotor. Und da die Multiplikation sich immer auf ein Nutzenpotential bezieht, ist sie somit ebenfalls mit diesem verbunden.

Die richtige Anwendung des Dynamik-Prinzips führt zu einer nicht unbeträchtlichen Hebelwirkung, deren Wirkungsmuster im folgenden zunächst in einer Übersicht dargestellt wird.

1. Erstens geht schon von attraktiven Nutzenpotentialen eine Sogwirkung aus: Die Unternehmensleistungen stiften echten Nutzen und werden dementsprechend bereitwillig aufgenommen. Daraus resultiert ein Aufforderungscharakter: Das Unternehmen richtet sich darauf aus und setzt sich zum Ziel, die nutzenstiftenden Leistungen in breiterem Umfang zu erbringen.

Die richtige Anwendung des Dynamik-Prinzips verursacht eine nicht unbeträchtliche Hebelwirkung. Diese beruht im Aufforderungscharakter, der von attraktiven Nutzenpotentialen und von den gewinnbringenden Vorteilen der Multiplikation ausgeht.

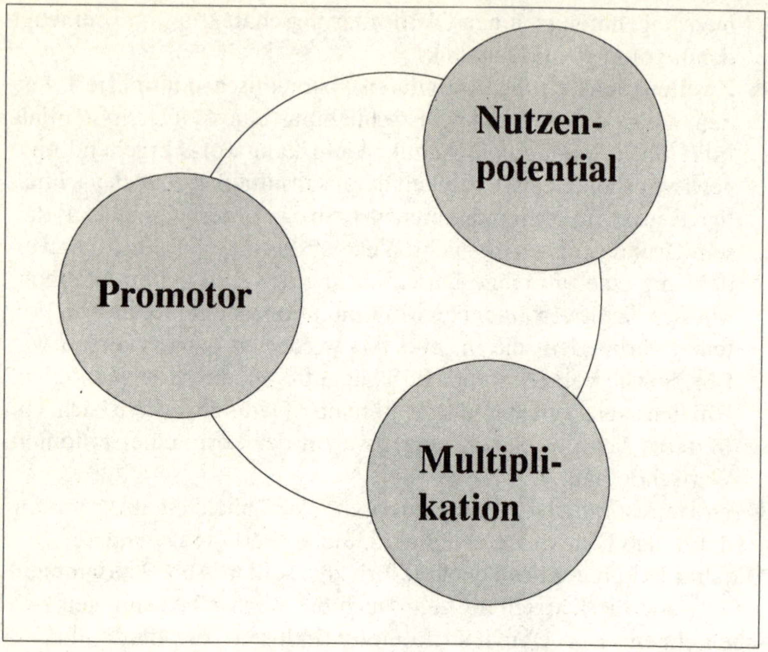

Abb. 4: Die drei Eckpfeiler des Dynamik-Prinzips

2. Zweitens löst auch die Multiplikation eine Sogwirkung aus. Durch die damit verbundene Wiederholung der Geschäftsaktivitäten werden die Unternehmensleistungen in mehrfacher Hinsicht verbessert: Die Qualität nimmt zu, und infolge der gewonnenen Erfahrungen können die Kosten gesenkt werden. Das sich ansammelnde Wissen erlaubt zudem eine raschere Prozeßabwicklung. Diese spürbaren Verbesserungen beinhalten wiederum einen Aufforderungscharakter. Die Erkenntnis, daß das Unternehmen seine Leistungen nachhaltig steigern kann, spornt es automatisch an, nach zusätzlichen Möglichkeiten für Multiplikationen zu suchen.

3. Es ist evident, daß die Kombination von attraktiven Nutzenpotentialen und Multiplikation eine potenzierte Hebelwirkung erzeugt. Erst durch die Kumulation werden die günstigen Voraussetzungen geschaffen, damit das Unternehmen in völlig neue Dimensionen vorstoßen kann.

Wegweisungen für die Managementpraxis

Nutzen für alle Bezugsgruppen

Der dynamische Manager sieht den Zweck des Unternehmens darin, Nutzen für alle Bezugsgruppen, d.h. für Kunden, Mitarbeiter, Kapitalgeber, Lieferanten und das öffentliche Gemeinwesen, zu schaffen und zu mehren.

Das Dynamik-Prinzip

Unternehmerische Manager wenden das Dynamik-Prinzip an, indem sie als Promotoren auf attraktive Nutzenpotentiale ausgerichtete Geschäftsaktivitäten initiieren und multiplizieren.

Hebelwirkung

Promotoren lösen die dem Dynamik-Prinzip innewohnende Hebelwirkung in zweifacher Hinsicht aus:

- Erstens nützen sie den Aufforderungscharakter aus, der attraktiven Nutzenpotentialen innewohnt.
- Zweitens schöpfen sie die mit der Multiplikation verbundenen Effekte (z.B. Erfahrungskurveneffekte) konsequent aus. Sie wissen, daß auch die mit der Multiplikation verbundenen Vorteile einen Aufforderungscharakter haben.

Im Dynamik-Prinzip kombinieren sie beide Elemente. Daraus resultiert eine Potenzierung, die in Gestalt einer Hebelwirkung in Erscheinung tritt.

Erfolgreiche Firmen wie Metro, Club Med, Crossair, Hanson und auch Cartier beweisen, daß das Dynamik-Prinzip mit Erfolg umgesetzt werden kann. Bei ihnen sind alle Elemente – Promotor, Nutzenpotential und Multiplikation – stark ausgeprägt.

2. Nutzenpotential – Nährboden der Dynamik

Was ist ein Nutzenpotential?

Ein Eckpfeiler des Dynamik-Prinzips ist das Nutzenpotential, denn dynamische Unternehmen sind solche, die sich durch die Fähigkeit, attraktive Nutzenpotentiale zu erschließen, auszeichnen. Wir haben dies bereits im ersten Kapitel anhand von einigen Beispielen dargelegt:

- Glaxo konzentrierte sich auf das Nutzenpotential, das in der Kooperation mit anderen Pharmafirmen vorhanden war.
- Hanson schöpfte das Nutzenpotential aus, das sich im England der sechziger und siebziger Jahre in der Form von »undermanaged companies« abzeichnete.
- Die Bank in Liechtenstein erschloß das Marktpotential, das in der Form von internationalen Kapitalanlegern bestand.

Was ist nun das Gemeinsame an diesen Nutzenpotentialen?
Erstens setzt ein Nutzenpotential eine bestimmte günstige Konstellation voraus. Die Anzahl der »undermanaged companies« oder die Anzahl der Kapitalanleger sind beispielsweise Merkmale solcher Bedingungen. Sie können in der Umwelt (»undermanaged companies«), im Markt (Kapitalanleger) oder im Unternehmen selbst zu finden sein.
Ein zweites Merkmal des Nutzenpotentials ist es, daß dieses durch Unternehmensaktivitäten erschlossen werden kann. Das Unternehmen kann eben aus diesem Potential einen Nutzen ziehen, der letztlich allen Bezugsgruppen zugute kommt.

Wir können somit ein Nutzenpotential als eine in der Umwelt, im Markt oder im Unternehmen latent oder effektiv vorhandene Konstellation definieren, die durch Aktivitäten des Unternehmens zum Vorteil aller Bezugsgruppen und des Unternehmens selbst erschlossen werden kann.
Ein Nutzenpotential setzt eine bestimmte Konstellation voraus, es ist somit etwas Gegebenes. Ist die Konstellation bereits klar erkennbar, spricht man von offensichtlichen Nutzenpotentialen, die jedoch in der Regel von geringerem Interesse sind, weil sie zwangsläufig bereits schon von anderen Firmen erkannt und erschlossen wurden. Beispielsweise offeriert der Markt für Personalcomputer zweifellos ein großes Potential. Dieses ist jedoch praktisch nur den schon etablierten PC-Firmen zugänglich. Von höherem Interesse sind deshalb die unauffälligeren, die latent vorhandenen Nutzenpotentiale. So erkannte Henry Ford zu Beginn unseres Jahrhunderts die damals nur im verborgenen vorhandene Nachfrage nach tiefpreisigen Automobilen. Er entwickelte daraufhin eine Problemlösung – das berühmte Modell T –, mit der er dieses Nutzenpotential erschließen konnte. In diesem Zusammenhang ist zu beachten, daß in einem großen Markt immer wieder in der Form von Marktnischen neue Nutzenpotentiale entstehen können.
Unsere Überlegungen führen uns zur Betrachtung der Attraktivität von Nutzenpotentialen. Aus der Sicht der Unternehmensdynamik sind natürlich jene Nutzenpotentiale interessant, die viele Geschäftstransaktionen zulassen. Beim Fall Electrolux haben wir gesehen, daß in den siebziger Jahren eine ganze Reihe von restrukturierungsbedürftigen Weißwarenfirmen vorhanden war. Dementsprechend mußte das Nutzenpotential für Electrolux sehr attraktiv sein. In der Zwischenzeit ist es weitgehend ausgeschöpft und verlor somit an Attraktivität – Electrolux wird sich nach neuen, gewinnbringenden Nutzenpotentialen umsehen müssen. Die Attraktivität beurteilt sich dabei immer aus der Sicht des eigenen Unternehmens. So kann beispielsweise auch ein großes Marktpotential alles andere als attraktiv sein, wenn viele Wettbewerber die Ertragsmöglichkeiten beeinträchtigen.

Als ein Nutzenpotential ist eine in der Umwelt, im Markt oder im Unternehmen latent oder effektiv vorhandene Konstellation zu bezeichnen, die durch Aktivitäten des Unternehmens zum Vorteil aller Bezugsgruppen erschlossen werden kann.

Gerade der letzte Satz verdeutlicht, weshalb ich hier den neuen Terminus Nutzenpotential eingeführt habe. Es führt nämlich nicht weiter, auf bekannten Begriffen wie Marktpotential, Gewinnpotential oder gar strategischem Erfolgspotential aufzubauen. Diese These möchte ich im folgenden noch etwas erhellen und dabei die erforderlichen Begriffsabgrenzungen vornehmen.

In der klassischen, marktorientierten Betriebswirtschaftslehre stehen eindeutig die Wechselbeziehungen zwischen Unternehmen, Markt und Konkurrenz im Mittelpunkt des Interesses. Das Unternehmen wird als produktives soziales System betrachtet, das Leistungen für Dritte – für den Markt – erbringt.[1] Eine identische Grundhaltung gilt auch in der Strategielehre, wobei hier zusätzlich die Wettbewerbsdimension herausgearbeitet wird. Eines der Hauptziele der »Competitive Strategy«[2] ist es denn auch, durch richtige Schwergewichtsbildung Konkurrenzüberlegenheit zu erlangen.

Entsprechend diesem Paradigma kommt zwangsläufig dem Marktpotential eine zentrale Bedeutung zu. Etwas vereinfacht gesagt – das Unternehmen muß sich auf Märkte mit beachtlichem Potential konzentrieren und in diesen Märkten gegenüber dem Wettbewerb überlegene Leistungen anbieten. Ein vereinfachendes Grundmodell dieser Strategie ist in Abb. 5 dargestellt.

Auch beim Dynamik-Prinzip spielt das Marktpotential gewiß eine wichtige Rolle, entscheidend ist jedoch, daß Dynamik auch durch die Erschließung anderer Potentiale außerhalb des Marktes erzeugt werden kann. Aus diesem Grund sind sämtliche dem Unternehmen offenstehenden Nutzenpotentiale in das Kalkül einzubeziehen. Nutzenpotentiale können eben nicht nur im Absatzmarkt, sondern auch in anderen Bereichen vorhanden sein. Die entscheidenden Potentiale in bezug auf restrukturierungsbedürftige Firmen habe ich ja schon verschiedentlich erwähnt. Interessante Nutzenpotentiale können ebenso im Kapitalmarkt oder im Personalmarkt liegen. Sie können zudem im innerbetrieblichen Bereich vorhanden sein, z.B. in vorhandenem Know-how, unausgeschöpften Synergien oder in Bewertungsabweichungen bei Bilanzposten.

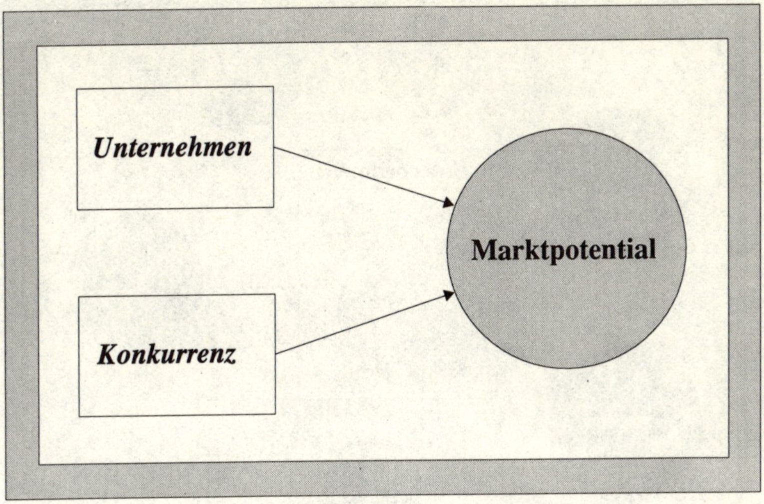

Abb. 5: Das Grundmodell der Wettbewerbsstrategie: Ein Unternehmen steht bei der Erschließung des Marktpotentials im Wettbewerb mit einem (oder mehreren) Konkurrenten

Aus Sicht des Dynamik-Prinzips handelt es sich folglich beim Ausdruck »Nutzenpotential« um einen Oberbegriff, wobei das Marktpotential als ein mögliches Nutzenpotential unter vielen anderen erscheint. Dieser Sachverhalt ist in Abb. 6 übersichtsartig dargestellt. In der Abbildung kommt der gegenüber der in Abb. 5 aufgezeigten klassischen betriebswirtschaftlichen Betrachtungsweise umfassendere Ansatz deutlich zum Ausdruck. Hier wird ersichtlich, daß sich das Dynamik-Prinzip von der klassischen Wettbewerbsstrategie abhebt und als unternehmenskonzeptueller Ansatz zu betrachten ist.[3]
Es würde der Tendenz des vorliegenden Konzepts im übrigen nicht entsprechen, anstelle des neuen Begriffs »Nutzenpotential« den üblicheren Ausdruck »Gewinnpotential« zu verwenden. Unbestreitbar sind letzten Endes alle unternehmerischen Bemühungen zur Dyna-

In der marktorientierten Managementlehre steht das Marktpotential im Mittelpunkt des Interesses. Basis für die Unternehmensdynamik können aber auch andere Nutzenpotentiale sein, die außerhalb des Absatzmarktes anzufinden sind.

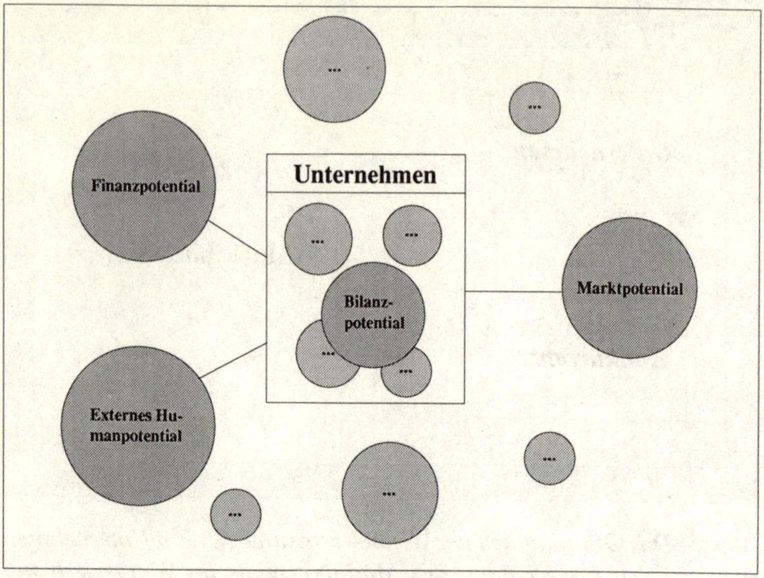

Abb. 6: Das Grundmodell des Dynamik-Ansatzes:
Das Unternehmen konzentriert sich darauf, attraktive Nutzenpotentiale (und dementsprechend nicht nur Marktpotentiale) zu erschließen.
In der obigen Darstellung schöpft das Unternehmen vier Nutzenpotentiale aus:

- *Externe Nutzenpotentiale: Finanzierungspotential, Marktpotential, externes Humanpotential.*
- *Internes Nutzenpotential: Bilanzpotential.*

Auf die Erschließung anderer Nutzenpotentiale wird verzichtet. Die Kreisgröße definiert ihre Attraktivität.

misierung auch darauf ausgerichtet, den eigenen Gewinn zu erhöhen. Anstelle einer einseitigen, auf den Kapitalgeber ausgerichteten Gewinnorientierung ist jedoch gleichzeitig die Nutzenerhöhung für alle Bezugsgruppen zu fordern. Nur durch ein Streben nach Ausgewogenheit können letztlich Konflikte vermieden und für alle Bezugsgruppen – auch für die Kapitalgeber – überlegene Nutzenwerte erzielt werden. Diese Gedanken erzwingen es gleichsam, anstelle von Gewinnpotentialen in einem umfassenderen Sinne von Nutzenpotentialen zu sprechen.

Diese Terminologie läßt sich durch die betriebswirtschaftliche Literatur untermauern. Bleicher und Meyer schreiben: »Die Potentiale stellen ein spezifisches (aktives) Leistungs- oder (passives) Nutzungsvermögen dar.«[4] Nach dieser Definition unterscheiden sie ökonomische, humane und technische Potentiale.[5] Ausgehend von diesen Überlegungen, liegt es auf der Hand, den Nutzen- und Potentialbegriff miteinander zu verbinden und in erweiterter Form zur Grundlage der Unternehmensdynamik zu machen.

Gälweiler hat den verwandten Ausdruck »Erfolgspotential« geprägt und versteht darunter ». . . das gesamte Gefüge aller jeweils produkt- und marktspezifischen erfolgsrelevanten Voraussetzungen . . .«.[6] Weiter schreibt er: Zum Erfolgspotential ». . . gehören daher insbesondere Produktentwicklungen, der Aufbau von Produktionskapazitäten, von Marktpositionen in den einzelnen Funktionsbereichen usw. Dabei spielen die Marktpositionen, ihr Aufbau und ihre Erhaltung eine dominierende Rolle, weil sie unmittelbar Erfolgspotentiale begründen und repräsentieren.«[7]

Aus diesen Zitaten geht hervor, daß Gälweiler den Begriff »Erfolgspotential« schwergewichtsmäßig auf Produkt-Markt-Konstellationen bezieht. Das Erfolgspotential ist somit im Hinblick auf eine Erschließung von Marktpotentialen (als eines von vielen möglichen Nutzenpotentialen) erfolgsrelevant.

Die »strategischen Erfolgspositionen« habe ich als Voraussetzungen definiert, die im Unternehmen durch den Aufbau von wichtigen und dominierenden Fähigkeiten bewußt geschaffen werden und es dem Unternehmen erlauben, Konkurrenzüberlegenheit und damit langfristig überdurchschnittliche Ergebnisse zu erreichen.[8] Im Mittelpunkt stehen somit die Fähigkeiten des Unternehmens. Demgegenüber handelt es sich beim Nutzenpotential um eine Konstellation, die

Die Definition des Nutzenpotentials ergibt sich aus dem Dynamik-Prinzip und kann abgeleitet werden. Sie hebt sich deutlich von anderen Begriffen wie Gewinnpotential, strategisches Erfolgspotential und strategische Erfolgspositionen ab.

in der Umwelt, im Markt oder im Unternehmen gegeben ist. Der Berührungspunkt besteht darin, daß zum Erschließen von langfristigen Nutzenpotentialen oft strategische Erfolgspositionen aufgebaut werden müssen.

Zusammenfassend soll festgehalten werden, daß die Begriffe »Gewinnpotential«, »strategisches Erfolgspotential« und »strategische Erfolgspositionen« Inhalte umschreiben, die sich deutlich vom hier entwickelten »Nutzenpotential« unterscheiden. Aus diesem Grunde ist die Verwendung des neuen Begriffes sicherlich förderlich.

Eine wesentliche Aussage dieses Buches ist die Feststellung, daß Dynamik nur in beschränktem Umfang durch Geschäftigkeit und »dynamisches Handeln« erzeugt werden kann. Zentrale Voraussetzung für die Entwicklung von Dynamik ist es vielmehr, daß die Aktivitäten des Unternehmens auf Bereiche ausgerichtet sind, die einen hohen Nutzen abwerfen. Anders ausgedrückt: Nachhaltige Dynamik kann nur dann erzeugt werden, wenn die Aktivitäten des Unternehmens in einem beachtlichen Umfang nutzenstiftend sind.

Beispiel: Der Club Méditerranée erschließt primär das Nutzenpotential, das im Urlaubsmarkt vorhanden ist. Die in die Praxis umgesetzte Clubidee (im Preis ist alles inbegriffen, freie, ungezwungene Atmosphäre, Sportmöglichkeiten, Abendunterhaltung, gutes Essen usw.) stellt eine ideale Problemlösung dar. Das attraktive Nutzenpotential, aber auch die hervorragende Kundendienstleistung ermöglichten es dem Club Med, für seine Bezugsgruppen einen substantiellen Nutzen zu stiften.

Erstens profitierten die Kunden von den Leistungen. Der Nutzen der Aktionäre drückte sich z. B. in der Kursentwicklung aus, stieg dieser doch zwischen 1983 und 1987 von 110 FF auf 700 FF. Der Umsatz erhöhte sich in der gleichen Zeitspanne um 37 %. Nicht zu vernachlässigen ist aber auch der Nutzen, welcher vom Club in den Entwicklungsländern geschaffen wurde. Die Aktivitäten des Club Med eröffneten beispielsweise viele Ausbildungsmöglichkeiten für Einheimische.

Ein zweites vom Club Med ausgeschöpftes Nutzenpotential betrifft den Personalmarkt, speziell die Rekrutierung von GOs (»gentils organisateurs« – Kundenbetreuer in den Clubdörfern). Die den Anwärtern vom Club offerierte Arbeit in der Ferienatmosphäre der Clubdörfer erscheint vielen derart attraktiv, daß pro Jahr 100 000 Bewerbungen eingehen, obgleich die Stellen mit einem relativ niedrigen Durchschnittsgehalt honoriert werden. Von diesen Bewerbungen können zur Zeit lediglich zirka 2 000 berücksichtigt werden. Die Vorteile dieses Nutzenpotentials schlagen sich in niedrigeren Rekrutierungs- und Personalkosten nieder. Zudem steigt die Qualität der Arbeit der GOs.

Interessant ist, daß das Nutzenpotential im Personalmarkt – das externe Humanpotential – auch einen Aufforderungscharakter hat: Da infolge der großen Nachfrage die Personalrekrutierung für die Clubdörfer relativ problemlos erfolgen kann, fällt die Entscheidung zum Bau eines neuen Dorfes wesentlich leichter, sind doch von der »Manpower«-Seite her keine ernsthaften Schwierigkeiten zu erwarten. Die Expansion wird selbstverständlich auch von der Marktnachfrage her begünstigt; denn das nach wie vor innovative Clubdorfkonzept findet immer wieder neue Freunde. Der Club Med kann deshalb schon im voraus mit hohen Belegungsquoten rechnen.

Anhand dieses Beispiels sehen wir, daß ein attraktives Nutzenpotential zu einer Eigendynamisierung führt: Weil der generierte Nutzen groß ist, werden die Leistungen des Unternehmens überproportional nachgefragt. Die Nachfrage bewirkt einen Sog, der die Dynamik ernährt. Dazu nochmals das Beispiel des Club Méditerranée: In der Anfangszeit standen die Kunden am Tag des Erscheinens des neuen Ferienkatalogs schon um vier Uhr morgens vor dem Hauptsitz Schlange, um sich einen Platz in ihrem bevorzugten Clubdorf sichern zu können. Als Gilbert Trigano um 6.30 Uhr ins Büro kam, sah er die sich drängenden Kunden. Wie mir Trigano in meinem Gespräch sagte, zwangen ihn allein derartige Erlebnisse dazu, das Angebot dynamisch zu erweitern und neue Clubdörfer zu planen und zu eröffnen. Gleiches gilt für die Nachfrage nach GO-Stellen. Auch hier ermuntert das vorhandene Nutzenpotential zu einer expansiven Geschäftspolitik.

Geschäftigkeit allein erzeugt keine nachhaltige Dynamik. Sie kann nur entstehen, wenn die Aktivitäten des Unternehmens in einem beachtlichen Umfang nutzenstiftend sind. Auf diese Weise läßt sich sogar eine kräftige Eigendynamik erzielen.

Wir sehen somit: Erschließt ein Unternehmen attraktive Nutzenpotentiale, so entsteht eine Eigendynamik; die Gefahr, in Bürokratie zu erstarren, bleibt schlechthin aus.
Das Nutzenpotential ist somit der eigentliche Nährboden oder die Kraftquelle der Unternehmensdynamik. Aus diesem Grund steht das Erkennen und Erschließen von Nutzenpotentialen im Mittelpunkt des dynamischen Unternehmens. Ihre Attraktivität verlierende Nutzenpotentiale müssen gegebenenfalls aufgegeben werden.
Dieser Einsicht handeln viele statische Unternehmen zuwider: Der von ihnen gestiftete Nutzen nimmt im zyklischen Verlauf sukzessive ab. Damit müssen immer umfassendere Verteidigungsmaßnahmen getroffen werden: Unternehmensintern wird versucht, über Reglementierungen, intensive Kontrollen und andere bürokratische Aktivitäten der Lage Herr zu werden. Extern werden auf dem Wege des Lobbying der Staat oder auch andere »Sponsoren« als Beschützer auf den Plan gerufen. Es wird verlangt, daß über tarifäre (oder heute vermehrt über nichttarifäre) Handelshemmnisse, aber nicht zuletzt auch über verdeckte und offene Subventionen erreicht wird, den Status quo zu erhalten. Daraus resultieren nachteilige Entwicklungen, wie wir sie aus der Montanindustrie, der Landwirtschaft, aber auch der Rüstungsindustrie, der Fernmeldebranche und anderen staatsnahen Industriezweigen bestens kennen. Wichtig ist die Erkenntnis, daß derartige Verteidigungsmaßnahmen nur für eine bestimmte Zeit wirksam sind. Sie brechen spätestens dann zusammen, wenn die Diskrepanz zwischen Nutzenstiftung und Leistung derart groß wird, daß die Helfer nicht mehr bereit sind, die betreffenden Anliegen zu unterstützen.

Wie entstehen Nutzenpotentiale?

Am Anfang dieses Kapitels habe ich betont, daß sich das dynamische Unternehmen auf attraktive Nutzenpotentiale konzentriert. Diese

eröffnen die Chance, in einem beachtlichen Umfang lukrative Geschäftstransaktionen auszuüben. Eine solche Chance ist aber überall dort reduziert, wo bereits andere Wettbewerber das gegebene Nutzenpotential erschließen.
Aus diesem Grunde sind aus Sicht der Unternehmensdynamik vor allem neu entstehende oder noch nicht entdeckte Nutzenpotentiale von großem Interesse. Gelingt es einem Unternehmen, diese als erstes wahrzunehmen, so kann daraus eine substantielle Expansion und Nutzensteigerung für die Bezugsgruppen resultieren. Deshalb ist die Ergründung, wie neue Nutzenpotentiale überhaupt entstehen, für die Unternehmensdynamik so wichtig.
Unsere Forschungen führen zu dem Schluß, daß im Regelfall jedes neue Nutzenpotential aufgrund von Veränderungen entsteht. Ein Parameter in der Umwelt, in den Märkten oder im Unternehmen verschiebt sich mit der Folge, daß Ungleichgewichte entstehen, die ein Betätigungsfeld für (innovative) Geschäftsaktivitäten bilden. Bei Restrukturierungsstrategien von Electrolux bestand beispielsweise das Ungleichgewicht darin, daß die Produktionskosten kleinerer Weißwarenhersteller in Anbetracht der erzielbaren Marktpreise zu hoch waren. Electrolux konnte dieses Ungleichgewicht durch Werkzusammenlegungen und andere Restrukturierungsmaßnahmen ausgleichen.
Wie entstehen nun ihrerseits die Ungleichgewichte? Im Fall von Electrolux waren es die Marktsättigung und die in vielen Unternehmen ungenügende Kapazitätsauslastung. Durch die Restrukturierung konnte Electrolux eine sinnvollere Kapazitätsbelegung sicherstellen.
Generell erkennen wir, daß es immer neue Entwicklungen in der Umwelt, im Markt oder im eigenen Unternehmen sind, die neue Nutzenpotentiale entstehen lassen. Aus diesem Grunde ist der Unternehmer gehalten, solche Umwälzungen oder Koordinatenverschiebungen sowie deren Auswirkungen auf unternehmensrelevante Faktoren in den Griff zu bekommen.
Selbstverständlich bringt jede Zeit ihre spezifischen und oft auch ein-

Nutzenpotentiale entstehen aufgrund von Ungleichgewichten. Dynamische Unternehmen sind bestrebt, neue attraktive Nutzenpotentiale frühzeitig zu entdecken und diese innovativ zu erschließen, um sich den entscheidenden Vorteil zu verschaffen.

maligen Entwicklungen mit sich. Aus diesem Grunde können nur in begrenztem Umfang Aussagen darüber gemacht werden, welche Nutzenpotentiale in Zukunft attraktiv sein werden. Es ist geradezu ein Charakteristikum dynamischer Unternehmen, daß sie eben kreativ und kontinuierlich nach derartigen neuen Nutzenpotentialen suchen. Kreativ bedeutet dabei, daß Nutzenpotentiale in allen Bereichen, also nicht nur hinsichtlich der Absatzmärkte, in Erwägung gezogen werden. Auf diese Weise entdecken sie Chancen, die eben statischen Unternehmen verborgen bleiben.
Es ist ein bedauerliches Phänomen, daß in vielen Firmen immer noch ein durch historische oder traditionelle Denkmuster geprägtes Verhalten dominiert. Weil ein Unternehmen schon seit Jahrzehnten in einer vorgegebenen Branche tätig ist, starrt sein Management wie gebannt auf das meist schwindende Marktpotential. Die Flexibilität, die zur Mitberücksichtigung weiterer Nutzenpotentiale erforderlich wäre, fehlt mancherorts.

Die Phasen der Nutzenpotentiale

Veränderungen von Umwelt, Markt oder Unternehmen sind dafür verantwortlich, daß Nutzenpotentiale nicht statisch festgeschrieben werden, sondern sich im Zeitablauf evolutiv entwickeln. Viele Nutzenpotentiale sind dementsprechend einem Zyklus mit einer Entstehungs-, Wachstums-, Reife- und Niedergangsphase unterworfen.
Es gilt aber, mit aller Deutlichkeit zu betonen, daß die Entwicklung der Nutzenpotentiale nicht schematisch, sondern individuell in sehr unterschiedlicher Weise verlaufen kann. Bei dieser Zyklusbetrachtung handelt es sich um eine verallgemeinernde Annäherung. In vielen Fällen tritt einerseits die angestrebte Wachstumsphase nie ein, andererseits gibt es Situationen, in denen das Wachstum über unerwartet lange Zeiträume anhält. Denken wir nur an das Bayer-Medikament Aspirin, das als Pulver schon seit dem Jahre 1900 angeboten wird

und über dessen therapeutische Wirkungen auch heute noch immer neue Erkenntnisse gewonnen werden – Erkenntnisse, die zu erweiterten Indikationen führen.[9] In wieder anderen Konstellationen wie z. B. bei manchen Lebensmitteln zeichnet sich die Reifephase durch eine langfristige Stagnation des Nutzenpotentials auf einem vorgegebenen Niveau aus. Daneben gibt es auch Entwicklungen, die entweder durch gleiche oder völlig unregelmäßige Oszillation frappieren.
Das folgende Phasenmodell hat also idealtypischen Charakter und verfolgt einen wichtigen Zweck: Je nach Entwicklungsstand des Nutzenpotentials ergeben sich unterschiedliche Problemstellungen und Notwendigkeiten rund um dessen Erschließung. Es muß daher die in der jeweiligen Entwicklungsphase bestehende besondere Problematik der Unternehmensdynamik herausgearbeitet werden.
Nachstehend wollen wir die vier idealtypischen Entwicklungsphasen von Nutzenpotentialen – Entstehungsphase, Wachstumsphase, Reifephase, Niedergangsphase – etwas näher betrachten.
In der *Entstehungsphase* kann das Unternehmen bei der Ausschöpfung des Nutzenpotentials aus zwei Gründen nur ein relativ geringes Geschäftsvolumen erzielen: Erstens befinden sich die Veränderungen, die zur Entstehung des Nutzenpotentials führen, erst in der Anfangsphase. Beispielsweise war das Potential für Personalcomputer Ende der siebziger Jahre recht bescheiden, da die Mikroprozessoren relativ wenig leistungsfähig waren. Oder ein anderes Beispiel: Der Junk Bond wurde noch zu Beginn der achtziger Jahre kaum als ernst zu nehmendes Finanzierungsinstrument akzeptiert. Deshalb konnte sich die Finanzinnovation des Leveraged Buyout anfangs nur sehr langsam durchsetzen. Zweitens hat das Unternehmen selbst noch nicht genügend Erfahrungen darüber erworben, wie das Nutzenpotential wirkungsvoll erschlossen werden kann.
In der *Wachstumsphase* kommen sowohl die Umwelteinflüsse als auch die Erfahrungen des Unternehmens zum Durchbruch: Was den PC-Markt beispielsweise anbelangt, kann festgestellt werden, daß der technologische Fortschritt zur Entwicklung von leistungsfähigen Mikroprozessoren führte. Diese Phase wurde etwa mit der Einfüh-

Nutzenpotentiale durchlaufen idealtypisch folgende vier Phasen: Entstehung, Wachstum, Reife und Niedergang.

Je nach Entwicklungsstand des Nutzenpotentials ergeben sich unterschiedliche unternehmerische Problemstellungen.

rung des Mikroprozessors Intel 8088 im Jahre 1979 erreicht und damit eine breite Anwendung des Personalcomputers erst ermöglicht, woraus nun auch zusätzlich ein umfassenderes Know-how darüber, wie das Nutzenpotential zu erschließen sei, resultierte. So hat vor allem IBM nach seinem Spätstart am PC-Markt eine ausgezeichnete Marketingstrategie entwickeln können. Denken wir nur an die sehr erfolgreiche Werbekampagne mit dem Charlie-Chaplin-Motiv.
Eine weitere Besonderheit der Wachstumsphase besteht oftmals darin, daß pro Geschäftstransaktion immer größere Volumina erzielt werden. So beliefen sich die ersten Transaktionen im Leveraged-Buyout-Geschäft auf Beträge von unter 100 Mio. $. Bei der Ende 1988 realisierten RJR-Nabisco-Transaktion betrug das Volumen nicht weniger als 25 Mrd. $.
In der *Reifephase* kann eine ganze Reihe von Faktoren zur Verlangsamung der Geschäftsaktivitäten führen. Umweltveränderungen bewirken, daß ein Nutzenpotential versiegt. Dies kommt z. B. deutlich bei technologischen Nutzenpotentialen zum Ausdruck. Die Einführung elektronischer Uhren hat etwa eine Sättigung (und später eine Schrumpfung) des Marktpotentials für mechanische Uhren bewirkt. Die Reife kann aber auch eine Folge der zunehmenden Verbreitung des nutzenstiftenden Gutes sein. Bestens bekannt sind Sättigungserscheinungen bei Waschmaschinen, Geschirrspülern usw. Deshalb kann eine zunehmende Konkurrenzierung zu einer Reifung des Nutzenpotentials führen. Die Reifephase kann im übrigen nicht nur für marktbezogene Nutzenpotentiale festgestellt werden, sondern auch – was bei Firmenübernahmen deutlich wird – für interne Nutzenpotentiale. Offensichtlich ist die Anzahl veräußerbarer Firmenteile im Rahmen einer Asset-Redeployment-Strategie zwangsläufig begrenzt.
Ähnliche Feststellungen gelten für die *Niedergangsphase*. Bei marktbezogenen Nutzenpotentialen kann eine Marktschrumpfung zum Niedergang führen. Bei internen Nutzenpotentialen ist es die bereits erwähnte Ausschöpfung, die ein Abfallen der Kurve herbeiführt.

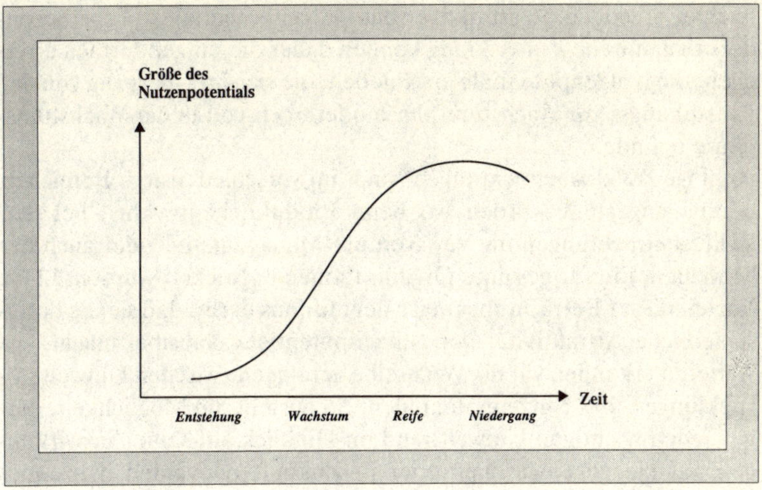

Abb. 7: Die Phasen eines Nutzenpotentials

Insgesamt gesehen entwickelt sich bei idealtypischer Betrachtungsweise ein Nutzenpotential in Form einer Zykluskurve, wie sie in Abb. 7 dargestellt ist.

Eine ähnliche Kurve kann für die mit einem Nutzenpotential verbundenen Gewinne festgestellt werden. In der Entstehungsphase muß in der Regel eine Vielzahl von Vorleistungen erbracht werden, was oft zu negativen Ergebnissen führt. Der Durchbruch in die Gewinnzone wird üblicherweise in der Wachstumsphase erreicht. In der Reife- und zu Beginn der Niedergangsphase können oft noch während einer bestimmten Zeit gute Gewinne erzielt werden, bis sich diese durch das Schrumpfen des Nutzenpotentials und den erhöhten Konkurrenzkampf reduzieren oder gar zu Verlusten werden.

Für uns ist nun entscheidend, daß zwischen der jeweiligen Phase im Zyklus des Nutzenpotentials und der Unternehmensdynamik eine enge Wechselbeziehung herrscht. Dynamik läßt sich nämlich um so

Nach der Entstehungsphase kann die Größe des Nutzenpotentials stark anwachsen. Einer möglichen Stagnation in der Reifephase folgt in manchen Fällen ein Niedergang. Gewinne entstehen in der Regel erst in der Wachstums- und Reifephase.

leichter erzeugen, je attraktiver das Nutzenpotential ist. Eine besonders dynamische Entwicklung können daher diejenigen Firmen erreichen, die Nutzenpotentiale erschließen, die sich im Übergang von der Entstehungs- zur Wachstumsphase oder eben voll in der Wachstumsphase befinden.
Analoge Zyklusbetrachtungen sind in verschiedensten Bereichen bereits angestellt worden, so beim Produktlebenszyklus, bei den Zyklusbetrachtungen im New-Venture-Management[10] oder auch bei Modellen, die für gesamte Organisationen entwickelt wurden.[11] Der Vorteil dieser Betrachtungsweise liegt für uns darin, daß sie die unterschiedliche Attraktivität der Nutzenpotentiale plausibel macht. Im weiteren erkennen wir die Wechselbeziehungen zwischen Umweltentwicklungen und Nutzenpotentialen. So besteht die Möglichkeit, daß wir jeden wichtigen Umwelttrend im Hinblick auf seine Auswirkungen auf die gegenwärtigen oder in Zukunft relevanten Nutzenpotentiale des Unternehmens untersuchen können.
In diesem Zusammenhang muß auf ein wichtiges Praxisproblem verwiesen werden. Wohl hat sich in vielen Unternehmen eingebürgert, Umwelttrends und deren Auswirkungen regelmäßig zu analysieren. Dies geschieht jedoch in erster Linie aus der Sicht des jeweiligen Produkt-Markt-Systems. Weil diese Problematik so wichtig ist, soll sie zuerst anhand eines typischen Beispiels erläutert werden. Anschließend können die wichtigsten Umwelttrends und die daraus resultierenden Konsequenzen für die Nutzenpotentiale systematisch untersucht werden.

Umweltentwicklung und Nutzenpotentiale: Das Beispiel der Mepa GmbH, Augsburg[12]

Im April 1983 erhielt ich einen Anruf von Herrn Fuchs, Inhaber und Geschäftsführer der Mepa GmbH in Augsburg, einer der führenden deutschen Hersteller von Metallpackungen. Herr Fuchs war soeben von einer USA-Reise zurückgekehrt und hatte in einer Buchhandlung das neu erschienene Werk »Megatrends« von John Naisbitt erworben – er war von dieser Arbeit sehr beeindruckt. Seine Bitte an mich ging nun dahin, mit ihm und seinen engsten Mitarbeitern das Buch auszuwerten. Insbesondere lag ihm am Herzen, unter Berücksichtigung der von Naisbitt dargestellten Megatrends eine Chancen- und Gefahrenanalyse für sein Unternehmen durchzuführen. Ich erachtete dies als eine faszinierende Aufgabe und erklärte mich bereit, an dem geplanten eintägigen Workshop teilzunehmen.

Schon vor der Arbeitstagung wurde der genannte Bestseller an die Teilnehmer mit der Bitte übergeben, ihn sorgfältig zu studieren. Gleichzeitig sollten sie sich Gedanken über die möglichen Auswirkungen der Megatrends auf ihre Firma machen.

Bei Arbeitsbeginn trug jedes Geschäftsleitungsmitglied seine Schlußfolgerungen kurz vor. Und hier ergab sich etwas Verblüffendes: Im Zentrum jeder Präsentation standen die Auswirkungen der Megatrends auf Herstellung und Vertrieb von Blechpackungen. So wurden etwa folgende Aspekte erörtert:

- Was bedeutet das Aufkommen neuer Werkstoffe für uns?
- Müssen wir Kunststoffpackungen neu in unser Sortiment aufnehmen?
- Wie wirken sich die neuen ökologischen Anliegen auf unsere Produkte aus? Wie können wir unsere Packungen umweltfreundlicher gestalten?
- Welche Konsequenzen resultieren aus den erwarteten Kaufkraftsteigerungen im Markt für Blechpackungen?
- Was bedeutet der Trend »von der repräsentativen zur partizipativen Demokratie«[13] für unser Unternehmen und unsere Kunden?

In der Diskussion wurden dementsprechend während des ganzen Tages marktbezogene Aspekte erörtert und am Schluß entschieden, in Kunststoffpackungen zu diversifizieren. Gleich danach konnte das neue Projekt relativ rasch initialisiert werden. In der Folgezeit allerdings ist die Realisierung des Vorhabens sehr mühsam vorangeschritten, gab es doch schon viele Konkurrenten, die sich im Bereich von

Die meisten Unternehmen betrachten Umwelttrends vorwiegend aus der Sicht ihrer Produkte und Märkte. Mindestens gleich wichtig ist es aber, die Auswirkungen auf alle Nutzenpotentiale zu erfassen und in die Unternehmensstrategie einzubeziehen.

Kunststoffpackungen profiliert und entsprechende strategische Positionen aufgebaut hatten. Bis heute ist der eigentliche Durchbruch ausgeblieben.

Aufgrund dieser Erfahrungen stellt sich die Frage: Wie hätte aus unserem heutigen, dynamikorientierten Blickwinkel das richtige Vorgehen sein müssen? Sicherlich waren die Megatrends von Naisbitt eine ideale gedankliche Grundlage, sie hätten jedoch nicht ausschließlich im Hinblick auf die Produktion und den Absatz von Blechpackungen betrachtet werden dürfen. Wesentlich vielversprechender wäre eine umfassende Erörterung bezüglich sämtlicher für die Firma Mepa relevanter Nutzenpotentiale gewesen. Mit dieser Strategie wäre man möglicherweise auf folgende neue Aspekte gestoßen, die wahrscheinlich zu gewinnbringender Aktivität geführt hätten:

- Der Trend zur Dienstleistung und zum Service: Kann man die gutentwickelten EDV-Applikationen Drittkunden anbieten?
- Der Trend zum selbständigen Unternehmertum: Könnte das relativ große Gesamtunternehmen in autonome Einheiten untergliedert und die tüchtigsten Führungskräfte an diesen neugeschaffenen Gesellschaften beteiligt werden? Auf diese Weise hätte vielleicht der von Naisbitt so deutlich hervorgehobene Trend ausgeschöpft werden können.
- Der Trend zu kleinen Einheiten (»small ist beautiful«): Sollen kleine, dezentrale Produktionseinheiten in Kundennähe aufgebaut werden?

Durch eine solche Erweiterung des Blickwinkels hätte man voraussichtlich ein wirklich innovatives Nutzenpotential erkannt, das wesentlich attraktiver gewesen wäre als das Marktpotential für Blech- und Kunststoffpackungen.

Gewiß, auf derartige Ideen sind schon seit jeher tüchtige Unternehmer gestoßen, viele Praxisbeispiele und nicht zuletzt die Fälle der speziell untersuchten Unternehmen belegen dies. Es ist aber gleichzeitig eine Tatsache, daß heute in einer großen Mehrzahl der Firmen Denkmuster dominieren, die durch die hergestellten Produkte und Absatzmärkte definiert sind. In Zeiten turbulenter Umweltentwicklungen und insbesondere bei einer drohenden Rezession ist jedoch ein unkonventionelles, diskontinuierliches Denken, bei dem alle möglichen Nutzenpotentiale in Betracht gezogen werden, notwendiger denn je. Das ist eine der Hauptbotschaften des vorliegenden Buches.

Umweltentwicklung und Nutzenpotentiale: Zehn Megatrends und deren Auswirkungen auf die Nutzenpotentiale

Im folgenden möchte ich einige relevante Zukunftstrends erörtern und daraus ableiten, welche Nutzenpotentiale in diesem Zusammenhang an der Schwelle zum 21. Jahrhundert an Bedeutung gewinnen werden. Dabei ist zu berücksichtigen, daß jede Zukunftsprognose zwangsläufig mit Unsicherheiten verbunden ist. Manche Entwicklungen vollziehen sich gegenwärtig mit einer derartigen Geschwindigkeit, daß diese Unsicherheiten eher noch zunehmen werden.
Das Hauptziel der nachfolgenden Ausführungen beruht denn auch weniger darin, die materiell bedeutendsten Trends möglichst exakt vorherzusagen, vielmehr sollen sie generell zur Illustration des der Unternehmensdynamik zugrunde liegenden Denkens herangezogen werden. Die Trends stammen aus einschlägigen Arbeiten einiger Zukunftsforscher.[14]
Zuerst soll eine kurze Übersicht über die zehn zu diskutierenden Trends gegeben werden:

1. Starke Wachstumsimpulse und rezessive Einflüsse lösen einander ab.
2. Beachtliche Schwankungen von monetären Größen und wirtschaftlichen Werten.
3. Fortschreitende Internationalisierung und Globalisierung.
4. Rasanter technologischer Fortschritt.
5. Neue Informatik- und Kommunikationssysteme verändern Wirtschaftsprozesse.

Unternehmensdynamik erfordert ein unkonventionelles Denken, das Chancen in künftigen Entwicklungen entdeckt.

An der Schwelle zum 21. Jahrhundert ist es für jedes Unternehmen wichtig, die Auswirkungen der Megatrends kritisch zu analysieren.

6. Bedeutende demographische Veränderungen.
7. Neue Werthaltungen im sozialen Umfeld.
8. Erhaltung der Umwelt wird zum zentralen Anliegen.
9. Neue Ära der Ost-West-Beziehungen.
10. Pazifikbecken wird zum zukunftsträchtigen Wirtschaftsraum.

Trend 1: Starke Wachstumsimpulse und rezessive Einflüsse lösen einander ab

Der nach dem Zweiten Weltkrieg aufgetretene, lang anhaltende Wachstumstrend der Weltwirtschaft wurde durch den ersten Ölpreisschock jäh unterbrochen. Seither sind beachtliche Schwankungen der Weltwirtschaft festzustellen.
Der kurzen Expansion in der zweiten Hälfte der siebziger Jahre folgte eine erneute Rezession, die maßgeblich durch den zweiten Ölpreisschock ausgelöst wurde. Seit 1983 hält eine neue starke Expansionsphase an.
Es ist anzunehmen, daß sich der positive Grundtrend auch in Zukunft fortsetzt. Verschiedene Gründe sprechen dafür:

- Die europäische und weltweite Wirtschaftsintegration liefert positive Impulse.
- Der nach wie vor rasante technologische Fortschritt unterstützt ein nachhaltiges Wachstum.
- Innovationen werden nicht nur im technologischen Bereich realisiert. Auch im Dienstleistungssektor und in anderen Bereichen sind wachstumsfördernde Neuerungen zu erwarten.
- Die Marktwirtschaft hat sich als leistungsfähigstes Wirtschaftssystem durchgesetzt. Deregulierung und Abbau bürokratischer Hemmnisse unterstützen das Wachstum.
- Die Ost-West-Entspannung gibt der Weltwirtschaft neuen Auftrieb.

- Der Pessimismus der siebziger Jahre ist einer – allerdings in vieler Hinsicht eingeschränkten – positiveren Grundeinstellung gewichen.

Selbstverständlich sind diese positiven Impulse durch eine Reihe von kritischen Entwicklungen zu relativieren. Ich denke an die zunehmende Zerstörung der Umwelt, die Nord-Süd-Problematik, die Schuldenkrise, Handelsbilanzungleichgewichte, die Gefahr eines neuen Ölpreisschocks, den Terrorismus sowie die nach wie vor instabile politische Lage, insbesondere im Nahen Osten und in Drittweltländern.

Auswirkungen auf die Nutzenpotentiale

Selbstverständlich werden von der Entwicklung der Weltwirtschaft in erster Linie die Marktpotentiale betroffen sein. Aufgrund der positiven Wachstumsphase ist zu erwarten, daß viele Märkte auch in Zukunft einerseits eine angemessene Zuwachsrate aufweisen werden, andererseits der Trend zur Sättigung auf etlichen konsumnahen Märkten feststellbar bleibt.

Die Chancen generell günstiger Marktpotentiale sind insoweit zu relativieren, als in vielen Branchen beträchtliche Überkapazitäten aufgebaut worden sind, die zu einem ständigen Preisdruck führen. Beispielsweise wird für die neunziger Jahre die Überkapazität der Automobilindustrie auf mehr als 25 % geschätzt. Ähnliches kann für die Textil-, Chemikalien- und Maschinenindustrie festgestellt werden. Aber auch stark expandierende High-Tech-Branchen, wie Herstellung von Computern und Halbleitern, leiden darunter, daß die Kapazitätserweiterung rascher als die Nachfrage nach Endprodukten voranschreitet, so daß ein fast permanenter Preisdruck entsteht.[15]

Verantwortungsbewußte Unternehmen müssen deshalb die sich aus dem reinen Wirtschaftswachstum ergebenden Chancen stets unter Berücksichtigung des Wettbewerbs kritisch prüfen. Dabei sind auch die im Zusammenhang mit allfälligen Rezessionen zu erwartenden Rückschläge in die Überlegungen einzubeziehen. Daraus ergibt sich die für viele etablierte Unternehmen zentrale Schlüsselfrage: Sind die vom eigenen Unternehmen erschlossenen Marktpotentiale in

Grundsätzlich werden auch in Zukunft viele Märkte zur Sättigung neigen und damit an Attraktivität verlieren. In Wachstumsmärkten müssen die Unternehmen infolge der oft feststellbaren Überkapazitäten mit einem hohen Konkurrenzdruck rechnen.

Zukunft noch attraktiv genug, oder muß aufgrund von Überkapazitäten und Konkurrenzdruck mit Margenschmälerungen gerechnet werden? Als Prüfstein kann hier die Rendite von Obligationen herangezogen werden. Zeigt es sich, daß die Marktpotentiale auch längerfristig nur eine unter der Obligationenrendite liegende Eigenkapitalrendite zulassen, so sollte man sich anderen Nutzenpotentialen mit größeren Ertragschancen zuwenden.

Auch Rezessionen können dynamischen Unternehmen neue Chancen eröffnen. Zu erwähnen ist z.B. das Übernahme- und Restrukturierungspotential. Es ist leicht nachzuweisen, daß Firmen, die sich darauf spezialisiert haben, teils spektakuläre Erfolge erzielen konnten. Dies gilt für die bereits erwähnten Beispiele Hanson und Electrolux, aber auch der Franzose Bernard Tapie erlangte in der Krise der frühen achtziger Jahre als Restrukturierer fast nationalen Ruhm.[16]

Interessante Potentiale können sich – in Abhängigkeit von der jeweiligen konjunkturellen Phase – auch im Finanzbereich eröffnen. Viele Firmen sind in der Lage, durch ein »Going-public« – oder umgekehrt durch ein »Going-private« – neuartige Chancen zu erschließen.

Wir sehen somit bereits hier, daß sich dem dynamischen Unternehmen aufgrund der zu erwartenden wirtschaftlichen Entwicklung vielseitige Nutzenpotentiale eröffnen, die wesentlich attraktiver als gegebene Marktpotentiale sein können.

Trend 2: Beachtliche Schwankungen von monetären Größen und wirtschaftlichen Werten

Seit der Aufhebung der Goldparität des US-Dollars und dem Übergang zum Floating im Jahre 1973 sind die Wechselkurse der Währungen starken Schwankungen unterworfen. Ähnliche Ausschläge können bei den Inflationsraten, den Zinssätzen, den Aktienkursen, den Rohstoffpreisen und bei vielen anderen Werten festgestellt werden.

Obwohl mannigfache Anstrengungen, teilweise auf internationaler Ebene, unternommen werden, um die Ausschläge zu nivellieren – denken wir z. B. an das Europäische Währungssystem EWS –, so muß auch in Zukunft mit beachtlichen Wellenbewegungen gerechnet werden. Verschiedene Gründe sprechen für diese Befürchtung, beispielsweise:

- Die Globalisierung bringt eine enge wirtschaftliche Verflechtung mit sich. Lokale oder regionale Ungleichgewichte werden – auch infolge der fortgeschrittenen Kommunikationstechnologien – innerhalb kürzester Zeit »globalisiert«.
- Die in den internationalen Finanzmärkten sich frei bewegenden und anlagesuchenden Kapitalien haben ein astronomisches Ausmaß angenommen: Sie wurden im Jahre 1988 etwa 30mal größer als die Warenströme geschätzt. Schon durch ihre bloße Bewegung können diese Gelder substantielle Ungleichgewichte auslösen.
- Die Wechselwirkungen zwischen Papierhandel und physischem Handel haben zu einer extremen Komplexität der Märkte geführt. Dadurch steigt auch die Volatilität.[17]
- Die wirtschaftliche Leistungsfähigkeit der Länder wird sich nicht im Gleichgewicht entwickeln. Auch in Zukunft werden manche aufstrebende Nationen gegenüber anderen zur Stagnation neigenden Ländern aufholen und diese sogar überflügeln. Der infolge neuer Kommunikationsmittel erleichterte Know-how-Transfer beschleunigt diese Entwicklung.
- Boden und andere Ressourcen sind durch die Beschaffenheit der Erde determiniert, und ihr Angebot kann nicht erhöht werden. Besonders in den dichtbesiedelten Industrienationen hat dies zur Folge, daß die Preise bei kaufkraftbedingten Nachfrageschüben überproportional ansteigen.
- Politische Turbulenzen werden auch in Zukunft immer wieder zu unerwarteten Versorgungsengpässen vereinzelter Güter führen. Denken wir nur an den bereits erwähnten Ölpreisschock von 1973, der durch den Jom-Kippur-Krieg ausgelöst wurde. Nach wie vor bleibt der Nahe Osten instabil. Ein neuer Ölpreisschock kann des-

Durch die Stagnation vieler Märkte werden auch in der Zukunft durch Restrukturierungen beachtliche Werte geschaffen werden können. Neue Herausforderungen entstehen aufgrund von beachtlichen Schwankungen finanzieller Größen.

halb nicht a priori ausgeschlossen werden. Auch ähnliche negative Entwicklungen können in anderen Sphären und bei anderen Wirtschaftsgütern auftreten.

Diese kurze Übersicht ist keinesfalls als vollständig anzusehen. Viele weitere Einflüsse können Schwankungen verursachen wie z. B. klimatisch bedingte Größen, welche sich auf die Lebensmittelpreise auswirken, oder sozialpsychologische Entwicklungen, die auf die Nachfrageseite einwirken. Aus diesen Schwankungen ergeben sich zweifellos gravierende Konsequenzen für die Nutzenpotentiale.

Auswirkungen auf die Nutzenpotentiale

Nach der klassischen betriebswirtschaftlichen Auffassung erbringen Unternehmen Leistungen für Dritte. Im Mittelpunkt steht die Beziehung Unternehmen–Kunde. Die wirtschaftliche Leistung wird anhand der Wertschöpfung gemessen, die sich als Differenz zwischen Wareneinstand und Warenverkauf ergibt.[18] Wenn sich ein Unternehmen bedeutenden Schwankungen wirtschaftlicher Werte ausgesetzt sieht, so wird sein Ergebnis immer mehr von Faktoren bestimmt, welche mit der unmittelbaren Wertschöpfung – der Transformation der Güter im Produktions- und Absatzprozeß – nichts zu tun haben. Dazu einige Beispiele:

- Das Jahresergebnis eines Zigarrenherstellers wird maßgeblich vom Einkaufspreis für Rohtabake bestimmt. Können diese zu günstigen Preisen eingekauft werden, so resultiert daraus – ceteris paribus – ein positiver Überschuß. Die Nachteile ungünstiger Einkaufspreise können durch noch so effiziente Produktions- und Marketingmethoden kaum ausgeglichen werden. Warenbeschaffung und -bewirtschaftung werden daher zum bedeutungsvollsten Nutzenpotential, das – bei entsprechender Kompetenz – nicht nur zugunsten des eigenen Unternehmens, sondern auch für Dritte erschlossen werden kann.
- Preisentwicklungen haben ihre Auswirkungen auf das Anlage- und Umlaufvermögen. Beispielsweise können durch Ansteigen der Bodenpreise völlig neue Konstellationen für die Unternehmensak-

tivitäten entstehen: In vielen Unternehmen würde eine Kalkulation zu Vollkosten rasch aufzeigen, daß sich der bisherige Standort infolge der Preissteigerungen nicht mehr für die Herstellung des angestammten Gutes eignet. Üblicherweise verzichten Firmen darauf, derartige Entwicklungen zu berücksichtigen, vielmehr freut man sich über die anwachsenden stillen Reserven und stellt nicht in Rechnung, daß infolge der höheren Werte der Aktiva die effektive Eigenkapitalrendite – bisweilen dramatisch – abnimmt und (jedenfalls bei vielen schweizerischen Unternehmen) die Obligationenrendite stark unterschreitet. Die sich ergebenden Diskrepanzen bewirken, daß – zumindest bei börsenkotierten Firmen – Raiders auf den Plan gerufen werden. Derartige Entwicklungen können Unternehmen vor sehr große Probleme stellen: Einerseits erfordert eine kontinuierliche Geschäftspolitik die Fortführung des angestammten Geschäfts am bisherigen Standort. Andererseits werden immer größere Wirtschaftswerte ineffizient verwendet. Sicherlich können diese sozusagen brachliegenden Wirtschaftswerte als Nutzenpotentiale betrachtet werden, deren bessere Ausschöpfung in Kenntnis der Realitäten kontinuierlich überprüft werden sollte.

Es ist also deutlich, daß sich aufgrund der beachtlichen Schwankungen wirtschaftlicher Größen vielseitige und oft zuwenig beachtete Nutzenpotentiale eröffnen. Dynamische Unternehmen zeichnen sich dadurch aus, daß sie diese Nutzenpotentiale mit wesentlich größerer Flexibilität als statische Firmen ausschöpfen.

Trend 3: Fortschreitende Internationalisierung und Globalisierung

Der starke Trend in Richtung auf eine Globalisierung der Märkte ist schon seit einigen Jahren bekannt.[19] Die Ursachen liegen auf der

Das Unternehmensergebnis wird immer stärker von Faktoren bestimmt, die mit der klassischen Leistungserstellung und -verwertung nur indirekt in Verbindung stehen. Hier eröffnen sich auf vielen Feldern oft noch unbeachtete attraktive Nutzenpotentiale.

Hand: Die bedeutenden Stückkostendegressionen, die mittels hoher Auflagengrößen erzielt werden können, zwingen zu einer Internationalisierung. Nicht minder wichtig sind jedoch die Fortschritte im Bereiche der Telekommunikation. Diese haben zu einer drastischen Senkung der Kommunikationskosten geführt. Beispielsweise kostete im Jahre 1935 ein dreiminütiges Telefongespräch zwischen der Schweiz und New York (zu Preisen von 1988) 1 374,20 sfr. Im Jahre 1988 mußte man für eine gleich lange Telepac-Verbindung noch 0,75 sfr. bezahlen. Dies entspricht einer Verbilligung um Faktor 1 832!

Ebenso konnten die Transportkosten dramatisch gesenkt werden. Nicht minder wichtig ist schließlich die Internationalisierung in der Massenkommunikation. So konnte ein Bewohner der Stadt Zürich im Jahre 1988 beispielsweise siebzehn Fernsehprogramme aus verschiedenen europäischen Ländern, aber auch aus Übersee empfangen.

Ein weiterer für die Globalisierung sprechender Aspekt ist die zunehmende Verbreitung der englischen Sprache. Sie ist heute Muttersprache von über 400 Mio. Menschen und nach dem Mandarinchinesisch die am zweithäufigsten gesprochene Sprache der Welt.[20]

Eine Schlüsselentwicklung im Bereiche der Internationalisierung stellt die Bildung der drei großen Wirtschaftsblöcke Nordamerika – Europa – Südostasien dar. Insbesondere die Schaffung eines europäischen Binnenmarktes mit 320 Mio. Konsumenten und 4 Billionen (4 000 000 Millionen) $ Kaufkraft ist wegweisend.[21] Experten rechnen damit, daß die EG durch den Fortfall der Binnengrenzen in den neunziger Jahren ein reales Wachstum von 5 bis 7 % aufweisen wird.[22] Selbst wenn die Europaeuphorie gegenwärtig übertrieben erscheint, alleine die Tatsache der Neustrukturierung des »alten Kontinents« wird ohne Zweifel beachtliche Impulse auslösen.

Diesen Integrationsbemühungen steht allerdings eine Reihe von nicht minder wichtigen protektionistischen Tendenzen gegenüber. Erwähnt seien die Importrestriktionen für japanische Autos, die sowohl in einigen europäischen Ländern als auch in den USA eingeführt worden sind. In umgekehrter Richtung sind die weitgehenden japanischen nichttarifären Handelshemmnisse bekannt.

Bei Abwägung beider Strömungen ist eher damit zu rechnen, daß bei Fortbestand des Wirtschaftswachstums der allgemeine Trend in Richtung auf positive Integrationen weiterläuft. Ob diese Aussage allerdings auch im Falle einer starken Rezession Gültigkeit hat, ist mehr als fraglich.

Auswirkungen auf die Nutzenpotentiale

In erster Linie sind diese mit der Internationalisierung und Globalisierung verbundenen Chancen augenfällig: Neue Märkte eröffnen sich, und neue Marktpotentiale können erschlossen werden. Dies kommt insbesondere Firmen zugute, die über ein im internationalen Vergleich überlegenes Know-how verfügen. Somit können nicht nur externe Marktpotentiale ausgeschöpft werden, sondern auf breiter Basis auch interne Nutzenpotentiale in der Form von Know-how, Patenten und anderen Schutzrechten. Um dieses Wissen auszunützen, ist das Entwicklungs-, Produktions- und Marketing-Know-how umfassender zu praktizieren. En vogue ist beispielsweise die Eröffnung von Vertriebsorganisationen oder Produktionsstätten im Ausland. Vielfach werden die Möglichkeiten sogar zur Gestaltung ganzer Systeme genutzt, und im Idealfall können sie in Form von Franchisekonzepten gestaltet und international etabliert werden. Die großen Erfolge von Firmen wie beispielsweise Benetton, The Body Shop, Cartier, H & M, IKEA, McDonald's sind darauf zurückzuführen, daß hier die Internationalisierung konsequent über die Etablierung derartiger Gesamtsysteme realisiert wurde.

Die Internationalisierung und Globalisierung hat in erster Linie einen Einfluß auf die Marktpotentiale. Es bieten sich aber auch andere, vielleicht nicht minder interessante Nutzenpotentiale an. Bereits bei der ersten These habe ich auf die Finanzierungspotentiale verwiesen. Mit zunehmender Globalisierung können die internationalen Finanzmärkte umfassender ausgeschöpft werden. Interessant können aber auch Humanpotentiale sein, die dank einer zunehmenden Internationalisierung offenstehen. Dazu ein Beispiel: Die Swissair steht heute vor dem Problem, daß sie in der Schweiz nicht genügend Informatiker

Die seit einigen Jahren feststellbare Globalisierung führt zu einer Neudefinition der Marktpotentiale. IKEA, Benetton und McDonald's haben beispielsweise die daraus resultierenden Multiplikationsmöglichkeiten erfolgreich ausgeschöpft.

finden kann. Sie löst diesen Engpaß zur Zeit auf recht originelle Weise, indem sie in Kuala Lumpur zusammen mit anderen Firmen (IBM Malaysia, Malaysian Airline System u.a.) und mit der malaysischen Regierung eine Softwarefirma aufbaut. Dieses neue Unternehmen wird Softwaredienstleistungen für den Markt der internationalen Luftfahrt, aber auch für den privaten und öffentlichen Sektor Malaysias erbringen. Neben der Imagewirkung, welche die Swissair mit ihrem Engagement in einem industriellen Schwellenland erzielt, kann sie auf diese Weise malaysische Hochschulabsolventen als wertvolles Humanpotential nutzen.

Es ist schon darauf hingewiesen worden, daß gewisse Trends einer weitergehenden Internationalisierung zuwiderlaufen. In diesem Zusammenhang wird vor allem der Protektionismus hervorgehoben. Jede protektionistische Maßnahme wird von Interessengruppen unterstützt, die daraus einen Nutzen ziehen wollen. Protektionistische und ähnliche handelspolitische Maßnahmen stellen somit auch ein Nutzenpotential dar, das im folgenden als Regulierungspotential bezeichnet wird. Durch Einflußnahme auf den politischen Prozeß und damit durch Beeinflussung der Gesetzgebung können oft sogar beträchtliche Vorteile erzielt werden. Man kann leicht feststellen, daß viele Betriebe – etwa in der Landwirtschaft – praktisch nur noch dank des Regulierungspotentials existieren können.

Daß dessen Ausschöpfung ertragsmäßig hochinteressant sein kann, haben viele Unternehmen entdeckt. Ein Beispiel dafür sind die im Verband schweizerischer Automobilimporteure zusammengeschlossenen Firmen. Diese haben es durch geschickte Einflußnahme verstanden, in der Schweiz neue Abgas- und Lärmnormen durchzusetzen, die von denjenigen der EG-Länder abweichen. Durch dieses nichttarifäre Handelshemmnis ist es ihnen gelungen, den grauen Automobilimport (Kauf von Autos im billigeren Ausland und Import in die Schweiz) fast vollständig zum Erliegen zu bringen. Die Anpassung eines im Ausland erworbenen Automobils an die Schweizer Normen ist derart aufwendig, daß alle Preisvorteile entfallen. Die Konsequenz daraus besteht darin, daß die Automobilpreise in der Schweiz

steuerbereinigt zwischen 10 % und 20 % höher als in der Bundesrepublik Deutschland liegen. Der Mehrpreis stellt eine zusätzliche Marge der Schweizer Automobilimporteure dar, die dem Konsumenten zugemutet wird. Die Erschließung des Regulierungspotentials durch die Automobilimporteure ist jedenfalls lohnenswert. Die Ertragskraft ihrer Unternehmen konnte erhöht werden, und man erkennt deutlich die Vorteile, die mit der Ausschöpfung von Nutzenpotentialen verbunden sind, die unmittelbar nichts mit dem Marktpotential zu tun haben. Ein Automobilimporteur in der Schweiz könnte in dem ohnehin stark regulierten Markt auch durch noch so große Anstrengungen auf der Marktseite nie den Nutzen generieren, welchen er durch die Konzentration auf Regulierungspotentiale erschlossen hat.
Regulierungspotentiale bergen jedoch auch Gefahren in sich, da sie sich zumeist in den klassischen Gefilden des Protektionismus mit allen seinen negativen Folgen bewegen. Die ausschließliche Ausrichtung darauf stellt keine taugliche Strategie dar, um Unternehmen nachhaltig zu dynamisieren. Langfristig werden durch diese Vorgehensweise lediglich unzweckmäßige und leistungsschwache Strukturen gefestigt. Ich werde deshalb die Regulierungspotentiale im folgenden nur am Rande behandeln und sie wegen meiner Konzentration auf echten ökonomischen Nutzen stiftende Potentiale für dynamische Unternehmen eher ausklammern.
Die mit der Internationalisierung und Globalisierung verbundenen Entwicklungen können umgekehrt auch zur Vernichtung oder zumindest Beeinträchtigung existierender Nutzenpotentiale führen. So hat jede Liberalisierung vorerst eine Verschärfung der Konkurrenz zur Folge. Statische Unternehmen laufen hier Gefahr, die Wettbewerbsfähigkeit zu verlieren, so daß häufig als Ultima ratio nur noch die Veräußerung des Unternehmens offenbleibt. Mit dieser Situation sah sich beispielsweise der einst hochgeschätzte Schweizer Weißwarenhersteller Therma konfrontiert. Da man sich ausschließlich auf den Heimatmarkt konzentriert hatte, realisierte die Firma die bereits in den sechziger Jahren eingetretene Tendenz zur Internationalisierung erst, als europäische Anbieter dank höherer Auflagengrößen und damit

Die Internationalisierung und Globalisierung kann im Gegenzug auch zur Vernichtung existierender Nutzenpotentiale führen. Hier sind insbesondere Firmen gefährdet, die bisher nur lokal operierten und sich auf nationale Märkte beschränkt haben.

geringerer Kosten in der Schweiz Produkte zu Preisen anboten, mit denen man einfach nicht mithalten konnte. Es bestand keine andere Wahl, als das Unternehmen an einen Konkurrenten zu verkaufen, von dem man stark bedrängt wurde, nämlich an die schon verschiedentlich erwähnte schwedische Firma Electrolux. Die Internationalisierung und Globalisierung läßt somit in vielen Branchen nur die Alternative offen: Entweder man schöpft die neuen Nutzenpotentiale konsequent aus, oder man verschwindet von der Bildfläche.

Trend 4: Rasanter technologischer Fortschritt

Der rasante technologische Fortschritt ist heute allenthalben spürbar. Am eindrucksvollsten erleben wir ihn wohl im Bereiche der Mikroelektronik. So verdoppelt sich die Anzahl elektronischer Schaltungen pro Silikonchip etwa alle achtzehn Monate, und diese Entwicklung dürfte mindestens noch bis zum Jahr 2000 anhalten. Auf dieser Basis kann weiterhin mit einer außerordentlichen Steigerung der Leistungsfähigkeit von Computern gerechnet werden. Zu der verbesserten Prozessorleistung gesellt sich dann noch die Entwicklung neuer Softwarekonzepte.[23]

Auch in der Chemie, der Biotechnologie, bei neuen Werkstoffen und in vielen anderen Bereichen wachsen neue Erkenntnisse und Applikationsmöglichkeiten nach, die in den kommenden Jahren zu substantiellen Verbesserungen von Produkten oder Produktionsprozessen führen werden.

Wir finden eine ganze Reihe von fundamentalen Entdeckungen, welche – jede für sich genommen – durchaus von gleicher Bedeutung wie die Erfindung des Transistors vor 40 Jahren sein kann, etwa:

- Optische Computer, die bis zu tausendmal schneller funktionieren als ihre heutigen elektronischen Vorläufer.[24]

- »Neural-network Computer«, welche die Möglichkeiten der künstlichen Intelligenz substantiell erhöhen könnten.[25]
- Microengineering, d. h. die Produktion kleinster Maschinen, mit welchen völlig neue Anwendungen erschlossen werden könnten.[26]
- Supraleitungen, welche neue elektrotechnische Applikationen eröffnen.

Diese wenigen Hinweise zeigen, daß an der Schwelle zum 21. Jahrhundert technologische Möglichkeiten offenstehen, die ungeahnte Innovationen zur Folge haben werden. Beeinflußt werden davon alle Bereiche des menschlichen Lebens.

Auswirkungen auf die Nutzenpotentiale

Sicherlich wird die technologische Entwicklung bedeutende Auswirkungen auf die Marktpotentiale haben. Hier ist allerdings eine gewisse Präzisierung angebracht.

Verschiedene Autoren weisen darauf hin, daß Produktinnovationen dann mit besonders großen Erfolgschancen realisiert werden können, wenn sie in einer engen Zusammenarbeit mit Kunden konzipiert werden.[27] Dies gilt ganz gewiß für Produkte, die Weiterentwicklungen existierender Marktleistungen darstellen. Hier geht es darum, ein existierendes Marktpotential mittels eines verbesserten oder neuen Produktes intensiv aufzutun. Eine ausgesprochene Marktorientierung, wie sie beispielsweise Tom Peters[28] fordert, ist zentrale Erfolgsvoraussetzung. Entsprechend unserer Terminologie geht es in diesem Fall darum, ein Nutzenpotential (in der Form eines Marktpotentials) durch geeignete technologische Innovationen zu erschließen.

Interessanterweise weist die Geschichte eine Vielzahl erfolgreicher Unternehmer auf, die in erster Linie dank ihrer technologischen Kompetenz völlig neue Produkte entwickelten und noch nicht existierende Märkte aufbauten. Solche technologieorientierte Innovatoren waren z. B. Thomas Edison, Konrad Zuse sowie Steve Jobs und sein Partner Steven Wozniak. Innovatoren dieser Klasse handelten oft alles andere als marktorientiert. Vielmehr haben sie aufgrund ihrer Fachkenntnis-

In vielen Bereichen ist eine zeitlich überproportionale Beschleunigung des technischen Fortschritts festzustellen.

Für dynamische und flexible Unternehmen werden sich daraus mit Sicherheit herausfordernde, neuartige Potentiale ergeben.

se zunächst ein Technologiepotential erschlossen und erst dann versucht, die auf diese Weise entstandenen Produkte im Markt zu plazieren. Sie verfolgten also kein originäres Marketingkonzept, bei welchem die Kundenbedürfnisse Ausgangspunkt der Strategie sind, hatten aber gleichwohl infolge der hochstehenden technologischen Innovation durchschlagenden Erfolg.
Der durch diese Beispiele deutlich werdende Unterschied zwischen der üblichen marktorientierten Erschließung von Marktpotentialen unter Einbeziehung neuer Technologien einerseits und der Entwicklung eines Technologiepotentials andererseits erscheint mir wichtig zu sein. Die bisherigen betriebswirtschaftlichen Forschungsergebnisse deuten darauf hin, daß der erste Weg erfolgversprechender und weniger risikobehaftet ist. Es gibt jedoch durchaus Beispiele, bei denen das zweite Vorgehen richtiger war und zum Erfolg führte.
Die technologische Entwicklung erlaubt es im weiteren, interne Nutzenpotentiale, wie Rationalisierungs- und Kostensenkungspotentiale, auszuschöpfen, indem neue Automaten oder andere effizienzsteigernde Maschinen eingesetzt werden.

Trend 5: Neue Informatik- und Kommunikationssysteme verändern Wirtschaftsprozesse

Die Entwicklungen im Bereich der Informatik- und Kommunikationssysteme sind eng mit dem soeben behandelten technologischen Fortschritt verbunden. Wenn dieser Sachverhalt dennoch in einem speziellen Haupttrend dargestellt wird, so deshalb, weil gerade diese Entwicklungen für unsere Nutzenpotentialbetrachtungen von besonderem Interesse sind. Die Informatik- und Kommunikationssysteme sind durch folgende Tendenzen geprägt.

- Immer leistungsfähigere Informatiksysteme erlauben es, drei Vorteile zu erlangen:

Erstens kann die Effizienz unternehmerischer Prozesse erhöht und können durch richtigen Informatikeinsatz kostenmäßige Wettbewerbsvorteile erlangt werden.
Zweitens erlaubt ein zweckmäßiger Informatikeinsatz die Bereitstellung fundierter Entscheidungsgrundlagen – die Entscheidungsqualität wird erhöht. Beispielsweise kann mittels Computeroptimierungen der Wertschriftenertrag unter Minderung des Risikos gesteigert werden.
Drittens können Informatiksysteme für völlig neue Leistungen eingesetzt werden, die bisher gar nicht möglich waren. Als Beispiel kann das von American Airlines aufgebaute Sabre-Buchungssystem angeführt werden, das einen vollständig neuartigen Kundennutzen generiert.

- Mittels der in Zukunft zu erwartenden, noch leistungsfähigeren Informatiksysteme können deren Einsatzmöglichkeiten weiter ausgebaut und neue Chancen erschlossen werden.
- Mit den Fortschritten der Kommunikationstechnologie gehen massive Kostensenkungen einher, die ich bereits unter Trend 3 erwähnt habe. Zu betonen ist an dieser Stelle, daß mit dem technischen Fortschritt revolutionierende Einsatzmöglichkeiten verbunden sind und somit auch neue Qualitäten entstehen können. Dies ist beispielsweise bei den in Einführung begriffenen ISDNs (Integrated Services Digital Networks) der Fall, welche die Art der Geschäftstätigkeit in einigen Branchen vollkommen umwälzen könnten.[29] Generell wird die Entwicklung von Kommunikationssystemen zu einer umfassenderen Verfügbarkeit von Informationen, aber auch zu vermehrten Einflußmöglichkeiten im Bereich der Werbung und Imagegestaltung führen.

Auswirkungen auf die Nutzenpotentiale

Ebenso wie die Technologie insgesamt ein Nutzenpotential (Technologiepotential) darstellen kann, so kann auch die Informatik als solche ein Nutzenpotential (Informatikpotential) sein. Unter dem Begriff Informatikpotential darf allerdings nicht nur die Computeranwen-

Der technologische Fortschritt zwingt viele Unternehmen dazu, interne Nutzenpotentiale wie Rationalisierung und Kostensenkung auszuschöpfen. Insbesondere die immer leistungsfähigeren Informatiksysteme leisten dazu einen wichtigen Beitrag.

dung subsumiert werden, sondern alle weiteren Möglichkeiten, die sich mit dem Einsatz moderner Informatik- und Kommunikationssysteme bieten. Infolge des sich abzeichnenden fortgesetzten technologischen Fortschritts in diesem Bereich dürften die Informatikpotentiale für viele Firmen an Attraktivität gewinnen.

Natürlicherweise beeinflussen die Entwicklungen auf diesem Sektor die Marktpotentiale. So darf bestimmt davon ausgegangen werden, daß für die Informatik- und Kommunikationsbranche auch in Zukunft hochinteressante Möglichkeiten vorhanden sein werden. Diese können allerdings in vielen Fällen nur von Firmen erschlossen werden, die bereits in dieser Branche tätig sind. Für alle anderen gilt jedoch, daß auch ihre Marktpotentiale durch die Weiterentwicklungen an Attraktivität gewinnen können. Dies trifft beispielsweise für den Dienstleistungssektor zu, wo dank des technologischen Fortschritts neue Leistungen erbracht werden können und damit neue, die Attraktivität der Märkte positiv beeinflussende Tendenzen entstehen.

Im weiteren möchte ich die Imagepotentiale ansprechen, denn ein starkes Firmen- oder Produkteimage kann durchaus ein hochinteressantes Nutzenpotential darstellen. Dieses wird beispielsweise von Davidoff gezielt ausgeschöpft, indem das exklusive Wirkungsbild, das Zino Davidoff im Zigarrenbereich geschaffen hat, erfolgreich auf andere, hochpositionierte Produkte wie Parfüms oder Spirituosen übertragen wird. Die Entwicklungen bei den Informatik- und Kommunikationssystemen werden auch hier in Zukunft entscheidend sein: Imagepotentiale können wirkungsvoller ausgeschöpft und erschlossen werden.

Schließlich sei noch auf die Beschaffungspotentiale verwiesen. Dank der Informatik- und Kommunikationssysteme können die Beschaffungsprozesse wesentlich effizienter gestaltet werden. Denken wir nur an die beachtlichen Verbesserungen, die dank der Just-in-time-Produktion erzielt werden können. Sekundenschnelle Rückfragen bei verschiedenen Beschaffungspartnern sind ein weiterer wesentlicher Aspekt.

Diese kurze Übersicht verdeutlicht, daß die Entwicklung auf diesem

Sektor fast in sämtliche Aktivitätsbereiche des Unternehmens hineinstrahlt. Durch sie werden nahezu alle denkbaren Nutzenpotentiale beeinflußt, ja, die Informatik bewirkt sogar, daß völlig neue Nutzenpotentiale entstehen.

Trend 6: Bedeutende demographische Veränderungen

Bis zum Jahre 1998 wird die Weltbevölkerung von heute 5,1 Mrd. auf über 6 Mrd. Menschen anwachsen. Dieses starke Bevölkerungswachstum wird regional sehr unterschiedlich ausfallen. Während die Bevölkerung in der Bundesrepublik, in Ungarn und in Dänemark rückläufig ist, läßt sich in Drittweltländern wie Brasilien oder Iran ein Ansteigen von über 3% feststellen. Generell gilt, daß in den hochentwickelten Industrienationen mehr und mehr eine Stagnation eintritt, daß jedoch in Drittweltländern die Bevölkerungsexplosion weiterhin anhalten wird.

Die unterschiedliche Geburtenrate wirkt sich zusammen mit abweichender Lebenserwartung auf die Altersstruktur der Bevölkerung aus: starke Zunahme der Angehörigen der älteren Generation in den Industrienationen, nach wie vor überproportionales Ansteigen der jüngeren Generation in Drittweltländern. Daraus ergeben sich Umschichtungen in der arbeitstätigen Bevölkerung. Beispielsweise nimmt in vielen Industrienationen die Erwerbstätigkeit der Frauen zu – sie dringen in neue, bisher weitgehend von Männern besetzte Bereiche vor.

Durch Migrationen verändern sich die Rahmenbedingungen der Unternehmen. In der EG, aber auch in anderen Regionen (z.B. USA) zeichnet sich eine zunehmende Bewegung nach Süden ab. Der Technologiepark Sophia Antipolis in Valbonne bei Cannes kann als Beispiel dieser Entwicklung betrachtet werden. Andererseits ist eine gegenläufige Strömung feststellbar, wie die Bewegungen von Hispa-

Die Umkehrung der Bevölkerungspyramide hat massive Auswirkungen auf die Marktpotentiale. Durch innovative Beschäftigungskonzepte können neue Humanpotentiale bei Frauen und älteren Menschen erschlossen werden.

noamerikanern nach Norden oder die Einwanderung aus (ehemaligen) Überseegebieten nach Frankreich beweisen.

Auswirkungen auf die Nutzenpotentiale

Auch bei den Auswirkungen der demographischen Entwicklungen sind die Folgen für die Marktpotentiale am augenfälligsten. Sie kommen etwa in einer zunehmenden Bedeutung der Altersmärkte in den Industrienationen oder der Hispanomärkte in den USA zum Ausdruck. Weniger beachtet, aber nicht minder wichtig sind die Auswirkungen auf andere Nutzenpotentiale. In erster Linie sei hier das externe Humanpotential hervorgehoben, das die menschlichen Leistungsressourcen, die in ungenutzter Form in der Bevölkerung eines Landes vorhanden sind, definiert.
Nicht wenige Unternehmen haben bereits erkannt, daß die im Ruhestand lebende Bevölkerung ein hochinteressantes Nutzenpotential darstellt. Zu erwähnen ist die Varian Corporation, die es ihren Mitarbeitern ermöglicht, auf reduzierter Basis weit über das übliche Pensionsalter hinaus zu arbeiten.[30]
In vielen Industrienationen liegt ein beachtliches Humanpotential in der weiblichen Bevölkerung. Auch dieses kann durch innovative Beschäftigungskonzepte – z. B. flexible Anstellungsformen für verheiratete Frauen – erschlossen werden.

Trend 7: Neue Werthaltungen im sozialen Umfeld

Werthaltungen wirken sich stark auf die Wirtschaft aus, denn im Markt beeinflussen sie die Nachfrage, und bei den Bezugsgruppen des Unternehmens wie Mitarbeitern, Führungskräften, Aktionären, Öffentlichkeit bestimmen sie deren Verhalten. Die Werthaltungen der Menschen sind seit dem Zweiten Weltkrieg einem starken Wandel unterworfen.

Die sich abzeichnenden wichtigsten Charakteristika können wie folgt skizziert werden:

- Vermehrte Betonung der Eigeninteressen, Hedonismus.
- Selbstentfaltung und Selbstentwicklung werden zu zentralen Anliegen.[31]
- Vermehrte Bereitschaft zur unabhängigen, unternehmerischen Tätigkeit.[32]
- Zunehmendes Interesse für Teamarbeit und Teamaktivitäten mit Wunsch nach Kommunikation am Arbeitsplatz.[33]
- Trend weg vom rein rationalen zum intuitiven Handeln.
- Vermehrte Betonung qualitativer Werte.
- Zunehmendes Bedürfnis nach Freizeit, das nicht zuletzt durch Teilzeitarbeit befriedigt wird.
- Zunehmende Bedeutung ökologischer Werte, die sich auch in einem neuen Konsumverständnis äußern.
- Zunehmende Bedeutung der Familie.[34]

Diese Trends lassen erkennen, daß erhebliche Auswirkungen für das Unternehmen zu erwarten sind. Schon hier zeichnet sich ab, daß sich alle diejenigen beachtliche Vorteile verschaffen können, welche diese Trends auszuschöpfen vermögen.

Auswirkungen auf die Nutzenpotentiale

Ich bin der Ansicht, daß die sozialen Trends, gepaart mit der bereits beschriebenen wirtschaftlichen und demographischen Entwicklung, einen ganz entscheidenden Einfluß auf die Nutzenpotentiale des Unternehmens ausüben werden.

In erster Linie haben die neuen Werthaltungen Auswirkungen auf die Humanpotentiale. Diese bringen eine neue Generation kompetenter Führungskräfte und hochqualifizierter Mitarbeiter hervor und nehmen so eine völlig neue Qualität an. Dazu ein Beispiel:

Verschiedene europäische Großbanken sind seit längerer Zeit bestrebt, eine Spitzenposition im Handel mit Aktienoptionen zu erreichen. Marktführer ist jedoch eine kleine Organisation, deren Mitarbeiter ein Durchschnittsalter von 27 Jahren haben! Während viele

Seit dem Zweiten Weltkrieg haben sich die Wertvorstellungen der Menschen grundsätzlich gewandelt. An Bedeutung gewonnen haben der Wunsch nach Selbstentfaltung und Unabhängigkeit sowie der Trend zur Betonung der intuitiven Fähigkeiten.

Großbanken in diesem Geschäft Verluste erzielen, arbeitet diese kleine Firma mit einer hervorragenden Rentabilität. Wie ist es möglich, daß eine von so jungen Leuten geleitete Kleinfirma viele Großinstitute in die Defensive zu drängen vermag? Die Antwort fällt leicht, wenn wir uns die obigen Trends in Erinnerung rufen.
Zweifellos handelt es sich bei den Mitarbeitern der Kleinfirma um höchstqualifizierte Individualisten, die in ihren Fachgebieten – Computereinsatz und Mathematik – Spitzenleistungen zu erbringen vermögen. Chance und Ansporn dieser Spezialisten ist es, selbständig, unternehmerisch und unkonventionell wirken zu können, da die Kleinorganisation in der Lage ist, das gewünschte Arbeitsumfeld zu schaffen. Weil dem so ist, bewerben sich die besten Fachkräfte unaufgefordert um eine Stelle in diesem Unternehmen. Demgegenüber treten bei den Großbanken per se Sachzwänge auf: Reglements schreiben Arbeitszeiten und Arbeitsweisen vor. Es können nur bestimmte Salärhöhen im Rahmen der Gehaltsordnung erreicht werden. In vielen Fällen werden leistungsunabhängige Löhne bezahlt, und vor allem besteht keinerlei Möglichkeit einer Kapitalbeteiligung. Es verwundert darum nicht, daß gerade die tüchtigsten Nachwuchskräfte davon Abstand nehmen, in derartigen starren Organisationen tätig zu werden.
Fortschrittliche Konzerne haben diese Problematik erkannt und sind im Begriff, bedeutende Innovationen in dieser Hinsicht zu realisieren. Dies gilt beispielsweise für die Schweizerische Kreditanstalt, die bewußt flexible Strukturen fördert.
Wir erkennen deutlich die heute vielfach anzutreffende Problematik: Für alle Institute war ursprünglich dasselbe stark wachsende Marktpotential vorhanden, trotzdem hat nur diejenige Firma überdurchschnittlichen Erfolg, die das notwendige Humanpotential zu erschließen vermag. Dieses Phänomen tritt heute immer mehr auf, denn nicht allein das Marktpotential ist für den Erfolg ausschlaggebend. Vor dieser Tatsache werden leider in vielen Firmen um jeden Preis die Augen verschlossen. Es wird so gehandelt, als sei nach wie vor einzig das Marktpotential entscheidend. Dies liefert den Vorwand, die zu einer

Erschließung des Humanpotentials erforderlichen, bisweilen unangenehmen Entscheidungen zu vertagen und den notwendigen Strukturwandel hinauszuschieben.
Demgegenüber zwingt der Wertewandel zu einem grundsätzlichen Überdenken der Beziehungen zwischen Unternehmen und Mitarbeitern. Humanpotentiale werden bereitwillig von solchen Firmen erschlossen, deren vorrangiges Ziel es ist, neue Strukturen und ein neues Beziehungsgefüge zu schaffen. Unternehmen, welche diese Notwendigkeit erkannt haben und die erforderliche Neuorientierung vornehmen, werden in den kommenden Jahren die Gewinner sein.
Gegenwärtig können die Auswirkungen des Wertewandels, gepaart mit den allgemeinen ökonomischen und demographischen Entwicklungen, auf die Marktpotentiale allerdings noch nicht genau abgeschätzt werden. Sollte sich eine ökologisch begründete Konsumzurückhaltung als Haupttrend durchsetzen, so müßten viele Firmen die Attraktivität ihrer Marktpotentiale neu überprüfen. Es ist nicht auszuschließen, daß in Zukunft vermehrt mit Marktsättigungen und Marktschrumpfungen zu rechnen ist.
Abschließend sei auf die Imagepotentiale verwiesen. Der Wertewandel läßt die gefühlsmäßige, qualitative Dimension an Bedeutung gewinnen. Anstelle von Rationalität ist Intuition wieder gefragt. Zweck aller imagegestaltenden Maßnahmen ist es, wichtige Positionen emotional zu besetzen. Ein positives Image kann somit das Verhalten eines Individuums zugunsten eines Imageträgers beeinflussen, indem anstelle rationaler, objektiver Kriterien eben subjektive, gefühlsmäßige (Image-)Faktoren wirken. Je nachhaltiger der Trend in Richtung Gefühl und Intuition geht, desto wichtiger werden Imagepositionen und Imagepotentiale.

Eine neue Generation von Führungskräften und Mitarbeitern sucht flexible und unkonventionelle Betätigungsfelder. Daraus resultieren neue Humanpotentiale, die fortschrittliche Unternehmen frühzeitig erkennen und erfolgreich in ihr Strategiekonzept einbeziehen.

Trend 8: Erhaltung der Umwelt wird zum zentralen Anliegen

Die Notwendigkeit, ökologische Gegebenheiten vermehrt zu berücksichtigen, ergibt sich aufgrund negativer Entwicklungen, die in der Öffentlichkeit zunehmend Beachtung finden. Zu erwähnen sind etwa die Verschmutzung der Gewässer und Meere sowie der Luft, der Treibhauseffekt und/oder das Ozonloch, Gefahren der Großtechnologie (Tschernobyl), der Raubbau an Wäldern oder das Waldsterben.
Viele engagierte Menschen sehen in der Lösung der ökologischen Probleme ihre zentrale Zukunftsaufgabe, die bis ins 21. Jahrhundert aktuell bleiben wird. Eine Werteverschiebung, woraus sich wiederum mannigfaltige Konsequenzen für die Nutzenpotentiale ergeben, ist die Folge dieser Entwicklung.

Auswirkungen auf die Nutzenpotentiale

Im Vordergrund stehen auch hier wieder die Marktpotentiale. Für innovative, nutzenstiftende Problemlösungen im Bereich des Umweltschutzes und der Ökologie, aber auch auf dem Energiesektor entstehen sicherlich attraktive Marktpotentiale, welche von branchennahen Firmen erschlossen werden können. Umgekehrt werden die Marktpotentiale von Unternehmen, welche in umweltgefährdenden Aktivitätsfeldern tätig sind, in Zukunft massiv tangiert sein.
Die gewaltigen Investitionen, die im Bereich der Umweltsicherung erforderlich sind, beeinträchtigen die Finanzpotentiale, wie folgende Zahlen deutlich zeigen. In den USA werden in den kommenden Jahren alleine für die Verbesserung der Wasserqualität pro Jahr Kosten in der Höhe von zirka 20 Mrd. $ anfallen. Zur Behebung der Bodenerosion sind weiter 6 Mrd. $ jährlich aufzuwenden.[35]
Sodann ergeben sich zwangsläufig Auswirkungen auf die Humanpotentiale. Die zunehmend kritische Einstellung in Ökologiefragen hat zur Folge, daß in umweltgefährdenden Branchen die Rekrutierung von Mitarbeitern – und dies gilt vor allem für hochqualifizierte,

gutausgebildete Kräfte – immer schwieriger werden wird. Auf der anderen Seite eröffnen sich Humanpotentiale in Firmen, die konstruktive Lösungen im Umweltbereich anstreben. Sie locken mit ihrer Firmenpolitik qualifizierte Mitarbeiter an.

Trend 9: Neue Ära der Ost-West-Beziehungen

Seit Gorbatschows Amtsantritt hat sich die politische Landschaft in der UdSSR grundsätzlich verändert. Aber auch in der zweiten großen kommunistischen Macht, der Volksrepublik China, zeichnen sich – trotz Rückschlägen – Veränderungen ab. Auswirkungen dieser neuen Entwicklungen lassen sich in allen sozialistischen Ländern nachweisen – mehr oder weniger stark.
Die Herausforderungen für alle Staaten des östlichen Machtblocks sind gewaltig:

- Entbürokratisierung und Revitalisierung der Wirtschaft.
- Modernisierung des Produktionsapparates; Erhöhung der Produktivität, aber auch der Qualität.
- Massive Steigerung der Innovationsfähigkeit.
- Neugestaltung der Märkte.
- Sicherung der Umwelt.

Diese und viele andere anstehende Aufgaben können nur gelöst werden, wenn die internationale Zusammenarbeit und der systemübergreifende Handel massiv gefördert werden. Es liegt auf der Hand, daß in diesem Zusammenhang sehr bedeutsame Nutzenpotentiale entstehen.
Aber es ist noch keinesfalls sicher, ob Gorbatschow in der Lage sein wird, die erforderlichen Reformen auch langfristig politisch durchzusetzen, oder ob nicht statt dessen ein Rückschlag in Richtung auf die frühere harte Politik die Antwort auf Perestroika sein wird. Hier liegt ein nicht unbeträchtliches Risiko.

Zentrale Zukunftsaufgabe, die bis ins 21. Jahrhundert hineinreichen wird, ist die Gestaltung einer umweltgerechten Unternehmenspolitik. Eine Sensibilisierung für die Fragen der Ökologie wird in den nächsten Jahrzehnten überlebenswichtig.

Auswirkungen auf die Nutzenpotentiale

Die bedeutenden Marktpotentiale, die in den sozialistischen Staaten entstehen können, beziehen sich primär auf Investitionsgüter. Aber auch bei Konsumgütern und nicht zuletzt bei Bank- und anderen Dienstleistungen ist eine nicht unbedeutende Expansion zu erwarten.

Wichtiger als die klassischen Marktpotentiale scheinen jedoch neue Nutzenpotentiale, die sich aufgrund der Entwicklungen in den Oststaaten eröffnen, zu sein. Besonders weil die direkte Markterschließung mit beachtlichen Risiken verbunden ist, sind vorzugsweise andere Vorgehensweisen ins Auge zu fassen, vor allem Joint-Ventures. Die UdSSR ging beispielsweise in den Jahren 1987 und 1988 mit 33 Ländern insgesamt 191 Joint-Ventures ein. Diese Firmenneugründungen verfügten über ein Gesamtkapital von 811 Mio. Rubel. Bei Lizenzpotentialen kann oft das eigene Know-how auf interessante Art verwertet werden. Wir finden weiter enorme Humanpotentiale, die im Osten infolge der Bürokratie und der die Eigeninitiative hemmenden Systeme brachliegen – Unternehmen, denen es gelingt, diese Potentiale zu erschließen, können sich große Vorteile ausrechnen.

Es ist anzunehmen, daß diese unkonventionell erscheinenden Nutzenpotentiale zumindest in naher Zukunft erfolgversprechender sind als die Erschließung der konventionellen Marktpotentiale mittels eigener Absatzorganisationen oder durch Direktverkäufe.

Trend 10: Pazifikbecken wird zum zukunftsträchtigen Wirtschaftsraum

Nachdem Japan schon in den sechziger und siebziger Jahren eine Vormachtstellung im Bereiche der Unterhaltungselektronik, der Kameraindustrie, des Stahls und bei weiteren Investitionsgütern errungen hatte, ist es diesem Land in den achtziger Jahren gelungen, zum größ-

ten Hersteller von Automobilen, aber auch von integrierten Schaltkreisen – um nur zwei wichtige Produktbereiche herauszugreifen – zu werden. Der eigentliche Durchbruch an die vorderste Spitze der Weltwirtschaft gelang jedoch, indem man auf dem Finanzsektor Dominanz erlangen konnte. 1988 waren nach dem Maßstab der Marktkapitalisierung acht der zehn größten Finanzinstitute der Welt in Japan lokalisiert. Die drei größten Versicherungsgesellschaften befinden sich ebenfalls dort.[36] Da die japanischen Finanzgesellschaften im eigenen Land nur noch beschränkte Expansionsmöglichkeiten haben, ist damit zu rechnen, daß sie vermehrt in Übersee expandieren.[37]
Auch andere Länder des Pazifikraums wie Korea, Taiwan und – vielleicht etwas später – die Volksrepublik China werden noch stärker an wirtschaftlicher Bedeutung gewinnen. Es ist zwangsläufig so, daß aus diesen Entwicklungen substantielle Auswirkungen auf die Nutzenpotentiale resultieren.

Auswirkungen auf die Nutzenpotentiale

Mit der zunehmenden ökonomischen Stärkung entsteht in diesen Ländern neue Kaufkraft, die in den verschiedensten Bereichen die Marktpotentiale positiv beeinflußt. Sodann eröffnen sich neue Finanzierungspotentiale. Diese wurden beispielsweise bereits von der LBO-Firma Kohlberg, Kravis, Roberts zur Finanzierung des RJR-Nabisco-Takeovers ausgeschöpft, sind doch über 5 Mrd. $ Bankkredite in Japan aufgenommen worden. Weiter können in diesem Wirtschaftsraum Joint-Venture- und Lizenzpotentiale ausgeschöpft werden.
Nicht problemlos dürfte jedoch die Beeinträchtigung bisheriger Nutzenpotentiale westlicher Firmen sein. Es besteht die Gefahr einer zunehmenden Konkurrenzierung. Die geballte Finanzkraft vieler Unternehmen aus Fernost könnte zunehmend für Firmenübernahmen im Westen verwendet werden, woraus sich eine kritische Einschränkung der Übernahmepotentiale für westliche Unternehmen ergibt. In dem Maße, in welchem sich Länder aus Fernost an die technologische Weltspitze setzen, werden die Technologiepotentiale des Westens beschnitten.

Sobald die Staaten des Ostblocks ihre hemmenden wirtschaftlichen und politischen Strukturen verändern, eröffnen sich dort neue Potentiale. Daneben zwingt das Wachstum im Pazifik die westlichen Länder zu einer Neubeurteilung ihrer Nutzenpotentiale.

Weitere Entwicklungen zeichnen sich für Humanpotentiale ab. In den achtziger Jahren haben japanische Automobilhersteller in den USA unter Beweis gestellt, daß sie es mit sehr großem Geschick verstehen, oft brachliegende Humanpotentiale neu zu erschließen. Honda und Nissan haben in Ohio und Tennessee hochleistungsfähige neue Automobilfabriken aufgebaut. In diesen Werken werden Produktivitäts- und Qualitätsleistungen erzielt, die absolut an der Weltspitze liegen und diejenigen von US-Herstellern übertreffen.

Schlußfolgerungen für dynamische Unternehmen

Aus der Betrachtung der in Zukunft relevanten Haupttrends sind zwei wesentliche Erkenntnisse abzuleiten:

- Erstens eröffnet sich in den kommenden Jahren für dynamische Unternehmen eine Vielzahl attraktiver Nutzenpotentiale. Sicherlich ergeben sich für Firmen in interessanten Branchen mehr Möglichkeiten in bezug auf die Marktpotentiale. Unsere Betrachtungen zeigen aber deutlich, daß sich auch in vielen anderen Bereichen neue Chancen ergeben.
- Zweitens sind mit den Entwicklungen auch Gefahren verbunden. Bestehende Nutzenpotentiale werden beeinträchtigt und verlieren an Attraktivität. Zu erwähnen sind hier die Potentiale vieler Unternehmen in Märkten, die in vermehrtem Umfang zur Sättigung neigen. Gerade aus dieser Erkenntnis heraus besteht eine der Schlüsselforderungen dieses Buches darin, sich nicht nur auf die Marktpotentiale zu beschränken, sondern unvoreingenommen und unkonventionell nach daneben vorhandenen Möglichkeiten Ausschau zu halten.

Typologie der Nutzenpotentiale

Im folgenden Abschnitt sollen die Nutzenpotentiale im Rahmen der sich abzeichnenden Trends herausgearbeitet werden.
Es ist festzustellen, daß sich dem dynamischen Unternehmen grundsätzlich eine Vielzahl von Nutzenpotentialen eröffnet. Sie alle zu erfassen ist ein unmögliches Unterfangen. Eine übersichtsartige Darstellung, wie sie hier versucht wird, kann deshalb niemals den Anspruch auf Vollständigkeit erheben.
Es ist ja gerade ein Charakteristikum erfolgreicher Unternehmen, daß sie als erste unkonventionelle Nutzenpotentiale erkennen und erschließen. Dies bringt den Vorteil mit sich, daß diese Potentiale ohne Beeinträchtigung von Drittfirmen ausgeschöpft werden können.
Jede Systematisierung der Nutzenpotentiale beinhaltet folglich die Schwäche, daß eben nur bereits bekannte aufgeführt werden können, während die heute noch verborgenen Nutzenpotentiale unerwähnt bleiben.
Jede Umweltveränderung hat Einfluß auf die Nutzenpotentiale. Früher hochinteressante Nutzenpotentiale verlieren an Attraktivität, neue, spektakuläre entstehen. So lagen in der Antike die gewinnbringendsten Nutzenpotentiale in der Übernahme politischer Ämter; beispielsweise konnte es ein Präfekt durch erbarmungslose Steuereintreibungen zu Reichtum bringen.
Noch bis zur Renaissance war die Bereicherung mittels Raub und Erpressung (Geiselnahme mit Lösegeldforderung) ein beliebtes Nutzenpotential, und zwar nicht nur für Raubritter. Sie waren zu einem einfachen Mittel geworden, kleine finanzielle Probleme zu lösen. Glücklicherweise haben sich die Zeiten – jedenfalls in mancher Hinsicht – geändert, wenn vielerorts auch anstelle der habgierigen Präfekten der Staat in die Rolle des steuerhungrigen Wohlstandsusurpators geschlüpft ist.
Im Zusammenhang mit den kaum geahnten Umweltveränderungen ist in den letzten zwanzig Jahren eine Vielzahl neuer, attraktiver Nut-

Eine globale Übersicht über die Nutzenpotentiale, die zwangsläufig nur unvollständig sein kann, gibt dem Unternehmen ein Instrumentarium zur Entdeckung von Dynamisierungsansätzen in die Hand, die es auf breiter Basis auszuschöpfen gilt.

zenpotentiale entstanden. Es ist anzunehmen, daß diese Entwicklung in Zukunft weiter voranschreiten wird. Dies bedeutet, daß sich die Attraktivität von Nutzenpotentialen verlagert: Früher interessante Felder verlieren an Bedeutung, neue gewinnen an Attraktivität. Die im folgenden entwickelte Systematik ist deshalb nicht ausschließlich formell gestaltet, vielmehr soll versucht werden, eine grobe Bewertung im Hinblick auf die zukünftige Attraktivität vorzunehmen.
Grundsätzlich können die Nutzenpotentiale entweder außerhalb des Unternehmens oder in dessen Innern liegen. Wir unterscheiden deshalb externe und interne Nutzenpotentiale.

Externe Nutzenpotentiale

Marktpotential

»Das Marktpotential ist die Gesamtheit möglicher Absatzmengen eines Marktes für ein bestimmtes Produkt (Aufnahmefähigkeit eines Marktes).«[38] Die klassische Betriebswirtschaftslehre, welche das Unternehmen als ein produktives, soziales System betrachtet, welches Leistungen für Dritte erbringt, rückt zwangsläufig das Marktpotential in den Mittelpunkt der Analyse.[39] Alle Anstrengungen des Unternehmens sind letztlich darauf ausgerichtet, absatzmarktgerechte Leistungen zu erbringen. Marktorientierung wird zum Hauptanliegen.[40]
Sicherlich wird es auch in Zukunft ein wichtiges Ziel sein, attraktive Marktpotentiale zu entdecken und zu erschließen. Dies dürfte jedoch, wie aus den obigen Thesen hervorgeht, in gesättigten Märkten mit substantieller Überkapazität immer schwieriger werden.[41] Aus Sicht der Unternehmensdynamik ist deshalb jeweils kritisch zu prüfen, ob die dem Unternehmen offenstehenden Marktpotentiale tatsächlich die erforderliche Attraktivität haben und behalten. Trifft dies nicht zu, so müssen unbedingt andere Nutzenpotentiale in Betracht gezogen werden.
Zukünftige Attraktivität: Zahlreiche Produkte und deren Märkte

befinden sich in der Sättigungsphase oder gar in der Niedergangsphase. In wachsenden Märkten herrscht ein intensiver Wettbewerb. Die Attraktivität der Marktpotentiale dürfte deshalb für viele Firmen eher abnehmen. Eine Möglichkeit besteht allerdings teilweise im Ausweichen auf Marktnischen.

Finanzpotential
Das Finanzpotential umschreibt die Gesamtheit aller Möglichkeiten, die sich durch Finanztransaktionen mit Außenstehenden ergeben.
Innovatives Finanzmanagement geht heutzutage weit über die bloße Bereitstellung von Fremdkapital und die Verwaltung von finanziellen Mitteln auf der Aktivseite hinaus. Das Ziel besteht vielmehr darin, die sich aus der Globalisierung der Finanzmärkte, deren Deregulierung (Stichwort: Europa 1992) und ähnlichen Entwicklungen ergebenden Chancen zu nutzen. Die hohe Innovationsrate von Finanzdienstleistungen und die zunehmende Informatisierung sprechen für eine Steigerung der Attraktivität von Finanzpotentialen.
Zukünftige Attraktivität: zunehmend.

Informatikpotential
Das Informatikpotential umschreibt den Nutzen, der durch den Einsatz moderner Informatik- und Kommunikationssysteme geschaffen werden kann.
Der Fortschritt in der Mikrotechnologie und in verwandten Bereichen wird dynamischen Firmen beachtliche Möglichkeiten eröffnen, soweit sie es verstehen, diese Chancen konzeptionell und innovativ auszunützen (strategischer Informatikeinsatz).
Zukünftige Attraktivität: hoch.

Beschaffungspotential
Das Beschaffungspotential umschreibt die Möglichkeiten zur Nutzensteigerung, die einem Unternehmen durch den geschickten Einkauf und die Gestaltung von entsprechenden Systemen offenstehen.
Die Globalisierung der Wirtschaft, die neue Ära der Ost-West-Bezie-

Grundsätzlich muß zwischen externen und internen Nutzenpotentialen unterschieden werden. Ihre Attraktivität wird sich in Abhängigkeit der soeben dargestellten Umwelttrends unterschiedlich präsentieren und spezifische Chancen eröffnen.

hungen, der gemeinsame europäische Markt 1992, aber auch neue technologische Möglichkeiten (Just-in-time-Produktion) deuten auf eine Zunahme der Attraktivität von Beschaffungspotentialen hin.
Zukünftige Attraktivität: zunehmend.

Externes Humanpotential

Das (externe) Humanpotential ist die Gesamtheit menschlicher Leistungsressourcen, die in ungenutzter Form in der Bevölkerung eines Landes (national oder international) vorhanden ist.
Es kann davon ausgegangen werden, daß die menschlichen Ressourcen infolge unzweckmäßiger Personalsysteme sowohl im Westen als auch im Osten noch bei weitem nicht ausgeschöpft sind. Dies ist einerseits deshalb der Fall, weil die geläufigen Führungskonzepte generell den menschlichen Anforderungen zuwenig Rechnung tragen, andererseits erheischen aber auch neue Werthaltungen ein grundsätzliches Überdenken der Beziehungen zwischen Unternehmen und Mitarbeitern. Durch die demographischen und weltpolitischen Entwicklungen (Ost-West-Beziehungen) eröffnen sich schließlich weitere neue Möglichkeiten.
Zukünftige Attraktivität: sehr hoch.

Übernahme- und Restrukturierungspotential

Der Begriff Übernahme- und Restrukturierungspotential steht für die Möglichkeiten, die sich einem Unternehmen in bezug auf Akquisition und – in der Regel – Restrukturierung dritter Firmen ergeben.
Die Übernahmewelle hat in der zweiten Hälfte der achtziger Jahre Spitzenwerte erreicht. In einigen Ländern sind die Unternehmenspreise derart gestiegen, daß das betreffende Nutzenpotential stark geschrumpft ist. Hinzu kommt, daß viele Firmen überdimensionierte »Wasserköpfe« abgebaut und selbst die notwendigen Restrukturierungsmaßnahmen eingeleitet haben. Die Anzahl der »undermanaged companies« ist somit abnehmend. Möglichkeiten stehen noch in Ländern wie der Schweiz und der Bundesrepublik Deutschland offen, wo gesetzliche Hemmnisse zur Zeit noch den Restrukturierungsprozeß

behindern. Zu erwähnen sind ebenfalls stagnierende oder schrumpfende Branchen, in denen sich Firmenzusammenlegungen aufdrängen.
Zukünftige Attraktivität: mittel bis abnehmend.

Kooperationspotential

Das Kooperationspotential bezeichnet die sich einem Unternehmen bietenden Möglichkeiten im Bereich von Joint-Ventures und anderen Kooperationsformen.
Die Globalisierung der Märkte, die neuen Ost-West-Beziehungen, aber auch technologische Notwendigkeiten (Explosion der Entwicklungskosten) zwingen zu einer vermehrten internationalen Zusammenarbeit. Ein weiterer Faktor sind die neuen Werthaltungen der Mitarbeiter. Infolge des zunehmenden Wunsches nach unternehmerischer Tätigkeit und nach überblickbaren Strukturen werden Ausgliederungen von organisatorischen Einheiten und die Zusammenarbeit mit diesen in Form von Joint-Ventures etc. zukünftig stärker an Bedeutung gewinnen.
Zukünftige Attraktivität: zunehmend.

Regulierungspotential

Das Regulierungspotential umschreibt die Möglichkeiten, die einem Unternehmen über die Einflußnahme auf die Gesetzgebung oder die Ausschöpfung von (neuen) Gesetzen, Verordnungen, Verfügungen oder sonstigen staatlichen oder halbstaatlichen Regelungen zur Verbesserung seiner Ertragskraft zur Verfügung stehen.
Obgleich in vielen Ländern immer wieder auf Protektionismus, Regulierung, Subventionierung usw. ausgerichtete Bestrebungen aufblühen, sind die in diesem Kontext gegebenen Möglichkeiten insgesamt gesehen eher beschränkt. Dies gilt vor allem deshalb, weil seit den achtziger Jahren doch in vielen Ländern die Vorteile von Deregulierungsmaßnahmen vordemonstriert werden. Zudem haben die Probleme in den sozialistischen Ländern die Grenzen der Planbarkeit und des Interventionismus deutlich vor Augen geführt.
Zukünftige Attraktivität: abnehmend.

Als besonders attraktiv und gewinnbringend dürften sich in Zukunft die Finanz-, Informatik-, Beschaffungs-, Human- und Kooperationspotentiale erweisen. Die Bedeutung der Marktpotentiale sollte in jedem Fall situationsspezifisch erfaßt werden.

Interne Nutzenpotentiale

Kostensenkungspotential

Das Kostensenkungspotential umschreibt die Möglichkeiten, die einem Unternehmen im Hinblick auf Kosteneinsparungen zur Verfügung stehen.

Kostensenkungspotentiale bestehen in Unternehmen, die ihre Leistungserstellungsprozesse zuwenig rationalisiert oder unzweckmäßig gestaltet haben. Im ersten Fall werden in der Regel moderne technische Mittel wie Automaten ungenügend eingesetzt. Zweitens können Überorganisation, aufgeblähte Stabsorganisation usw. Kostensenkungspotentiale beinhalten. Obgleich es in dieser Hinsicht – insbesondere in staatsnahen Betrieben – noch viel zu tun gibt, haben doch viele westliche Unternehmen bereits einiges in dieser Richtung unternommen.

Zukünftige Attraktivität: mittel.

Know-how-Potential

Das Know-how-Potential umschreibt die Möglichkeiten, die einem Unternehmen im Hinblick auf eine Verwertung des eigenen Wissens offenstehen. Es kann sich dabei um durch Schutzrechte gesichertes Wissen (Patente) oder um nicht geschütztes, aber doch aufgrund der Unternehmenstätigkeit hochqualifiziertes Fachwissen handeln.

Viele Unternehmen haben in ihrem Tätigkeitsgebiet hervorragende Kenntnisse erworben. Diese können sich auf die Produkttechnologie und -innovation, aber auch auf Marketing, Beschaffung, Informatik usw. beziehen. Die überall feststellbare und sich auf alle Aktivitäten beziehende Innovationsrate läßt darauf schließen, daß in vielen Firmen entsprechende Know-how-Potentiale vorhanden sind; sie werden in vielen Fällen noch ungenügend genutzt.

Zukünftige Attraktivität: mittel bis hoch.

Synergiepotential

Synergiepotentiale beziehen sich auf Möglichkeiten des Unternehmens, bestehende Strukturen für neue Aktivitäten zu nutzen.

Analog zum obenerwähnten Know-how bestehen in vielen Firmen derartige Strukturen, die neuen Aktivitäten dienstbar gemacht werden können. Zu erwähnen sind bestehende Produktionsanlagen, Absatzkanäle, Vertriebsorganisationen oder Beschaffungsorganisationen. Die in den Trends beschriebenen Entwicklungen können durch die synergetische Nutzung bestehender Strukturen oft zum Vorteil des Unternehmens ausgeschöpft werden. Je mehr Veränderungen auftreten, desto größer werden die entsprechenden Potentiale werden.

Zukünftige Attraktivität: vorhanden.

Organisatorisches Potential

Mit organisatorischem Potential meinen wir die innerbetrieblichen Möglichkeiten zur Leistungssteigerung durch die Gestaltung von Prozessen und Strukturen. Es ist heute allgemein anerkannt, daß bürokratische Organisationen nicht in der Lage sind, optimale Leistungen zu generieren. Ihr Nachteil liegt vor allem in der mangelnden Anpassungsfähigkeit an neue Entwicklungen. Je stärker sich die Umwelt verändert, desto größer wird die Diskrepanz zwischen der effektiven und der möglichen Leistungsfähigkeit.

Als Möglichkeiten zur Ausschöpfung des organisatorischen Potentials eröffnen sich Entflechtungen und Bildung von Holdingstrukturen, Ausgliederungen von Unternehmenseinheiten usw. Wie wir eingangs des Buches am Beispiel Glaxo gesehen haben, können über Prozeßinnovationen große Verbesserungen erzielt werden. Gerade die Optimierung von Produkteinführungszeiten, Durchlaufzeiten usw. durch organisatorische Maßnahmen gewinnt enorm an Bedeutung.

Zukünftige Attraktivität: groß (insbesondere bei mittleren und größeren Unternehmen).

Interne Nutzenpotentiale eignen sich sehr gut für kürzerfristige Dynamisierungsmaßnahmen, besonders das Human- und Bilanzpotential. Im organisatorischen Bereich können oft beachtliche Zeiteinsparungen realisiert werden.

Internes Humanpotential

Das (interne) Humanpotential ist die Gesamtheit menschlicher Leistungsressourcen, die in ungenutzter Form im Unternehmen vorhanden sind. Analog zum externen Humanpotential kann man auch hier feststellen, daß die internen menschlichen Ressourcen in vielen Unternehmen ungenügend genutzt werden. Demotivation und Lethargie sind noch zu weit verbreitet. Gelingt es, durch Sinngebung, Vision und Motivation diese zu erschließen, so können erstaunliche Kräfte freigesetzt werden. Auch hier kommt übrigens der beachtliche Wertewandel zum Tragen. Viele Unternehmen haben schlechthin noch immer nicht realisiert, daß der heutige Mitarbeiter andere Wertvorstellungen hat als sein Vorgänger vor wenigen Jahren, geschweige denn Jahrzehnten. Dementsprechend sind vielerorts die notwendigen Anpassungsmaßnahmen bis heute nicht in die Wege geleitet. Hier bestehen noch beachtliche Potentiale.
Zukünftige Attraktivität: hoch.

Bilanzpotential

Das Bilanzpotential umschreibt die Möglichkeiten, die einem Unternehmen durch eine Neugestaltung der Aktiva oder der Passiva offenstehen.
Wie wir gesehen haben, sind in Zukunft vielgestaltige wirtschaftliche Turbulenzen zu erwarten. Dazu gehören Wechselkursverschiebungen, Inflation, Zinsveränderungen und ähnliche Entwicklungen. Bereits in der Vergangenheit haben diese Entwicklungen dazu geführt, daß die effektiven Bilanzwerte deutlich von den Buchwerten abwichen. So haben beispielsweise die Ende der achtziger Jahre in vielen Ländern aufgetretenen starken Aufwertungen von Liegenschaften und Grundstücken dazu geführt, daß der mit dem traditionellen Geschäft erzielbare Ertrag in keinem Verhältnis zu jenem potentiellen Ertrag steht, der durch eine Neunutzung der betreffenden Aktiva (Verkauf, Neuvermietung usw.) erzielt werden könnte. Dies ist wiederum ein Potential, das Raiders anvisieren und zu erschließen gedenken.
Bilanzpotentiale bestehen grundsätzlich für alle Bilanzposten, also

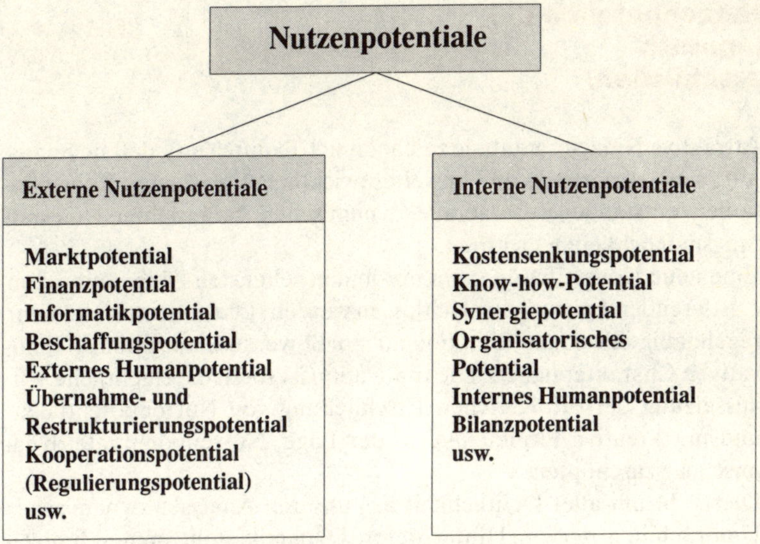

Abb. 8: Übersicht über die Nutzenpotentiale

sowohl auf der Aktiv- als auf der Passivseite. Bei den Aktiva kann sowohl das Umlauf- als auch das Anlagevermögen optimiert werden. Auf der Passivseite ist zu prüfen, ob die Finanzierungskosten angesichts aller bestehenden Alternativen optimal ausgelegt sind.

Ein dynamisches Unternehmen muß sein Augenmerk unbedingt auf diese Entwicklungen richten. Seine wirtschaftliche Verantwortung zwingt es, sämtliche Bilanzposten im Hinblick auf eine effizientere Nutzung zu prüfen, wobei damit nicht einem blinden Asset-Stripping das Wort geredet werden soll. Die Prüfung hat mit langfristiger Perspektive zu erfolgen, aber in vielen Unternehmen sind in diesem Bereich leider kaum vertretbare Diskrepanzen vorhanden.

Zukünftige Attraktivität: hoch.

Die im ausgehenden 20. Jahrhundert aktuellen Nutzenpotentiale sind in Abb. 8 zusammengefaßt.

Viele Firmen tun sich außerordentlich schwer, die auf der Aktiv- oder Passivseite der Bilanz vorhandenen Potentiale gezielt auszunützen. Gerade hier bleiben wesentliche Ansätze für den Strukturwandel unerkannt und damit auch ungenutzt.

Nutzenpotentiale innovativ erschließen!

Attraktive Nutzenpotentiale zeichnen sich dadurch aus, daß sie relativ jung sind. Aufgrund von Umweltentwicklungen sind neue Konstellationen entstanden, die gerade dynamischen Unternehmen Gestaltungsmöglichkeiten eröffnen.

Eine neue Konstellation kann nur in den seltensten Fällen mit schon existierenden Leistungen erschlossen werden. Diese müssen vielmehr regelmäßig der neuen Situation angepaßt werden, müssen also innovativen Charakter haben. Die Innovation ist somit die eigentliche Voraussetzung der erfolgreichen Erschließung von Nutzenpotentialen, und nur kreative Firmen sind in der Lage, Nutzenpotentiale dynamisch auszuschöpfen.

Dies geht mit aller Deutlichkeit aus unseren Analysen dynamischer Unternehmen hervor. Hinter deren Dynamik steht immer Innovation, allerdings unterschiedlichen Niveaus. Betrachten wir dazu einige Beispiele.

Am Anfang der dynamischen Expansion des Club Méditerranée stand die Innovation des Clubdorfes. Dieses in den fünfziger Jahren entwickelte Konzept stellt – wie schon erwähnt – gegenüber den damaligen Urlaubsangeboten in mehrfacher Hinsicht eine Neuerung dar: Alle Leistungen wie Unterkunft, gehobene Verpflegung, Animation, Abendunterhaltung sind im Pauschalpreis inbegriffen. Diese Systemlösung trägt im wesentlichen dazu bei, daß eine besondere Clubatmosphäre entstand: Der Gast kann alle Leistungen (mit Ausnahme der Drinks an der Bar, für die mit einem speziellen Clubgeld bezahlt wird) frei beziehen, was zu einer unbeschwerten Stimmung beiträgt. Die Clubatmosphäre wird zudem durch eine Vielzahl weiterer, innovativer Maßnahmen gefördert. Besonders zu erwähnen sind die GO-Shows, die jeden Abend für angenehme Unterhaltung sorgen. Kurzum, der Erfolg des Club Méditerranée ist darauf zurückzuführen, daß diese Firma eine hochinnovative Kundenproblemlösung entwickelte, mit

der das Potential von Feriengästen, die einen unbeschwerten Urlaub suchen, gezielt erschlossen werden kann.
Innovation ist aber nicht nur im Produktebereich, sondern bei allen Nutzenpotentialen zu Hause. Dazu ein anderes Beispiel: Die dynamische Expansion von Bertelsmann in den sechziger Jahren hätte kaum ohne bedeutende Finanzmittel realisiert werden können. Als Firmenchef mußte Reinhard Mohn zusätzliche Finanzpotentiale erschließen. Er entwickelte zu diesem Zweck ein Beteiligungsmodell, nach welchem die Mitarbeiter am Kapital ihrer Firma partizipieren konnten. Dieses Modell stellte zu jener Zeit eine einmalige Innovation dar, das nicht nur finanzielle Bedeutung hatte, sondern das auch aus motivationaler und gesellschaftspolitischer Sicht wegweisend war. Ich werde auf diese Innovation im Kapitel »Fünf Praxisbeispiele dynamischer Unternehmen« noch eingehend zu sprechen kommen.
Das Beispiel Bertelsmann deutet darauf hin, daß auch die Erschließung neuer, interner Nutzenpotentiale innovativen Charakter hat. Dies gilt beispielsweise für Kostensenkungsprogramme (Kostenpotential), Reorganisationen (organisatorisches Potential) oder Know-how-Transfer (Know-how-Potential). Offensichtlich liegt gerade hier der Grund, weshalb sich viele Firmen mit der Ausschöpfung derartiger Nutzenpotentiale so schwertun: Innovation ist in aller Regel mit Risiken verbunden, und viele Unternehmensleitungen sind einfach nicht bereit, diese einzugehen.
Was kann nun als Innovation bezeichnet werden? Üblicherweise werden nur solche Aktivitäten als innovativ betrachtet, die in ihrer Art völlig neu sind, so daß sie bisher noch von keinem Unternehmen realisiert wurden.[42] Hinsichtlich der Dynamisierung erscheint diese Betrachtung aber eindeutig als zu eng, denn es ist viel wichtiger, daß die Aktivitäten im vorgesehenen Anwendungsfeld neuartig sind. Beispielsweise war der Metro-Markt im engeren Sinne keine Innovation, bestanden doch Ende der fünfziger Jahre schon in den USA, aber auch in der Bundesrepublik Deutschland derartige Märkte. So hat die Firma Terfloh und Snoek bereits im Jahre 1957 in Bochum den ersten deutschen Cash-&-Carry-Markt in Betrieb genommen. Innovativ war

Jede erfolgreiche Anpassung an neue Umweltbedingungen ist zwangsläufig mit weitreichenden Innovationen verbunden.

Neue Nutzenpotentiale können nur durch ein hohes Maß an Kreativität und Flexibilität zugänglich gemacht werden.

das Konzept jedoch nur für die Bewohner der Region Mühlheim. Für sie brachte der Metro-Markt gegenüber den bisherigen Versorgungsmöglichkeiten große Vorteile wie z. B. günstigere Preise, größere Sortimentsbreite und längere Ladenöffnungszeiten. Gleiches gilt für Finanzinnovationen.
Die in Zug ansässige Firma Arden hat das ursprünglich in den USA entwickelte Konzept des Leveraged Buyouts übernommen und wendet es seit 1982 erfolgreich in Europa an. Auch hier ist erfolgsbestimmend, daß die Strategie bei den Zielobjekten noch nie angewendet wurde. Es spielt dabei keine Rolle, wer der eigentliche Erfinder des Leveraged Buyouts ist.

Wegweisungen für die Managementpraxis

Grundvoraussetzung

Dynamische Manager zeichnen sich in der Regel dadurch aus, daß sie attraktive Nutzenpotentiale erkennen und erschließen. Diese können grundsätzlich sowohl außerhalb als auch innerhalb des Unternehmens liegen.

Entstehung

Nutzenpotentiale entstehen durch Umweltveränderungen. Die daraus folgenden Turbulenzen führen dazu, daß sich in kürzerfristigen Intervallen neue Nutzenpotentiale auftun und bekannte Nutzenpotentiale verschwinden können. Aus diesem Grund beobachten dynamische Manager permanent die Haupttrends und antizipieren deren mögliche Auswirkungen auf die Nutzenpotentiale, um sich schnellstmöglich auf die Situation einstellen zu können.

Phasen der Nutzenpotentiale

Nutzenpotentiale durchlaufen vier Phasen, beginnend mit Entstehung, über Wachstum und Reife bis zum Niedergang. Dynamische

Manager konzentrieren sich auf Nutzenpotentiale in der Entstehungs- oder in der Wachstumsphase.

Überwindung von Denkblockaden

Der traditionelle Manager richtet sein Augenmerk in erster Linie auf Markt- oder technologische Potentiale. Er ignoriert, daß in reifen Industriegesellschaften und in turbulenten Umweltsituationen oft in anderen Umwelt- und Unternehmensbereichen attraktive Nutzenpotentiale vorhanden sind. Diese Chancen entgehen ihm infolge von Denkblockaden, dagegen zeichnet sich der dynamische Manager dadurch aus, daß er kreativ und unvoreingenommen die sich bietenden Chancen nützt.

Innovation

Neu entstehende Nutzenpotentiale können in der Regel nur mit neuartigen Geschäftsaktivitäten erschlossen werden. Der dynamische Manager hat die Kraft, die erforderlichen Innovationen zu realisieren.

Als Beispiel für eine unkonventionelle und kreative Ausschöpfung eines Nutzenpotentials können die Rekrutierungsaktivitäten des Club Med angesehen werden. Die Tatsache, daß sich über 100 000 Bewerber für 2000 offene GO-Stellen bewerben, zeigt dies.

3. Multiplikation – Weg zur effizienten Expansion

Was bedeutet Multiplikation?

Der zweite Eckpfeiler des Dynamik-Prinzips ist die Multiplikation. Weshalb ist sie ein so wichtiges Element?

Stellen wir uns ein Unternehmen vor, das zufälligerweise eine höchst lukrative Akquisition machen kann. Wohl wird die einmalige Abwicklung der Übernahme eine gewisse Bewegung in das Unternehmen bringen, den kurzzeitig spürbaren Schwung verliert es jedoch schon bald. Die Dynamik kommt zum Erliegen.

Nachhaltige Unternehmensdynamik bedingt deshalb mehr als eine nur einmalige Ausnützung einer Gelegenheit, sie erfordert ein Konzept. Kernelement dieses Konzepts ist die Multiplikation. Dynamische Unternehmen schöpfen attraktive Nutzenpotentiale bewußt multiplikativ aus!

In diesem Zusammenhang sprechen wir dann von Multiplikation, wenn eine bestimmte, auf die Erschließung eines (attraktiven) Nutzenpotentials ausgerichtete Aktivität wiederholt und systematisch ausgeführt wird.

Unter dem Aspekt der Multiplikation ist zu verlangen, daß die zur Erschließung eines einmal definierten Nutzenpotentials erforderlichen Aktivitäten wiederholt angewendet werden, um das Nutzenpotential zu qualifizieren. Es muß derart gestaltet sein, daß die zu dessen Erschließung erforderlichen Aktivitäten in der Praxis tatsächlich mehrfach angewendet werden können. Ein attraktives Nutzenpoten-

tial zeichnet sich also durch ein Volumen aus, das eine multiplikative Anwendung der betreffenden Geschäftsaktivitäten erlaubt.
Diese Forderung erscheint auf den ersten Blick als trivial. Kein Marktstratege würde – außer vielleicht bei Großprojekten – ein Produkt entwickeln, für das nur ein sehr beschränktes Marktpotential vorhanden ist. Im Gegenteil, eine der ersten Marketingfragen betrifft stets das zu erwartende Volumen der Vermarktung. Und trotzdem kann immer wieder festgestellt werden, daß Firmen auf die Multiplikation verzichten, obgleich ein substantielles Markt- und damit Nutzenpotential vorhanden gewesen wäre.
In den sechziger Jahren hat – wie schon erwähnt – einzig und allein Metro im Cash & Carry-Geschäft der Bundesrepublik Deutschland das Multiplikationsprinzip konsequent angewendet. Die verschiedenen damals bereits aktiven Konkurrenten vernachlässigten weitgehend eine mögliche Multiplikation. Metro wurde nicht zuletzt aus diesem Grund im deutschen Selbstbedienungsgroßhandel mit Abstand der stärkste Anbieter und entwickelte sich mit größter Dynamik, während einige Konkurrenten erstarrten und in der Folge ihre Geschäfte aufgeben mußten.
Noch weniger wird der Forderung nach Multiplikation bei Aktivitäten nachgekommen, die nicht absatzmarktgerichtet sind. Erstaunlich wenige Firmen wenden das Prinzip der Multiplikation an, wenn es darum geht, nicht marktbezogene Nutzenpotentiale zu erschließen. Eine Ursache hierfür sehe ich in der Bilanz- und Buchhaltungslehre. Diese betrachtet z. B. Akquisitionen, Finanztransaktionen usw. als außerordentliche Aktivitäten. In der Fachsprache hat sich in der Regel sogar der spezielle Begriff »Sonderanlässe« eingebürgert, um zu betonen, daß derartige Bewegungen keineswegs zum regulären Geschäft zu zählen sind.[1] Es liegt auf der Hand, daß hier wiederum feste Standards, die von Theorie und Praxis über Jahrzehnte entwickelt wurden, zu Denkstrukturen geführt haben, die einer dynamischen Erschließung innovativer Nutzenpotentiale im Wege stehen. Demgegenüber machen ideenreiche dynamische Unternehmen Sonderanlässe zu Hauptanlässen der Geschäftstätigkeit!

Wir sprechen von Multiplikation, wenn eine bestimmte, auf die Erschließung eines attraktiven Nutzenpotentials ausgerichtete Aktivität wiederholt und systematisch ausgeführt wird. Erst Multiplikation bewirkt letztlich nachhaltige Dynamik.

Weshalb wird zuwenig multipliziert?

Übergewichtung der Differenzierung

Unternehmen stehen in einem dauernden Konflikt: Aus Kundensicht ist eine möglichst weitgehende Anpassung der Unternehmensleistungen an die jeweiligen spezifischen Bedürfnisse erwünscht. Da diese Bedürfnisse in einer pluralistischen Welt immer differenzierter werden, wird eine zunehmende Individualisierung der Leistung erstrebt. Diese Forderung kann zusätzlich vom Außendienst und anderen Marketingmitarbeitern verstärkt werden. Es erstaunt deshalb nicht, daß viele Unternehmensleitungen diesem Druck nachgeben und ihr Angebot in der Form von willkürlichen Sortimentsausweitungen zersplittern.

Richtigerweise drängt sich aus Effizienzgründen ein gegenteiliges Vorgehen auf. Kostendegressionen usw. können dann am besten realisiert werden, wenn möglichst große Auflagen hergestellt und vermarktet werden, wenn also gekonnt multipliziert wird. Diese Aussage gilt nicht nur für marktgerichtete Geschäftsaktivitäten, sondern für sämtliche Tätigkeiten, die auf die Erschließung von Nutzenpotentialen ausgerichtet sind. Es besteht somit immer ein Spannungsfeld zwischen »Laisser-faire«-Differenzierung und Multiplikation.[2]

Ich möchte hier behaupten, daß heute in vielen Unternehmen anstelle einer konsequenten Multiplikation einer übertriebenen Differenzierung gehuldigt wird. Demgegenüber zeichnen sich dynamische Firmen dadurch aus, daß sie – sobald sie ein attraktives Nutzenpotential erkannt haben – das Schwergewicht eindeutig auf die Multiplikation legen. Dazu wieder einige Beispiele.

Metro entschloß sich zu Beginn der siebziger Jahre, die in der Bundesrepublik Deutschland mit großem Erfolg realisierten Cash-&-Carry-Märkte auch in Frankreich einzuführen. Um Zeit zu gewinnen und auch aus Kostengründen entschied man sich, das in der Bundesrepublik Deutschland bewährte Layout ebenso in den neuen Märkten anzuwenden, obgleich schon damals bekannt war, daß in Frankreich aufgrund der spezifischen Bedürfnissituation andere Formen zweckmäßiger gewesen wären. Die Metro-Märkte verfügten z. B. über eine relativ große Verkaufsfläche für Tiefkühlkost. Der französische Markt für diese Produkte war noch bei weitem nicht so weit entwickelt wie der deutsche. Die Nachteile einer unzureichenden Differenzierung wurden wegen der mit einer zügigen Multiplikation verbundenen Vorteile in Kauf genommen. Der Hauptvorteil bestand dabei sicherlich darin, daß die im Cash-&-Carry-Geschäft so wichtigen Standorte frühzeitig besetzt werden konnten. Die bedürfnisspezifische Anpassung konnte ohne weiteres zu einem späteren Zeitpunkt nachgeholt werden.

Aus diesem Beispiel geht deutlich hervor, daß bei der Erschließung eines Nutzenpotentials der relative Nutzen der betreffenden Geschäftsaktivität maßgeblich ist. Entscheidend ist, daß die zu multiplizierende Aktivität gegenüber der bisherigen Lösung echte Vorteile bietet. Sie muß jedoch keinesfalls von Anfang an absolut perfekt sein. Genau dies trifft im obigen Metro-Beispiel zu: Der multiplizierte Metro-Großmarkt stellte gegenüber den damals bekannten konventionellen Distributionskonzepten eine wesentliche Innovation dar, die auch in ihrer noch nicht perfekten Form den Kunden einen größeren Nutzen stiftete und dementsprechend von ihnen bevorzugt wurde. Aus diesem Grund wurde selbst die Multiplikation des noch nicht perfektionierten Systems zum Erfolg. Ein übertriebener Perfektionismus ist der Feind der Multiplikation und damit der Dynamik.

Die Bedeutung einer raschen Multiplikation wird in gleicher Weise von vielen japanischen Herstellern mit Erfolg demonstriert. Im Gegensatz zu westlichen Anbietern haben diese aber ihre neuen Produkte derart konzipiert, daß hohe Auflagen (und damit eine intensive Multiplikation) grundsätzlich möglich sind. Dadurch können Kostensenkungen erzielt werden, die in der Form von günstigen Preisen an die Konsumenten weitergegeben werden und wiederum die Nachfrage – und damit die Multiplizierbarkeit – stimulieren. Auch hier wird zugunsten einer breitangelegten Multiplikation auf eine allzu segmentierende Differenzierung verzichtet.

Die Forderung nach einer zügigen Multiplikation unter Verzicht auf

Differenzierung führt häufig zur weitgehenden Zersplitterung der Kräfte und schränkt die Multiplikationsmöglichkeiten stark ein. Wichtiger als eine absolut perfekte Lösung ist der relative Nutzen der zu multiplizierenden Geschäftsaktivität.

eine übertriebene Perfektionierung oder Hintanstellung einer späteren Verbesserung steht in einem gewissen Gegensatz zum »Excellence-Ansatz«. Unter dem Motto »Close to the Customer« fordern Peters und Waterman die kompromißlose Ausrichtung des Unternehmens auf die Kundenbedürfnisse. Damit wird der Differenzierung eine dominante Rolle zugewiesen.[3] Dynamische Firmen zeichnen sich hier durch ein anderes Verhalten aus. Sie sind darum besorgt, daß ihre Leistungen gegenüber den bisherigen Problemlösungen eine angemessene Überlegenheit aufweisen. Sobald diese angemessene Überlegenheit erzielt ist, kann anstelle einer weiteren Perfektionierung mit größter Intensität multipliziert werden. Die unterschiedliche Auffassung von Peters und Waterman ist mittels der Nutzenpotentiale zu erklären. Konzentriert sich ein Unternehmen darauf, in einem gesättigten Markt aktiv zu bleiben, so hat es keine andere Wahl, als sich über eine extreme Kundenorientierung zu differenzieren. Erschließt das Unternehmen jedoch ein attraktives Nutzenpotential, so hat es eben durchaus anstelle der Differenzierung die Möglichkeit, die Multiplikation zu forcieren.

Persönlichkeitsbezogene Faktoren

In vielen Firmen wird deshalb auf eine Multiplikation verzichtet, weil schlicht aus innerer Überzeugung eine Expansion nicht angestrebt wird. Gegen diese auf persönlichen Wertvorstellungen der Unternehmensleitung beruhende Haltung kann grundsätzlich nichts eingewendet werden. Es ist das gute Recht jedes Firmeneigentümers, auf Expansion zu verzichten.

Oft wäre jedoch von seiten der Aktionäre oder auch anderer Bezugsgruppen eine Dynamisierung durchaus erwünscht. Oft bekennt sich auch das Topmanagement bewußt zu einer Expansionspolitik, aber die erforderlichen Schritte werden dennoch nicht eingeleitet. Bleibt in einem solchen Fall die Multiplikation aus, so hat dies typische Ursachen. Vor allem ist die Gewohnheit eine schwer überwindbare Hemmschwelle, wie folgendes Beispiel zeigt:

Ein Architekt baute in seiner angestammten Region eine solide Archi-

tekturfirma mit über fünfzig Mitarbeitern auf. Während der Aufbauphase war er sowohl Hauptakquisiteur neuer Aufträge als auch Chefdesigner. Im Gespräch mit den Kunden fertigte er Rohentwürfe an und übergab diese seinen Mitarbeitern zur Detailbearbeitung.
Eine multiplikative Expansion – beispielsweise durch eine Neueröffnung von Zweigniederlassungen – hätte eine völlig andere Arbeitsweise erfordert. Gegen eine solche Strategie sprachen im Konkreten mehrere Gründe:

- Der Architekt fühlte sich in der Akquisition von Kundenaufträgen und im Entwurf sicher. Diese Tätigkeiten war er gewohnt. Mit einer Expansion hätte er diese aufgeben und durch ungewohnte Aktivitäten ersetzen müssen.
- In seinem angestammten Heimmarkt hatte der Architekt solide persönliche Kundenbeziehungen aufgebaut. Bei einer Expansion hätte er diese liebgewordenen Kontakte nicht gleich weiterpflegen können. Seine Zeit hätte er vorwiegend für die Neueröffnung und die Oberleitung der Zweigniederlassungen einsetzen müssen.
- Eine Expansion wäre zwangsläufig mit Risiken verbunden gewesen. Auch diese wollte der Architekt nicht eingehen.

Wir ersehen aus diesem Beispiel leicht die vielen Gründe, welche dazu führen, daß Unternehmensleiter auf eine Aktivitätenausweitung durch eine multiplikative Erschließung von Nutzenpotentialen verzichten. Neben der Selbstzufriedenheit spielen Gewohnheiten, persönliche Beziehungen, Risikoaversion und ähnliche Faktoren eine nicht unbedeutende Rolle.

Wirkungen der Multiplikation

Weshalb kommt der Multiplikation im Zusammenhang mit der Dynamisierung eine so große Bedeutung zu? Die zentrale Ursache liegt darin, daß mit der Multiplikation eine Reihe von bedeutsamen Wirkungen einhergeht, die im Ergebnis die Dynamisierung positiv beeinflussen.

Viele Führungskräfte verzichten vollkommen auf die Multiplikation, weil sie zu sehr in Gewohnheiten und überkommenen Denkweisen verhaftet sind. Natürlich spielen in diesem Zusammenhang auch auferlegte Selbstgenügsamkeit und Trägheit eine wichtige Rolle.

Multiplikation bewirkt Kräftekonzentration

Vorrangig bringt die Multiplikation zwangsläufig eine Kräftekonzentration mit sich; sie entspricht deshalb einem der zentralen strategischen Grundsätze.

Der Zusammenhang zwischen Multiplikation und Kräftekonzentration ist leicht ersichtlich: Jede Wiederholung einer einmal erfolgten Aktivität zur Erschließung eines Nutzenpotentials hat zur Folge, daß die dem Unternehmen zur Verfügung stehenden Mittel auf das einmal definierte Nutzenpotential fokussiert werden. Sie stehen auch nicht mehr für andere Aktivitäten zur Verfügung, und auf diese Weise wird eine Verzettelung der Kräfte vermieden.

Dies geht sehr deutlich aus der Entwicklungsgeschichte der Firma »The Body Shop« hervor. Dieses Unternehmen entwickelte in den siebziger Jahren ein neues Konzept für Kosmetikgeschäfte, das umfassend auf die Zielgruppe der New-Wave-Anhänger (naturorientiert und ökologiebewußt) abgestimmt war. Damit wurde ein zukunftsträchtiges Nutzenpotential anvisiert. Body Shop begann unmittelbar mit der Multiplikation des neuentwickelten Ladenkonzepts. Innerhalb von zwölf Jahren wurden nicht weniger als 360 Geschäfte eröffnet.

Das beachtliche Nutzenpotential ermöglichte es, einen weitgehend identischen Ladentypus zu multiplizieren, worauf denn auch sämtliche Anstrengungen konzentriert wurden. Damit standen weder Mittel noch Zeit für andersgelagerte Tätigkeiten zur Verfügung. Derartige Diversifikationen drängten sich aber auch überhaupt nicht auf, bestand zur Multiplikation doch ein genügend großes Potential. Eine umfassende Konzentration der Kräfte war möglich und führte schließlich auch zu dem aufsehenerregenden Erfolg der Firma. In der Zeit zwischen 1986 und 1988 konnte der Umsatz von 17,4 Mio. £ auf 46,2 Mio. £ gesteigert werden.

Heute beschäftigt das Unternehmen weltweit gegen 3 000 Mitarbeiter. 1984 erfolgte die Publikumsöffnung. Die ersten Kurse notierten bei 11,6 Pence. 1988 erreichte der Aktienkurs bereits 5,64 £.

Multiplikation bewirkt Einfachheit

Die Bedeutung der Einfachheit für eine erfolgreiche Geschäftstätigkeit wird immer wieder unterschätzt. In der heutigen komplexen Umwelt sind schon relativ überblickbare Aufgaben sehr anspruchsvoll. Stellen wir uns eine kleinere Einproduktfirma vor. Auch in einem solchen Unternehmen muß irgend jemand die vielfältigen staatlichen Antragsformulare ausfüllen können und die immer komplizierter werdenden gesetzlichen Vorschriften kennen. Moderne technische Hilfsmittel wie PCs oder NC-Maschinen usw. müssen eingesetzt werden, vielfältige Kundenansprüche sind zu erfüllen – eine Liste, die noch beliebig verlängert werden könnte. Sie zeigt, daß schon die Führung eines überblickbaren Einproduktbetriebs infolge der von allen möglichen Seiten gestellten Anforderungen eine bedeutende Herausforderung darstellt.

Welches sind nun die Konsequenzen, wenn sich unser Einproduktunternehmer dazu entschließt, eine neue Produktlinie in sein Herstellungsprogramm aufzunehmen? In diesem Fall muß er wahrscheinlich neue Maschinen einsetzen und einen andersartigen Produktionsprozeß beherrschen lernen. Er muß wiederum die für das neue Produkt geltenden gesetzlichen Vorschriften berücksichtigen. Vielleicht muß er neue Kunden mit ganz anderen Ansprüchen bedienen und neue Rohstoffe einkaufen. Daneben steigt der Koordinationsaufwand, der zur Ausschöpfung eventueller Synergien erforderlich ist, usw. Die Komplexität des Unternehmens nimmt somit mit jeder neuen Geschäftsaktivität überproportional zu. Dies bedeutet nichts anderes, als daß die Komplexitätskosten exponentiell ansteigen.

Der Gegenpol zur Komplexität ist die Einfachheit. Mit der wiederholten Abwicklung ähnlicher Aktivitäten kann eine Vielzahl von Vorteilen erlangt werden: Geringer Koordinationsaufwand, besseres Wissen über die mit der wiederholten Aktivität verbundenen Sachverhalte, leichtere Kommunikation unter den Unternehmensangehörigen sowie einheitliche Grundwerte sind nur einige relevante Stichworte.

Die Multiplikation hilft, die heute ohnehin schon sehr große Komple-

Wer multipliziert, muß zwangsläufig den damit verbundenen Aufgaben höchste Aufmerksamkeit widmen. Es bleibt keine Zeit für ineffiziente Ausschweifungen in kräftezehrende Aktivitäten. Eine Konzentration der Kräfte ist das Ergebnis.

xität in Grenzen zu halten und dementsprechend besser zu bewältigen. Dies ist für eine Dynamisierung äußerst wichtig: Die Motivation zur dynamischen Expansion ist bei der Multiplikation gleichgelagerter Aktivitäten dank der relativen Einfachheit größer als bei der permanenten Entwicklung heterogener Geschäftsaktivitäten. Im letzteren Fall besteht stets die Gefahr, daß wegen ungenügenden Wissens, schwer einzuschätzender Risiken oder hohen Koordinationsaufwands der Elan gebrochen wird.

Multiplikation bewirkt Erfahrungskurveneffekte

Von größter Bedeutung für die Dynamisierung sind die mit der Multiplikation verbundenen Erfahrungskurveneffekte. Henderson hatte bereits in den sechziger Jahren aufgrund empirischer Untersuchungen festgestellt, daß die Stückkosten bei einer Verdoppelung der kumulierten Menge um 20 bis 30 % gesenkt werden können.[4] Die angesprochene Menge bezieht sich dabei in erster Linie auf vom Unternehmen erbrachte Marktleistungen.

Die durch die sogenannte Erfahrungskurve beschriebenen Kostendegressionen sind auf eine Reihe von Faktoren zurückzuführen, die im folgenden kurz dargestellt werden.

Grundsätzlich findet durch eine zunehmende Leistungserbringung in der gesamten Organisation ein Lernprozeß statt, der zu einer effizienteren Aufgabenerfüllung führt: Rohmaterialien werden besser ausgenützt, Produktionsprozesse werden rationalisiert, die Lagerbewirtschaftung wird optimiert.

Erfahrungskurveneffekte ergeben sich nicht nur in der Güterproduktion und -verteilung. Sie treten grundsätzlich bei allen Unternehmensaktivitäten zutage. Die Mitarbeiter im Marketing lernen, Werbekampagnen zweckmäßiger zu gestalten und damit bei konstantem Budget ein besseres Ergebnis zu erzielen. In der Personalabteilung können die administrativen Prozesse wirkungsvoller gestaltet und die Personalselektion verbessert werden.

Derartige Erfahrungskurveneffekte können bei allen zur Erschließung von Nutzenpotentialen erforderlichen Aktivitäten ausgeschöpft

werden. So vollzieht sich die Eröffnung eines neuen Franchisebetriebs mit zunehmender Erfahrung immer effizienter. Das gleiche gilt bei Innovationsprozessen.
Die mit der Erfahrungskurve verbundenen Erkenntnisse sind heute bestens bekannt. Sie werden bei der Festlegung von Wettbewerbsstrategien auch weitestgehend berücksichtigt. Wettbewerbsstrategien richten sich jedoch immer auf Produkte aus, die in vorgegebenen Märkten und in vorgegebenen Branchen abgesetzt werden. Im Vordergrund steht dabei die Senkung der Stückkosten je Produkteinheit. Unterschätzt werden in der Regel die massiven Vorteile, die Erfahrungskurveneffekte auch bei nicht produktbezogenen Aktivitäten mit sich bringen können.
Dazu ein Beispiel: Gemäß Erfahrungskurve können die Stückkosten bei einer Verdoppelung der kumulierten Menge durchschnittlich um ca. 25 % gesenkt werden. Wird die Menge (durch Multiplikation) viermal verdoppelt (dies bedeutet eine sechzehnmal höhere Menge als die Ausgangsmenge), so liegt eine Senkung der Stückkosten auf 37,3 % der Ausgangskosten im Bereiche des Möglichen. Wichtig sind hier zwei Erkenntnisse. Erstens kann durch eine geschickte Multiplikation relativ rasch eine viermalige Verdoppelung der Anfangsaktivität erlangt werden. Zweitens ist der Nutzen der Multiplikation enorm: In unserem obigen Zahlenbeispiel resultiert nach einer viermaligen Verdoppelung eine Stückkostensenkung um über 60 %.
Ein mittelgroßes Industrieunternehmen begann im Verlaufe der siebziger Jahre damit, über Kooperationen gezielt neue Märkte zu erschließen. Die ersten Vorhaben erwiesen sich als äußerst schwierig, und erst nach langwierigen Verhandlungen konnten Vereinbarungen unterzeichnet werden – gewisse Projekte mußte man sogar wieder aufgeben. Mit der Zeit machten sich jedoch die gewonnenen Erfahrungen bezahlt. Man wußte jetzt, wie das Kooperationskonzept zu gestalten ist und wie die Verhandlungen zu führen waren. Nach relativ kurzer Zeit konnte eine derartige Professionalität erreicht werden, daß die Vorhaben in kürzester Zeit und mit einem Bruchteil der ursprünglichen Kosten realisiert werden konnten.

Die mit der Multiplikation einhergehenden Effektivitäts- und Effizienzgewinne können dramatische Vorteile mit sich bringen. Diese positiven Effekte werden gerade bei nicht produktbezogenen Aktivitäten leider in vielen Fällen unterschätzt.

Wir sehen, daß offensichtlich fundamentale Ergebnisunterschiede bei einer Firma, die ein Kooperationsvorhaben nur einmal realisiert, und einem Unternehmen, welches diese Aktivitäten zum wiederholten Male durchspielt, bestehen. Letztere wird die Aufgaben wesentlich effizienter abwickeln.
Diese Erkenntnis findet in der Praxis noch relativ wenig Beachtung. Welche Firma denkt schon an die Multiplikationseffekte bei Kooperationen, Akquisitionen, Restrukturierungen, Gemeinkostenwertanalysen oder Ausnützung von Know-how? Derartige Aktivitäten werden nach wie vor weitgehend als Sonderanlässe betrachtet, die im Firmenleben nur einmal oder allenfalls sporadisch abgewickelt werden. Man verzichtet darauf, die mit einer Multiplikation verbundenen Chancen zu einer Effizienzsteigerung zu nutzen.

Multiplikation bewirkt Zeitgewinn

Im Zusammenhang mit den Erfahrungskurveneffekten steht der Zeitgewinn, der aus einer Multiplikation resultieren kann. Die repetitive Abwicklung gleichgelagerter Prozesse bewirkt, daß diese immer besser beherrscht werden. Der daraus resultierende Zeitgewinn ist mehrfach begründet:

- Die Mitarbeiter lernen, die Aktivitäten schneller abzuwickeln, weil sie ihre aufgabenbezogenen Fertigkeiten optimieren können.
- Es sind weniger Korrekturen nötig, da dank der erhöhten Fertigkeiten seltener Fehler und Friktionen auftreten.
- Genau deswegen verringert sich der Kontrollaufwand, was ebenfalls zu Zeitgewinn führt.

Der Umfang des Zeitgewinns kann also analog zu den Erfahrungskurveneffekten sehr beträchtlich sein. Mittels der in vielen Akquisitionen gewonnenen Kenntnisse und Fähigkeiten war beispielsweise Hanson PLC im Jahre 1986 in der Lage, die 2,5 Mrd. £ teure Akquisition des Imperial-Tobacco-Konzerns in weniger als sieben Tagen zu realisieren. Andere, weniger erfahrene Firmen benötigen für wesentlich kleinere Akquisitionen ein Vielfaches an Zeit.

Multiplikation wirkt konzeptualisierend

Wie schon Peters und Waterman und eine Vielzahl anderer Autoren festgestellt haben,[5] zeichnen sich erfolgreiche Firmen durch ein konsistentes, klares und leicht kommunizierbares Unternehmenskonzept aus. Die Multiplikation ist sicherlich prägnanter Ausdruck einer derartigen Strategie. Gerade wenn nur eine einzige Unternehmensaktivität multipliziert wird, entsteht ein äußerst konsistentes Unternehmen. Nehmen wir als Beispiel die im Bereich der Befestigungstechnik tätige Hilti AG in Schaan im Fürstentum Liechtenstein. Der Erfolg dieses Unternehmens ist weitgehend darauf zurückzuführen, daß es dem Kunden über ein ausgeklügeltes Direktvertriebssystem einen überlegenen Service zu bieten vermag. Durch die Multiplikation dieses Direktvertriebssystems hat Hilti ein klares und konsistentes Unternehmenskonzept geschaffen, das markante Vorteile mit sich bringt.

Ein anderes Exempel ist der weltgrößte Zementhersteller, die Holderbank-Gruppe. Dieses Unternehmen hat seine Vorrangstellung durch die Multiplikation von Zementfabriken begründet. Auch hier hat die Multiplikation die Firma konzeptionell geprägt. Die Aussage, daß diese Strategie wirklich Erfolg verspricht, hat ebenso für Restrukturierer wie Hanson Gültigkeit. Das Unternehmenskonzept ist im letzteren Fall nicht an spezielle Produkte oder Branchen der einzelnen Tochtergesellschaften gebunden, sondern drückt sich in der Systematik und Abwicklung der Akquisitions- und Restrukturierungsprozesse aus.

Diese konzeptualisierende Wirkung der Multiplikation darf auf keinen Fall unterschätzt werden. Firmen, die sinnvoll multiplizieren, entwickeln automatisch ein adäquates Unternehmenskonzept. Firmen, die Nutzenpotentiale nur ad hoc erschließen, verzichten auf die hier dargestellten Vorteile. Die Wirkungen der Multiplikation sind in Abb. 9 übersichtsartig dargestellt.

Die Multiplikation wirkt dynamisierend, ja sie kann sogar über einen positiven Feedback-Mechanismus echte Eigendynamik erzeugen. Dies kommt am deutlichsten bei den Erfahrungskurveneffekten zum Ausdruck.

Multiplizierende Firmen lernen, die relevanten Aktivitäten in immer kürzerer Zeit abzuwickeln. Diese Fähigkeit kommt bei turbulenten Umweltveränderungen mit sich unerwartet bietenden Chancen besonders zur Geltung und steigert die Effizienz.

Multiplikation bewirkt *Kräftekonzentration*
Multiplikation bewirkt *Einfachheit*
Multiplikation bewirkt *Erfahrungskurveneffekte*
Multiplikation bewirkt *Zeitgewinn*
Multiplikation wirkt *konzeptionalisierend*

Abb. 9: Wirkungen der Multiplikation

Führungskräfte und Mitarbeiter werden im Rahmen der Multiplikation bald realisieren, daß die Aktivitäten zur Erschließung der Nutzenpotentiale im Laufe der Zeit effizienter erbracht werden können. Dadurch steigt der vom Unternehmen für die Bezugsgruppen generierte Nutzen, woraus sich wiederum ein Aufforderungscharakter, der die Unternehmensangehörigen dazu anspornt, das betreffende Nutzenpotential noch umfassender auszuschöpfen, ergibt.
Eine ähnliche Wirkung resultiert aus dem durch Multiplikation erzielten Zeitgewinn. Zeiteinsparungen können gewinnbringend für weitere Multiplikationen verwendet werden.
Aber auch die anderen geschilderten Wirkungen der Multiplikation erzeugen Dynamik: Die Kräftekonzentration führt zu einer intensiven Auseinandersetzung mit den Kernproblemen. Die daraus resultierende Erfahrung gibt Sicherheit und hebt unsicherheitsbedingte Blokkaden auf – es entsteht Motivation für weitere Expansionen. Ebenso gewinnt der Grundsatz der Einfachheit an Gewicht: Aufgaben und Prozesse werden durchschaubarer, Risiken minimieren sich, und es entsteht eine erhöhte Bereitschaft zum weiteren Ausbau der Aktivitäten.

Ein in der Multiplikation begründetes, klares Unternehmenskonzept wirkt zusätzlich dynamisierend, weil alle Unternehmensangehörigen die Marschrichtung kennen und die gesetzten Ziele kraftvoll anstreben können.
Zusammenfassend kann ich festhalten, daß die Multiplikation im Rahmen der Unternehmensdynamik an zentraler Stelle steht. Sie ist ein Eckpfeiler des Dynamik-Prinzips, eine Tatsache, deren Vorteile von vielen Unternehmen bisher unterschätzt werden.

Formen der Multiplikation

Wenn ein Unternehmen durch Multiplikation dynamisiert werden soll, so ist die Frage zu beantworten, auf was sich diese genau beziehen muß. Diese Frage nach dem »Was« führt uns zu den Multiplikationsformen. Zwei Grundtypen sind für uns von besonderem Interesse: die Prozeßmultiplikation und die Systemmultiplikation.[6]
Beide sind auf praktisch alle Nutzenpotentiale anwendbar. Bei der Prozeßmultiplikation werden gesamte Abläufe wie Beschaffungsprozesse oder Finanzierungen mehrfach wiederholt, bei der Systemmultiplikation umfassende Gesamtheiten wie beispielsweise komplette Distributionsstätten oder Fabriken reproduziert.

Multiplikation von Prozessen

Welche Prozeßmultiplikationen können zur Erschließung von Nutzenpotentialen eingesetzt werden?

- Multiplikation von Produkten und der damit verbundenen Prozesse: Hier handelt es sich um die üblichste Form von Multiplikation. Ziel ist es, Produkte in möglichst hoher Auflage zu produzieren und zu vermarkten. Multipliziert wird aber nicht nur das Produkt, sondern auch die entsprechenden Produktionsprozesse, indem z.B. neue Produktionslinien in Betrieb genommen und die damit verbundenen Marketingprozesse (z.B. bei der Erschließung neuer Märkte) in Gang gesetzt werden. Eine erfolgreiche Produktmulti-

Wir unterscheiden zwei Arten der Multiplikation, nämlich die Prozeß- und die Systemmultiplikation. In der Regel können beide Formen – allerdings mit unterschiedlichen Ergebnissen – auf die Nutzenpotentiale angewendet werden.

plikation hat Sony mit ihrem Walkman betrieben. Vor der Einführung im Jahre 1979 plante Sony einen Absatz von 60 000 Stück. Als das Gerät im Juli jenes Jahres auf den Markt kam, entstand ein so großer Nachfragesog, daß man sich vier Monate später veranlaßt sah, die Produktion zu verdoppeln. Die Multiplikation kam in nicht geahntem Ausmaß zum Tragen: 1980 verkaufte Sony bereits 602 000 Stück und 1981 über 2 Mio. Im Jahre 1988 lagen die Verkaufszahlen bei 11,1 Mio. Walkmen. Sony wurde derart vom Erfolg überrascht, daß es nicht einmal mehr möglich war, einen ursprünglich vorgesehenen anderen Produktnamen einzuführen, so sehr hatte sich der Name Walkman bereits etabliert.

- Multiplikation von Verkaufsprozessen: Zur Ausschöpfung des beachtlichen Nutzenpotentials im Kosmetikmarkt entwickelte die amerikanische Firma Mary Kay Cosmetics ein spezielles Verkaufsvorgehen. In diesem wurde genau festgelegt, wie die Produkte von Mary Kay im Haus-zu-Haus-Verkauf zu präsentieren und zu offerieren seien. Die »Kundenberaterinnen« (Verkäuferinnen) wurden äußerst intensiv auf den Ablauf des Verkaufsprozesses geschult. In der Folge multiplizierte Mary Kay diese Strategie. Eine Verkaufsorganisation wurde aufgebaut, welche die gesamten Vereinigten Staaten umfaßte, und durch konsequente Multiplikation – der Haupterfolgsfaktor von Mary Kay – schaffte es das Unternehmen innerhalb von kürzester Zeit, in aller Munde zu sein.
- Multiplikation von Werbeprozessen: Die Multiplikation von Werbeprozessen wird natürlich von jeder versierten Konsumgüterfirma vollzogen. Ein schönes Beispiel ist die berühmte Tigerwerbung von Esso, die praktisch in allen Ländern multiplikativ eingesetzt wurde.
- Multiplikation von F-&-E-Prozessen: Diese Form gelangt heute noch relativ selten zur Anwendung. Die Firma Porsche führt nicht nur für sich selbst, sondern auch für Dritte Forschungsaufträge aus und setzt sie damit multiplikativ ein.
- Multiplikation von Innovationsprozessen: Im Gegensatz zu den enger gefaßten F-&-E-Prozessen beziehen sich die Innovationspro-

zesse auf die gesamte Produktentwicklung und -einführung. Eine Firma, welche in dieser Hinsicht echte Meisterklasse erlangt hat, ist 3M. Damit die anvisierten Technologie- und Marktpotentiale erschlossen werden können, hat 3M eine hervorragende Innovationsmethodik entwickelt. Diese wird in sämtlichen 49 Operating Divisions multiplikativ eingesetzt.

- Multiplikation von Finanzierungsprozessen: Einige Firmen haben z.B. den Prozeß »fund-raising« professionalisiert und multipliziert. Dies ist etwa bei Venture-Capital-Unternehmen wie Advent oder APA Alan Patrikof Associates der Fall. Letztere hat ihre Venture-Capital-Funds in England, Frankreich und den USA mit Gesamtmitteln von über 500 Mio. $ aufgebaut.
- Multiplikation von Motivationsprozessen: Durch die Freisetzung der kreativen und produktiven Kräfte der Mitarbeiter können sich in vielen Firmen große Nutzenpotentiale eröffnen und zu diesem Zweck ebenfalls multiplikativ eingesetzt werden. Konsequent führt Hewlett-Packard Motivationsprogramme durch und hat aus diesem Grund ein umfassendes Konzept des Human-Resources-Managements entwickelt. Dazu gehört z.B. kommunikationsfördernde Gestaltung von Büros, Konferenzräumen und Kantinen. Charakteristisch für diese Methode ist, daß viele Motivationsprogramme weltweit eingesetzt werden. So werden zur Sicherstellung der Kommunikation unter den Mitarbeitern sämtliche Gebäude von Hewlett-Packard nach einem einheitlichen Erscheinungsbild gestaltet.
- Multiplikation von Akquisitionsprozessen: Die in der Schweiz beheimatete Forbo AG ist in jüngster Zeit eines der führenden europäischen Unternehmen für Boden- und Wandbeläge geworden. Ein wesentliches Element der Strategie stellte dabei die Übernahme von lokalen Herstellern dar, denn zum Erfolg trug wesentlich die multiplikative Anwendung der Akquisitionsprozesse bei. In dieser Hinsicht wurde durch die Multiplikation eine hohe Professionalität entwickelt, dank welcher die Integration der Firmen zügig realisiert werden konnte.

Bei der Prozeßmultiplikation werden ganze Abläufe mehrfach wiederholt. Zu erwähnen sind in diesem Zusammenhang Produktions-, Verkaufs-, Werbe-, Innovations-, Finanzierungs-, Motivations-, Akquisitions-, Restrukturierungs- und andere Prozesse.

- Multiplikation von Restrukturierungsprozessen: Bei verschiedenen Firmen besteht die Hauptstrategie darin, andere Unternehmen zu akquirieren und zu restrukturieren, etwa bei Hanson PLC, der Chargeur SA in Frankreich oder der BTR in England, wo diese von Chairman Sir David Owen konsequent praktiziert wird. Solche Gesellschaften setzen ihr Wissen und die damit verbundenen Prozesse gezielt multiplikativ ein.

Dies sind alles Beispiele, die zeigen, daß für die Prozeßmultiplikation eine Vielzahl von Möglichkeiten offensteht. Sie zeigen ebenfalls, daß erfolgreiche Firmen die Chancen zur Multiplikation geschickt ausnützen und auf diese Weise eine überlegene Professionalität erreichen.

Systemmultiplikation

Zur Erschließung von Nutzenpotentialen können nicht nur Elemente oder Prozesse, sondern gesamte Systeme multipliziert werden. Als System verstehen wir ein physisches, relativ autonomes, an einem bestimmten Standort geschaffenes Gebilde, das sowohl aus Hardware- als auch aus Softwareelementen besteht. Die Systemmultiplikation ist in der zweiten Hälfte des 20. Jahrhunderts auf breiter Basis zur Anwendung gelangt. Auch hier möchte ich einige wichtige Formen vorstellen:

- Multiplikation von Frontsystemen: In Kundennähe werden Einheiten errichtet, welche als System Leistungen für die Absatzpartner erbringen. Bekannt wurden die mittlerweile überall anzutreffenden Benetton-Läden, aber auch die Bally-Arola-Geschäfte. Das besondere Merkmal besteht darin, daß jeweils ein spezifisches System entworfen und in der Folge multipliziert wird. Zum System gehören die Waren, die Warenpräsentation, die Ladenausstattung, das Bedienungssystem, das Reportingsystem, ja bei Benetton kann sogar die Popmusik als wichtiger Bestandteil betrachtet werden. Die Multiplikation von Frontsystemen ist heute in verschiedensten Branchen zu finden. Beispiele sind etwa McDonald's-Restaurants, Fotofachgeschäfte wie Photo Porst, Kosmetikläden wie Yves Rocher, Drogerien wie Dropa, die Aldi-Discountgeschäf-

te, die Marks-&-Spencer-Warenhäuser, die in den USA so erfolgreichen Wal-Mart-Stores und The Body Shop.
Bewußt habe ich hier keine Unterscheidung zwischen Eigengeschäften oder Franchisen vorgenommen. In beiden Fällen handelt es sich um eine Systemmultiplikation, wobei aus motivationaler Sicht ein fundamentaler Unterschied vorhanden ist: Franchisen schöpfen in der Regel nicht nur ein auf der Marktseite vorhandenes Potential aus, sie erschließen zusätzlich ein humanes Nutzenpotential, weil heute bei vielen Menschen der Wunsch nach eigener unternehmerischer Tätigkeit besteht, der eben von Franchisen befriedigt werden kann. Wir werden auf diesen Sachverhalt noch eingehend zu sprechen kommen.

- Multiplikation von Absatzorganisationen: Die meisten Konzerne haben im Verlaufe von Expansionsphasen internationale Absatzorganisationen aufgebaut, die in der Regel aus einem Landeshauptsitz mit regionalen Geschäftsstellen bestehen. Auch hier handelt es sich um eine Systemmultiplikation, wobei jede Landesgesellschaft als eine integrale Einheit angesehen wird.
- Multiplikation von Verteilzentren: In jüngerer Zeit hat die physische Distribution stark an Bedeutung gewonnen. Der damit verbundene Aufbau von Verteilzentren oder ganzen Verteilorganisationen stellt eine weitere Form von Systemmultiplikation dar.
- Multiplikation von Produktionsstätten: In diesem Fall werden – gewöhnlich im weltweiten Kontext – regionale Produktionsstätten multiplikativ aufgebaut oder akquiriert. Die Schweizer Holderbank-Gruppe hat beispielsweise diese Politik konsequent befolgt. Sie verfügte 1987 über 68 Zementwerke in 22 Ländern.

Die Systemmultiplikation war schon seit jeher ein Schlüsselelement expansiver Unternehmensführung und wurde bereits von den Fuggern im 15. Jahrhundert mit Erfolg angewendet. Diese Augsburger Handelsherren bauten in allen wichtigen Hansestädten und in anderen Zentren Faktoreien auf. Im 19. und 20. Jahrhundert haben praktisch alle multinationalen Firmen in ähnlicher Weise ihre Absatzorganisationen multipliziert.

Bei der in jüngerer Zeit von vielen erfolgreichen Firmen praktizierten Systemmultiplikation werden umfassende Gesamtheiten reproduziert. Zu erwähnen sind etwa Verkaufsgeschäfte, Absatzorganisationen, Verteilzentren und Produktionsstätten.

Die heutige Problematik vieler multinationaler Firmen liegt aber darin, daß die Systemmultiplikation in Form des Aufbaus eigener Tochtergesellschaften vor und nach dem Zweiten Weltkrieg in den meisten relevanten Auslandsmärkten abgeschlossen wurde. Mit anderen Worten: Das Nutzenpotential für die Systemmultiplikation hat sich weitgehend erschöpft, was zu einer Erlahmung jener Organisationen führt, die nicht gewillt sind, neue attraktive Nutzenpotentiale zu suchen und multiplikativ zu erschließen.
Die Multiplikationsformen sind in Abb. 10 übersichtartig zusammengefaßt.

Beurteilung der Multiplikationsformen

Die soeben dargestellte Übersicht hebt die wichtigsten Prozesse und Systeme hervor, die multipliziert werden können. Grundsätzlich gilt, daß jedes Nutzenpotential entweder mit Elementen respektive Prozessen oder mittels Systemen erschlossen werden kann.
Für viele Firmen stellt sich die Frage, welche Multiplikationsform im Rahmen der Dynamisierung zweckmäßigerweise angewendet werden soll. Hierfür können konkrete Regeln entworfen werden.
Sicherlich können sowohl mit Prozeß- als auch mit Systemmultiplikation interessante Resultate erzielt werden.
Grundsätzlich ergibt sich jedoch folgender wichtiger Zusammenhang: Je ganzheitlicher und damit informationsgeladener ein Prozeß oder ein System ist, desto höher sind die Erfolgschancen. Die Restrukturierungsmaßnahmen von Hanson PLC entsprechen diesem Postulat der Ganzheitlichkeit, denn dabei werden immer eo ipso integrale, das ganze Unternehmen betreffende Sachverhalte einbezogen. Umgekehrt ist die Multiplikation eines reinen Verkaufsprozesses weniger empfehlenswert, denn hier kann lediglich eine relativ enge Unternehmensfunktion vervielfacht werden.
Ähnlich sieht es bei der Systemmultiplikation aus: Ein Metro-Cash-&-Carry-Markt stellt ein umfassendes Ganzes mit einem sehr hohen Informationsgehalt dar; die Multiplikation eines derartigen Systems erscheint damit als erfolgsträchtiger und damit gewinnbringender als

Formen der Multiplikation

Multiplikation von _Prozessen_

Produktionsprozesse
Verkaufsprozesse
Werbeprozesse
F&E-Prozesse
Innovationsprozesse
Finanzierungsprozesse
Motivationsprozesse
Akquisitionsprozesse
Restrukturierungsprozesse
usw.

Multiplikation von _Systemen_

Frontsysteme
Absatzorganisationen
Verteilzentren
Produktionsstätten
usw.

Abb. 10: Formen der Multiplikation

beispielsweise die Vervielfachung eines Auslieferungsdepots für Baumalerfarben.
Aus diesen Ausführungen kann eine wichtige Erkenntnis abgeleitet werden, denn viele Firmen beschränken sich auch heute noch darauf, Produkte oder bestenfalls einfache Prozesse zu multiplizieren. Weil zahlreiche Märkte zur Sättigung neigen, stoßen diese Unternehmen immer mehr an Grenzen.
Eine Chance besteht hier im Übergang von der Prozeßmultiplikation zur Systemmultiplikation. Dazu ein Beispiel: Die Firma Plastic AG[7] produzierte in der Bundesrepublik Deutschland Plastikteile, die an Automobilhersteller in Europa, den USA und Fernost geliefert wurden, und ihr Exportanteil betrug über 70%. Dann stand die Firma Mitte der achtziger Jahre vor der Notwendigkeit, ihre Produktionsstätten maßgeblich auszuweiten. In Anbetracht der erzielbaren Prei-

Prozeß- oder Systemmultiplikationen haben dann erhöhte Erfolgschancen, wenn diese einen hohen Informations- und Innovationsgehalt aufweisen. Dabei ist zu berücksichtigen, daß Systeme gegenüber Prozessen oft interessante Vorteile bieten.

se, aber auch der hohen Frachtkosten war jedoch die errechnete Rentabilität des Ausbauprojektes unbefriedigend. Eine Lösung wurde in der Weise gefunden, daß man zur Systemmultiplikation überging. In der Nähe der Automobilhersteller wurden jeweils kleinere, flexible Produktionseinheiten im Franchisesystem aufgebaut. So konnte nicht nur zu günstigen Bedingungen produziert werden, sondern die Automobilhersteller schätzten auch die Nähe der Produktionsstätten, die eine wesentlich bessere Kommunikation mit sich brachte, eine raschere und flexiblere Auslieferung ermöglichte und nicht zuletzt weniger Friktionen verursachte. Erfolgsbestimmend war jedoch letzten Endes, daß ein latentes Potential an Jungunternehmern erschlossen werden konnte, die darauf brannten, mit Hilfe des ausgeklügelten Franchisesystems eine selbständige Tätigkeit aufbauen zu können.
Mein Fazit lautet darum: Heute muß wesentlich intensiver nach Möglichkeiten der Systemmultiplikation gesucht werden, weil gerade in diesem Bereich die vielversprechendsten Nutzenpotentiale liegen.

Die Praxis der Multiplikation

Auf den ersten Blick erscheint die Multiplikation als relativ einfaches Unterfangen, denn es geht schlicht darum, die Prozesse oder Systeme möglichst oft anzuwenden. Beispielsweise muß ein innovatives Produkt in möglichst großer Auflage produziert und abgesetzt werden. Die Multiplikation bezieht sich hier auf die Herstellung und den Vertrieb möglichst hoher Produktzahlen. Das Ziel kann allerdings auch darin bestehen, die entwickelte Methodik, beispielsweise die Akquisitions- und Restrukturierungsmethodik, möglichst häufig in die Praxis umzusetzen. Bei Systemen geht es darum, das entwickelte System, z. B. ein IKEA-Möbelhaus auf der »grünen Wiese«, so oft wie möglich zu multiplizieren.
Jeder Praktiker weiß nur zu gut, daß der Teufel stets im Detail liegt. So sagt z. B. Dr. Hereth von der Firma Metro AG über die Multiplikation

der Metro-SB-Großmärkte in Italien: »Unsere Expansion in Italien erlebten wir wie im Roman ›Don Camillo und Peppone‹! Wir konnten unseren neuen Markt in Turin wegen eines Streiks nicht zeitgerecht im Handelsregister eintragen. Unsere Konkurrenz entdeckte dies und veranlaßte, daß das Geschäft kurz vor Weihnachten – also in der Hochsaison – geschlossen wurde. In einer Nacht-und-Nebel-Aktion setzten wir alles in Bewegung, um den Markt wiederum eröffnen zu können. Zu diesem Zweck mußte ein ganzes Paket kreativer Maßnahmen in die Wege geleitet werden.«
Ähnliche Geschichten werden in allen untersuchten Firmen erwähnt. Immer wieder wird darauf hingewiesen, daß bei jeder multiplikativen Aktion eine Vielzahl von Hindernissen zu überwinden ist. Jedoch gerade auf diese Weise werden die Erfahrungen gesammelt, die für eine dynamische Expansion entscheidend sind.
In diesem Zusammenhang möchte ich einige Verhaltensweisen empfehlen, die sich bei meinen Beobachtungen herauskristallisierten:

- Verfolgen einer geradlinigen Expansionspolitik, bei der die Multiplikation in einem gewissen Rhythmus erfolgt. Dieses rhythmische Vorgehen wird etwa bei Bertelsmann und bei Jacobs Suchard bewußt angewendet. So werden bei Bertelsmann (größere) Akquisitionen in einem determinierten Zyklus in Angriff genommen – zu häufige würden Integrationsprobleme verursachen, zu wenige hätten Dynamik-Verluste zur Folge.
- Entwickeln von Abschirmungspraktiken, welche die Flanke für die Expansion freihalten. Damit Multiplikationen zügig realisiert werden können, müssen frühzeitig Maßnahmen zur Abschirmung allfälliger Störungen getroffen werden. Es geht hier darum, mögliche Störeinflüsse frühzeitig zu erfassen und geeignete Aktionspläne zur Störungsvermeidung auszuarbeiten.
- Entwicklung hochkreativer Lösungsansätze zur Überwindung der immer wieder auftauchenden Hindernisse. Alle dynamischen Unternehmen zeichnen sich dadurch aus, daß von ihnen Veränderungen ausgehen. Aus diesem Grund werden stets als Nebenfolge Partikularinteressen betroffen, denn es gibt bei der Multiplikation

Weil die Multiplikation Widerstände auslöst, werden dynamische Firmen immer wieder mit Hemmnissen konfrontiert. Diese können durch Beharrlichkeit, Kreativität und geeignete Abschirmungspraktiken gegenüber Störeinflüssen überwunden werden.

immer Kreise, welche den Veränderungsprozeß zu behindern versuchen. Dies kommt besonders deutlich bei der Multiplikation von Aktivitäten zur Erschließung interner Nutzenpotentiale zum Ausdruck. Soll etwa durch Neuverwendung von Aktiva ein Bilanzpotential zum Tragen kommen, so ist in aller Regel von verschiedener Seite mit sachlicher und unsachlicher Kritik zu rechnen. Bei der Überwindung dieser Schwierigkeiten spielen kreative Lösungen eine wichtige Rolle.

- Permanente Sicherstellung der Motivation der maßgeblichen Führungskräfte. Jede expansive Geschäftstätigkeit ist mit Hemmnissen und Rückschlägen verbunden. Diese wirken zwangsläufig demotivierend. Um so bedeutungsvoller ist es, daß die Vorhaben unbeeinträchtigt und mit großer Tatkraft vorangetrieben werden. Dazu ist eine hohe Motivation der Führungskräfte unerläßlich.
- Ausschöpfen aller Vorteile der Multiplikation, insbesondere der Möglichkeiten im Bereich der Erfahrungskurve. Die Multiplikationseffekte treten nicht automatisch ein; vielmehr müssen gezielte Aktivitäten zu deren Realisierung eingeleitet werden.

Absolut entscheidend für den Erfolg ist die Geschwindigkeit. Dies ergibt sich aus zwei Gründen:

- Bestimmte strategische Aktivitäten können, wie Abell nachgewiesen hat, nur zu ganz spezifischen Zeitpunkten ausgelöst werden. In diesem Zusammenhang spricht er vom »strategischen Fenster«.[8] Abell empfiehlt, daß die sich bietenden Chancen so rasch wie möglich genutzt werden, sobald sich das strategische Fenster öffnet. Anderenfalls bestehe die Gefahr, daß Wettbewerber zuvorkommen und »das Fenster schließen«.
- Zweitens gilt es, im Unternehmen selbst Energien zu erzeugen und auszunützen. Rasches, auf Zeitgewinn ausgerichtetes Handeln ist ein zentrales Element, das in der Unternehmenskultur gelebt werden muß.

Selbstverständlich entstehen im Rahmen der Multiplikation Probleme in allen Funktionsbereichen des Unternehmens. Es sind perma-

nent neue Mitarbeiter einzustellen, auszubilden und in die individuelle Unternehmenskultur des dynamischen Unternehmens zu integrieren. Die Kapazitäten müssen ständig ausgeweitet werden.
Ein Schlüsselproblem ist in diesem Zusammenhang die Finanzierung, speziell die Gestaltung des Gleichgewichts zwischen Eigen- und Fremdkapital. Eine zu starke Abstützung auf Eigenkapital bewirkt zwangsläufig eine Expansionsverlangsamung und damit eine Preisgabe wichtiger Positionen. Ein zu rasches Expandieren kann zu einer Liquiditätsklemme führen, welche die Aufgabe der Eigenständigkeit nach sich ziehen kann.

Grenzen der Multiplikation

Selbstverständlich wäre es wünschenswert, daß ein Nutzenpotential eine praktisch unbegrenzte Multiplikation von Geschäftsaktivitäten zuließe. In der Tat gibt es derartige Fälle. So sieht die Firma American Express solche Chancen für das Kreditkartengeschäft. Auch McDonald's ist der Auffassung, daß das Marktpotential für Fast-Food noch bei weitem nicht ausgeschöpft sei.
Dennoch sind in vielen Fällen die Multiplikationsmöglichkeiten eindeutig begrenzt. Dies gilt insbesondere für Nutzenpotentiale, die eine genau definierte Anzahl von Objekten umfassen. Dies trifft vor allem für Akquisitionspotentiale zu. Beispielsweise ist der Konzentrationsprozeß in der Nahrungsmittelindustrie bereits weit fortgeschritten, denn es gibt kaum mehr Firmen, die zu akquirieren sind.
Naturgemäß sind auch die Multiplikationsmöglichkeiten für interne Nutzenpotentiale – besonders bei mittleren und kleineren Firmen – in der Regel klar begrenzt. Ein Kostensenkungsprogramm kann eben in einem Unternehmen mit drei Profit-Centers nur dreimal multipliziert werden.
Dies hat für die Anwendung des Dynamik-Prinzips wichtige Konsequenzen. Sicherlich kann auch ein Nutzenpotential, das nur wenige Transaktionen zuläßt, gewinnbringend sein, aber es ist klar, daß ohne

Gewisse Nutzenpotentiale sind von ihrer Ergiebigkeit her begrenzt und lassen nur eine limitierte Multiplikation zu.

Um eine nachhaltige Dynamik sicherzustellen, müssen in solchen Fällen frühzeitig neue Nutzenpotentiale anvisiert werden.

Multiplikation eine solche Aktivität lediglich Impulscharakter hat, denn sie führt nicht zu nachhaltiger Dynamik. Dies bedeutet, daß die Multiplikationsmöglichkeiten, insbesondere bei internen Nutzenpotentialen, stets besonders kritisch untersucht werden müssen.

Wegweisungen für die Managementpraxis

Multiplikation als Basis der Expansion

Erst die Multiplikation von Geschäftsaktivitäten erlaubt es dem dynamischen Unternehmer und Manager, in neue Dimensionen vorzustoßen. Er hebt sich damit von jenen ab, die nur das große Einmalgeschäft anstreben, und von jenen, die statisch und ideenlos den Besitzstand wahren.

Wirkung

Multiplikation bewirkt Kräftekonzentration, Einfachheit, Erfahrungskurveneffekte sowie Zeitgewinn und setzt damit expansive Kräfte frei. Sie wirkt konzeptualisierend.

Lohnende Multiplikation

Der dynamische Manager strebt vorwiegend die Multiplikation von anspruchsvollen Prozessen oder umfassenden Systemen an. Diese zeichnen sich durch einen hohen Informationsgehalt aus und stiften deshalb mehr Nutzen.

Beginn der Multiplikation

Die Multiplikation hat gegenüber einer auf die Spitze getriebenen Perfektionierung den Vorrang, sobald die ihr zugrunde liegende Geschäftsaktivität im Vergleich zu alternativen Lösungen bereits konkrete Vorteile bietet.

Zügige, konsequente Multiplikation
Eine einmal eingeleitete Multiplikation sollte mit vollem Kräfteeinsatz realisiert werden, mit reißendem Schwung und mit hohem Tempo.

Kein anderes Handelsunternehmen hat es wie die Metro geschafft, innerhalb zweier Jahrzehnte zu den führenden Wettbewerbern in Europa aufzusteigen. Einer der entscheidenden Erfolgsfaktoren war dabei die in hohem Tempo betriebene Systemmultiplikation.

4. Promotoren – Träger der Dynamik

Warum Promotoren?

Gemäß dem Dynamik-Prinzip sind ein oder mehrere unternehmerisch denkende Manager die tragenden Säulen der Unternehmensdynamik. Sie initiieren die Dynamik und nähren den gesamten Führungsprozeß des Unternehmens. Sie sind die eigentlichen Promotoren der Dynamik.

Als Promotor der Dynamik kann jede unternehmerische Führungspersönlichkeit in Erscheinung treten, z. B.:

- Eigentümer-Unternehmer
- Mitglieder oder Präsidenten von Verwaltungs- oder Aufsichtsräten
- Vorstandsvorsitzende, Direktionspräsidenten
- Vorstände, Direktoren
- Angehörige des mittleren oder des unteren Managements

Gemeinsam ist allen diesen Führungskräften, daß sie im Sinne eines modernen Managerverständnisses nicht nur als Administratoren oder Technokraten, sondern vielmehr als unternehmerische Führungskräfte oder Entrepreneurs wirksam sind. Aufgrund eines zukunftsorientierten Dynamik-Verständnisses sind diese Manager gewillt, in neue Dimensionen vorzustoßen.

Im folgenden verzichte ich bewußt darauf, für diese Persönlichkeiten nur einen Begriff wie z. B. Manager zu verwenden. Vielmehr werde ich situationsbezogen von »Unternehmern«, Spitzenkräften, unternehmerischen Führungskräften, Topmanagern oder Managern sprechen. Gemeinsames Merkmal aller ist, daß sie als Dynamik-Promotoren in Erscheinung treten.

Weshalb waren die Schweden so erfolgreich?

Marcus Wallenberg als Spiritus rector

Bei der Suche nach dynamischen europäischen Unternehmen bin ich immer wieder auf schwedische Firmen gestoßen. Mit der Zeit verfestigte sich bei mir der Eindruck, daß die Schweden, gerade was größere Firmen anbelangt, sich ganz besonders durch höchste Dynamik auszeichnen.

Beispiele sind die in der vorliegenden Arbeit untersuchten Firmen Electrolux, ASEA und IKEA. Erwähnenswert ist des weiteren Esselte, eine Firma, die sich im Bereich der Bürokommunikation profilieren konnte. Auch der Erfolg der SAS erregte Aufsehen, das Unternehmen wurde zu einer der erfolgreichsten europäischen Fluggesellschaften, wie auch Tetrapak zum Weltmarktführer für Getränkepackungen wurde; sie konnten hohe Gewinne verbuchen genau wie Atlas Copco, Saab-Scania, SKF, Stora, Volvo.

Der schwedische Erfolg erstaunt um so mehr, als dieses Land weder über eine besonders günstige geographische Lage noch – mit Ausnahme von Eisen – über besonders vorteilhafte Rohstoffquellen verfügt. Zudem waren die wirtschaftspolitischen Rahmenbedingungen infolge des ausgeprägten sozialen Systems alles andere als günstig.

Eine einleuchtende und kompetente Erklärung des wirtschaftlichen Erfolges der Schweden gibt Michael Porter in seiner Untersuchung über die internationale Wettbewerbsfähigkeit von Nationen. Porter gelang es, herauszuarbeiten, daß schwierige Umstände keinesfalls nur negative Folgen haben müssen. Vielmehr zwingen die Erschwernisse zu Höchstleistungen, vor allem auch im Bereich der Innovation. Daraus resultieren nicht unbedeutende internationale Wettbewerbsvorteile.[1] Eine Erkenntnis, die auch in meinem Gespräch mit Hans Wer-

Promotoren sind zukunftsorientierte Unternehmer und Manager, die es verstehen, der Dynamik entscheidende Impulse zu geben. Durch Vision und Tatkraft nähren diese Entscheidungsträger die permanente Umsetzung des Dynamik-Prinzips.

thén, dem Präsidenten von Electrolux, ganz deutlich bestätigt wurde. Dieser äußerte sich zur Internationalisierungsstrategie seiner Firma wie folgt: »Die wirtschaftlichen Möglichkeiten von Electrolux in Schweden waren aufgrund des Sozialstaats derart eingeengt, daß die langfristige Entwicklung des Unternehmens nur durch eine konsequente Internationalisierung sichergestellt werden konnte. Wir hatten keine andere Wahl: Wir mußten unseren Erfolg im Ausland suchen!«

Dieser in der als negativ empfundenen Wirtschaftspolitik begründete Einfluß allein kann jedoch die Dynamik schwedischer Unternehmen bei weitem nicht erklären. Vielmehr hätte er auch zu Resignation und Niedergang führen können, wie wir dies beispielsweise im England der fünfziger und sechziger Jahre erlebt haben. Als viel bedeutsamer erscheint deshalb ein anderer Faktor: die unternehmerische Grundhaltung, die in den Chefetagen schwedischer Unternehmen dominiert. Sie ist in vielen schwedischen Unternehmen durch Tatendrang und Expansionslust, aber auch durch Risikofreude gekennzeichnet.

Triebkraft und Spiritus rector dieser unternehmerischen Einstellung war zweifellos der Industrielle Marcus Wallenberg. Er verstand es, in den sechziger Jahren eine Gruppe von Führungspersönlichkeiten herauszubilden, die als oberstes Ziel eine expansive Entwicklung ihrer Unternehmen anstrebten. In diesem Kreis wurde Dynamik zu einer äußerst starken kulturellen Norm, die auch auf weiter entfernte Kreise in Schweden ausstrahlte. Die im Verlaufe der siebziger und achtziger Jahre erzielten Erfolge verstärkten zweifellos die mit der Dynamik verbundenen unternehmerischen Verhaltensweisen. Es entstand eine breitabgestützte Aufbruchstimmung. Somit liegt eine nicht unbedeutende Ursache des schwedischen Erfolges in den von Marcus Wallenberg induzierten starken, auf Dynamik und Expansion ausgerichteten Normen im sozialen Umfeld begründet.

Die Bedeutung des sozialen Umfeldes

Anhand dieses schwedischen Beispiels wird deutlich, daß Unternehmensdynamik auf einem überbetrieblichen Nährboden entstehen kann. In einer meistens regional lokalisierbaren Gruppe werden Normen und Werthaltungen entwickelt, deren Umsetzung zu einer Dynamisierung der Unternehmen führt. Die diesem zugrunde liegenden Postulate lauten etwa wie folgt:

- Expansives Wachstum betrachten wir als sehr erstrebenswert. Derjenige gilt als erfolgreich, der seinen Umsatz und Gewinn innerhalb relativ kurzer Zeit vervielfacht.
- Wir wollen unsere Aktivitäten globalisieren (und damit multiplizieren).
- Wir wollen bewußt unkonventionelle und unkomplizierte Wege beschreiten.
- Wir sind bereit, große Risiken einzugehen.
- An unserem Erfolg wollen wir hart arbeiten.

Solche in den siebziger und achtziger Jahren in Schweden feststellbaren überbetrieblichen Gruppennormen stehen somit im Gegensatz zu denjenigen konservativer Gruppen, wie wir sie in der Schweiz, der Bundesrepublik Deutschland und auch in anderen Ländern antreffen. Hier gelten eher Stabilität und Sicherheit als dominante Werte. Derjenige wird belohnt, der möglichst wenig Fehler macht. Zudem wird der überdurchschnittlich Erfolgreiche oft voller Neid betrachtet, und die Schadenfreude ist um so größer, wenn der mit vermeintlicher Sicherheit prognostizierte Fehlschlag eintritt.

Die Bedeutung der überbetrieblichen Normen kann nicht hoch genug eingeschätzt werden. Die Geschichte zeigt mit aller Deutlichkeit, daß wichtige Entwicklungen – und ich möchte die Dynamisierung der Wirtschaft unbedingt als solche bezeichnen – immer wieder von bestimmten Gruppen getragen werden und somit in »Clusters« entstehen. Dies gilt in der Geschichte sowohl für die Renaissance in Italien als auch für den Impressionismus in Frankreich. Im wirtschaftlichen Bereich können wir solche Clusters leicht im Silicon Valley ausmachen.

Fast alle wirtschaftlichen Großerfolge lassen sich mit Einzelpersonen identifizieren. Um Personen wie Lee Iacocca, Helmut Maucher oder Akio Morita werden schon zu Lebzeiten Legenden gebildet. Sicher-

Der Erfolg vieler schwedischer Unternehmen ist nicht zuletzt darauf zurückzuführen, daß ausgeprägte Normen im überbetrieblichen Bereich die dynamische Entwicklung der Unternehmen maßgeblich befruchteten und stützten.

lich, in sehr vielen Fällen steht am Anfang der Dynamik tatsächlich ein begnadeter Unternehmer, der dank seiner Einsicht, Vision, aber nicht zuletzt auch wegen seiner Tatkraft und seines Durchsetzungsvermögens bedeutende Organisationen aufgebaut hat. Ist aber ein dynamisches Unternehmen ausschließlich das Werk eines einzelnen?
Interessanterweise haben in meinen Gesprächen viele Unternehmer darauf hingewiesen, daß Dynamik immer durch ein eingeschworenes Team erzeugt wird. Nach ihrer Meinung wird – dem menschlichen Bedürfnis nach Vereinfachung folgend – der Erfolg im nachhinein einer Person zugeschrieben, und zwar sowohl von der Wirtschaftspresse als auch von den Führungskräften und Mitarbeitern.
Wer somit echter Unternehmer und Dynamik-Promotor ist, kann keinesfalls schematisch festgelegt werden. Folgende idealtypischen Fälle sind denkbar:

- Dynamik-Promotor ist eine Einzelpersönlichkeit, die aus innerem Antrieb Dynamik entfaltet.
- Dynamik-Promotor ist ein Individuum, das aufgrund seiner Beziehungen zur sozialen Umwelt Dynamik verursacht (siehe dazu das oben aufgeführte schwedische Beispiel).
- Dynamik-Promotoren sind Mitglieder einer ganzen Führungsgruppe, welche die mit der Dynamik verbundenen Werthaltungen im Sinne von Gruppennormen entwickeln und als Handlungsmaxime verfolgen.

Mithin können sowohl Einzelpersönlichkeiten als auch Führungsgruppen als Dynamik-Promotoren in Erscheinung treten. Die im sozialen Beziehungsgeflecht stattfindenden Prozesse bestimmen unter anderem die Motive und das Verhalten der Dynamik-Promotoren.

Der Promotor im Spannungsfeld von Persönlichkeit und Situation

Persönlichkeit und Anspruchsniveau

Gleich zu Beginn möchte ich festhalten: Idealtypische Merkmale des Dynamik-Promotors gibt es nicht. Genauso wie Kotter festgestellt hat, daß erfolgreiche General Managers recht unterschiedliche Persönlichkeitskennzeichen aufweisen,[2] genauso kann dies in bezug auf Dynamik-Promotoren festgestellt werden. Der kürzlich verstorbene Architekt der finnischen Nokia, Kari Kairamo, galt als äußerst aktiver Unternehmensleiter und wurde dementsprechend von seinen Mitarbeitern treffend »der Turbo« genannt. Demgegenüber gilt Dr. Curt Nicolin, der nicht minder erfolgreiche Präsident von ASEA, eher als ruhig und wohlbedacht, in seinen Aktionen jedoch als sehr tatkräftig.

Die eingangs formulierte einschränkende Aussage bedeutet im Umkehrschluß nun keinesfalls, daß es so etwas wie unternehmerspezifische Persönlichkeitsmerkmale und Fähigkeiten nicht gäbe. Seit dem Beginn des 20. Jahrhunderts etablierte sich eine ganze Forschungsrichtung, die in der klassischen Version der Eigenschaftstheorie davon ausgeht, daß »... Führung durch besonders hervorstechende Eigenschaften des Führers zustande kommt, die situations-, aufgaben- und gruppenunabhängig wirksam sind«.[3] In den letzten Jahren haben sich im angelsächsischen Raum weitere Untersuchungen mit dieser Thematik befaßt. Zu erwähnen sind die Publikationen von Bennis und Nanus, Boyatzis, Hornstein, Kotter, Kouzes und Posner oder Moss Kanter. Diese Autoren führen unter anderem folgende Schlüsselfähigkeiten auf, die auf Dynamik-Promotoren wie folgt umformuliert werden könnten:[4]

- Dynamik-Promotoren verstehen es, Visionen zu entwickeln und zu kommunizieren. Sie konzentrieren ihre Aufmerksamkeit auf die geistigen und emotionellen Ressourcen der Organisation.

Eine definierbare Gesamtpersönlichkeit des Dynamik-Promotors gibt es nicht. Allen Promotoren gemeinsam ist jedoch, daß sie ihre anspruchsvollen Zielsetzungen erreichen, indem sie ihr Führungsverhalten der jeweiligen Situation anpassen.

- Dynamik-Promotoren initiieren aktiv Veränderungen. Sie sind bereit, zu experimentieren und Risiken einzugehen.
- Dynamik-Promotoren modellieren den Entwicklungspfad ihres Unternehmens. Sie setzen Visionen in konsistentes Handeln um und führen »by doing«.
- Dynamik-Promotoren besitzen die Fähigkeit, kohäsive Führungsteams zusammenzustellen. Sie beziehen ihre Führungspartner aktiv in die Entscheidungsfindung und -durchsetzung ein. »Führungskräfte geben ihren Mitarbeitern das Gefühl, Eigentümer statt angeheuerte Sachbearbeiter zu sein.«[5]
- Dynamik-Promotoren sind »social architects«. Durch ihre Kommunikationsfähigkeit prägen sie die Kultur ihres Unternehmens nachhaltig. Ihre Entscheidungen setzen sie oft indirekt durch, indem sie ein Netzwerk kooperativer Beziehungen um sich herum aufbauen.
- Dynamik-Promotoren verfügen über ausgeprägte konzeptionelle Fähigkeiten, die es ihnen ermöglichen, vage Ideen und Zielvorstellungen in kohärentes Handeln umzusetzen.
- Dynamik-Promotoren sind aktionsorientiert. Karl Weick von Cornell formuliert diese Grundhaltung wie folgt: »Chaotische Aktion ist geordnetem Nichtstun vorzuziehen.«[6]

Weil sich die Forschungsansätze der oben zitierten Autoren der Eigenschaftstheorie zuordnen lassen, müssen wir ihre Aussagen relativieren. Die heutige Führungstheorie zweifelt zu Recht daran, daß sich Erfolge unabhängig von der unternehmerischen Situation, den politischen Rahmenbedingungen und nicht zuletzt von Glück und Zufall auf einige wenige Persönlichkeitsmerkmale zurückführen lassen.[7] Aufgrund meiner eigenen Untersuchungen möchte ich sehr wohl annehmen, daß der starke Wille, in neue unternehmerische Dimensionen vorzustoßen, ein oft feststellbares Merkmal von Dynamik-Promotoren ist. Die meisten zeichnen sich somit durch ein recht hohes Anspruchsniveau hinsichtlich der zu erreichenden Ziele aus.

Interessant ist, daß mich eine Reihe von Spitzenkräften dynamischer Unternehmen darauf hingewiesen hat, daß das expansive Wachstum keinesfalls als Hauptziel angestrebt werde. Selbstverständlich ist regelmäßig eine Bereitschaft vorhanden, die Expansionsmöglichkeiten auszuschöpfen, aber eine expansive Dynamik wird nicht als Selbstzweck betrachtet. Man sieht den Grund dafür vielmehr in der Tatsache, daß die Leistungen des Unternehmens nachgefragt werden, und darin, daß Wachstum aus der Leistung selbst generiert wird – Wachstum wird als Honorierung der Unternehmensleistungen durch die Bezugsgruppen verstanden. Diese Grundhaltung herrscht beispielsweise bei Hanson PLC, Cartier oder Amexco vor. Sie und viele andere Firmen akzeptieren ein Wachstum nur, solange die relativ hohen Ertragsansprüche gewährleistet sind.

Die zwei hier geschilderten Grundhaltungen stehen mit dem Nutzenpotential in engem Zusammenhang. Im ersten Fall hat der Dynamik-Promotor das vom Unternehmen zu erschließende Nutzenpotential noch nicht oder erst vage erkannt. Ausgangspunkt der Dynamik ist der Wille, etwas Großes und Einmaliges zu schaffen. Dieser Wille veranlaßt den Promotor, nach Nutzenpotentialen zu suchen, die ihm die Expansion ermöglichen. Dabei kann es durchaus dazu kommen, daß mehrere »Anläufe« genommen werden müssen, bis das den Wünschen des Promotors entsprechende Nutzenpotential gefunden wird. Ein typisches Beispiel ist Moritz Suter, Gründer der Crossair AG. Suter startete im Jahre 1976 ein Lufttaxiunternehmen. Zwei Jahre später versuchte er es mit einer Firma für Flugzeugleasing. In beiden Fällen blieb der große Durchbruch aus. Suter initialisierte deshalb ein drittes New-Venture, diesmal mit der Gründung einer Regionalfluggesellschaft, der Crossair. Erst jetzt stieß er auf ein tatsächlich hochattraktives Nutzenpotential, das er in der Folge mit großem Talent erschlossen hat.

Im zweiten Fall ist normalerweise das Nutzenpotential genau definiert, und es liegt sogar eine Problemlösung zu dessen Erschließung vor. Der Dynamik-Promotor denkt anfangs nur am Rande an eine expansive Entwicklung und wird von der plötzlich einsetzenden Dynamik mitgerissen. Bill Bowerman erkannte beispielsweise als erfahrener Leichtathletiktrainer zu Beginn der sechziger Jahre, daß das

Viele Promotoren sehen in der Expansion keinen Selbstzweck, sondern halten Wachstum nur dann für sinnvoll, wenn damit der Nutzen für die Bezugsgruppen entscheidend gesteigert werden kann. Dies ist Sinn und Zweck ihres Handelns.

Schuhmaterial für Hochleistungssportler völlig ungenügend war: Fußbeschwerden und Sport gehörten scheinbar untrennbar zusammen. Er machte sich nun selbst daran, das Problem zu lösen und entwarf zuerst ausschließlich für seine Schützlinge Modelle mit leichteren Sohlen, die dennoch den Sportlerfuß besser stützten und stabilisierten. Diese Schuhe machten sich in Sportlerkreisen rasch einen Namen. Philip Knight, ein ehemaliger Schüler Bowermans, beschloß sodann nach seinem Studium, ein Vertriebssystem für Bowermans Schuhidee aufzubauen. Seine Firma mit Bowerman als Partner wurde 1971 in Nike Inc. (nach der griechischen Siegesgöttin) umbenannt. Die für wenige Athleten entworfene Problemlösung fand reißenden Absatz, so daß sich die Nike Inc. in ein dynamisches Wachstum hineingezwungen sah. Nike expandierte somit, weil seine Gründer unversehens ein äußerst attraktives Nutzenpotential entdeckt hatten, ohne daß Bowerman und Knight von vornherein und um jeden Preis ein Milliardenunternehmen aufbauen wollten.
Zusammenfassend gilt, daß zwei sich durch unterschiedliche Anspruchsniveaus auszeichnende Promotorengruppen existieren. Die erste Gruppe strebt Expansion aus einem inneren Drang heraus an, sie will a priori etwas Großes schaffen. Im zweiten Fall ergibt sich Expansion aus einer profilierten Unternehmensleistung. Die zweite Gruppe besteht aus weniger erfolgsbesessenen Promotoren, denen ein genau definiertes Konzept zur Erschließung vorgegebener, attraktiver Nutzenpotentiale zur Verfügung steht und die ebendeshalb reüssieren.

Handlungsspielraum

Ein weiterer wichtiger Einflußfaktor, der die Handlungsmöglichkeiten des Unternehmers und Dynamik-Promotors bestimmt, ist seine hierarchische Stellung und die damit verbundene Handlungsautonomie. So kann z. B. ein Alleinaktionär, der gleichzeitig als Präsident und Delegierter des Verwaltungsrates (CEO) amtiert, Dynamisierungsmaßnahmen in fast beliebigem Umfang in die Wege leiten. In einer Publikumsgesellschaft müssen dagegen immer auch die Interessen bestimmter Aktionärsgruppen mitberücksichtigt werden. Noch eingeschränkter sind die Möglichkeiten eines Direktionspräsidenten, der sowohl Verwaltungsrat als auch Direktionsangehörige von seinen Intentionen überzeugen muß. Aus dieser Sicht heraus sind auch die Handlungsmöglichkeiten eines Verwaltungsratspräsidenten, der eine für die Operationen verantwortliche Geschäftsleitung eingesetzt hat, begrenzt, da er sich nicht willkürlich über das Dienstwegprinzip hinwegsetzen kann.

Noch eingeschränkter sieht die Situation für unternehmerische Dynamik-Promotoren im mittleren Management aus, insbesondere wenn diese in statischen Unternehmen tätig sind. Der begrenzte Wirkungsspielraum zwingt hier zu Handlungsweisen, auf die ich noch speziell eingehen werde.

Nutzenpotential

Die Aktivitäten des Unternehmers werden schließlich maßgeblich von einem weiteren Faktor beeinflußt: der Positionierung in bezug auf Nutzenpotentiale.

Es geht hier um die Frage, ob das entsprechende Unternehmen bereits ein Leistungskonzept gefunden hat, das eine dynamische Expansion erlaubt. In dieser glücklichen Lage befand sich beispielsweise Ray Kroc. Im Jahre 1955 konnte er das von den Brüdern McDonald entwickelte Konzept des Fast-Food-Restaurants übernehmen und mit der Expansion mittels Franchise beginnen. Das Marktpotential und das Konzept zu dessen Erschließung (die McDonald's-Restaurants, aber auch das Franchisekonzept) waren vorhanden. Die große Leistung von Kroc bestand darin, daß er sich auf die Multiplikation der Restaurants konzentrierte und sie zügig realisierte. Er konnte eine gezielte Expansionsstrategie verfolgen.

In vielen Fällen sind jedoch kaum mehr Nutzenpotentiale erkennbar, geschweige denn vorhanden. Dies trifft für viele Turnaround-Situationen zu. Beispielsweise generierte die bürokratische SAS Ende der siebziger Jahre kaum mehr Nutzen. Der zu jener Zeit neu berufene Chef Jan Carlzon mußte zuerst ein neues Nutzenpotential suchen und

Der Stil des Promotors wird von seinem persönlichen – in der Regel hohen – Anspruchsniveau sowie von seiner Handlungsautonomie beeinflußt. Sein Führungsverhalten ist zudem von den zur Verfügung stehenden Nutzenpotentialen abhängig.

ein geeignetes Lösungskonzept entwickeln. Er konzentrierte sich auf das attraktive Marktpotential im Geschäftsreisesektor. Seine Idee war es, dieses mit einer neuen Leistung, der Business-Class, zu erschließen. Zu diesem Zweck konzipierte Carlzon ein integriertes System von Leistungen, das vom Hotel-Check-in bis zu Business-Lounges reichte.[8] Erst als dieses neue Konzept vorlag, konnte das Unternehmen wieder expandieren. Der Umsatz stieg von 10 Mrd. skr im Jahre 1981 auf 22 Mrd. skr im Jahre 1986. Wurde 1981 noch ein Verlust von 51 Mio. skr geschrieben, so konnte das Unternehmen im Jahre 1986 einen Gewinn von 1,5 Mrd. skr ausweisen.

Oft sieht sich auch der klassische Eigentümer-Unternehmer mit dem Problem eines unbefriedigenden Nutzenpotentials konfrontiert, und ein erstes Vorhaben zur Verbesserung der Situation endet im Mißerfolg. Beispielsweise startete der erfolgreiche Unternehmer und heute einzige Reifenproduzent der Schweiz, Fritz Maurer, zuerst als Kaffeeröster. In den dreißiger Jahren wurde aber das Röstgeschäft immer schwieriger, das Nutzenpotential schwand dahin. Als mutiger Unternehmer wechselte Fritz Maurer völlig unvoreingenommen auf die Produktion von Reifen, erkannte er doch zu Recht, daß der zunehmende Bedarf an Rüstungsgütern vor Ausbruch des Zweiten Weltkrieges ein interessantes Nutzenpotential darstellte. In den Kriegsjahren war er denn auch in der Lage, dieses erfolgreich zu erschließen.

In einer Situation, in der kaum nennenswerte Nutzenpotentiale vorhanden oder erkennbar sind, muß der Unternehmer und Dynamik-Promotor offensichtlich andere Führungskonzepte realisieren, als dies in Unternehmen der Fall ist, denen große Potentiale zur Verfügung stehen. Das Vorhandensein oder Nichtvorhandensein von Nutzenpotentialen bestimmt somit maßgeblich die Handlungsmöglichkeiten des Unternehmers.

Aufgrund der obigen Feststellungen erkennen wir, daß neben allgemeinen unternehmerischen Persönlichkeitsmerkmalen drei Faktoren die Handlungsweisen der Unternehmer beeinflussen, nämlich

- das Anspruchsniveau,
- die hierarchische Stellung und

- das Nutzenpotential.

Je nach Ausgangslage stehen dem unternehmerischen Dynamik-Promotor fünf idealtypische Handlungsweisen – isoliert oder in Kombinationen – offen:

- coachen,
- pushen,
- beschleunigen,
- ausschöpfen,
- infiltrieren.

Dynamisierungsstile der Promotoren

Dynamisierungsstil 1: »Coachen«

Als Präsident des Verwaltungsrates der ASEA AG und einer Reihe weiterer Firmen (z. B. SAS) war Dr. Curt Nicolin kaum in der Lage, die Dynamisierung der von ihm geleiteten Firmen auf operationeller Ebene vorzunehmen. Dazu fehlten sowohl die Zeit als auch die für die ausführende Ebene erforderlichen Detailkenntnisse. Im übrigen ist nach schwedischem Recht die operationelle Führung auch nicht Aufgabe des Verwaltungsratspräsidenten, denn es besteht eine scharfe Trennung der Ämter des Präsidenten und des Vorstandes. Die Möglichkeiten einer direkten Einwirkung auf das Unternehmen waren somit begrenzt, obgleich Nicolin als Präsident des Verwaltungsrates über eine starke hierarchische Stellung verfügte.

Die Dynamisierung der ASEA entpuppte sich als alles andere als ein leichtes Unterfangen, war das Unternehmen doch kaum mehr in attraktiven Märkten tätig. Eine relative Umsatzstagnation in den siebziger Jahren und insbesondere eine starke Abnahme der Rentabilität deuteten vielmehr darauf hin, daß die mit den damaligen Aktivitäten erschlossenen Nutzenpotentiale schwanden.

Dr. Curt Nicolin sah sich mit nachstehend skizzierter Ausgangslage konfrontiert:

Grundsätzlich stehen dem Promotor fünf unterschiedliche Handlungsweisen offen: coachen, pushen, beschleunigen, ausschöpfen, infiltrieren. Die Kunst besteht darin, die jeweils angemessene Rolle kompetent wahrzunehmen.

- Es dominierte ein sehr hohes Anspruchsniveau, das in den von Marcus Wallenberg geprägten kulturellen Werten begründet war.
- Er selbst verfügte als Präsident des Verwaltungsrates über eine starke hierarchische Stellung.
- Die Möglichkeiten zur persönlichen Einflußnahme auf der operationellen Ebene konnten als gering eingeschätzt werden.
- Es war kein unmittelbar bedeutendes Nutzenpotential ersichtlich.

Angesichts dieser Parameter mußte Dr. Nicolin auf einen Dynamisierungsstil zurückgreifen, der grundsätzlich durch ein indirektes Vorgehen gekennzeichnet ist. In erster Linie galt es, einen Chef einzusetzen, der die operationelle Dynamisierung in die Wege leitete und durchsetzte. Diesen Chef fand Dr. Nicolin 1980 in der Person von Percy Barnevik, und in der folgenden Zeit entwickelte sich eine äußerst fruchtbare Zusammenarbeit zwischen den beiden. Curt Nicolin konzentrierte sich darauf, den für die Dynamisierung erforderlichen Freiraum zu schaffen und schirmte Percy Barnevik vor unerwünschten Einflußnahmen und Kritiken ab. Im weiteren sorgte er für eine hohe Motivation des operationellen Managements.

Aus diesem Beispiel ergeben sich die Handlungsweisen, die beim Dynamisierungsstil des »Coachens« angewendet werden:

- Erstens steht und fällt die Dynamisierung mit der auf operationeller Ebene eingesetzten Führungspersönlichkeit. Deshalb kommt der Auswahl und dem Einsatz dieser Person allergrößte Bedeutung zu. Die beachtliche Leistung von Dr. Curt Nicolin bestand denn auch darin, mit Percy Barnevik eine geeignete Führungspersönlichkeit zu finden und zu verpflichten. Daß er im Rahmen seiner anderen Verwaltungsratsmandate ebenso erfolgreich war – z. B. mit dem Einsatz von Carlzon bei SAS oder von Eskilsson bei ESAB, dem weltführenden Hersteller von Schweißmaschinen –, sei nur noch der Vollständigkeit halber erwähnt.
- Zweitens besteht die Hauptaufgabe beim Coaching in der Abschirmung des operationellen Managements vor störenden Einflüssen.

Insbesondere geht es darum, die immer vorhandenen Kritiker und Zweifler zu überzeugen und, wenn dies nicht gelingt, sie von dem operationellen Chef fernzuhalten, damit sich dieser vollumfänglich der eigentlichen Dynamisierung zuwenden kann.

- In dritter Hinsicht gilt es, in persönlichen Gesprächen die Motivation des operationellen Chefs und seines Kaders sicherzustellen. Diese Aufgabe darf nicht unterschätzt werden. Mit der Dynamisierung sind immer wieder Rückschläge verbunden, die verkraftet werden müssen. Es ist eine wichtige Aufgabe des Coachs, die hier erforderliche moralische Unterstützung zu gewähren. Zur Motivation gehören ferner leistungsbezogene Anreize, welche den Erfolg des operationellen Managements honorieren; insoweit sind beim Coaching die erforderlichen Voraussetzungen zu schaffen.

Unser obiges Beispiel ist dadurch gekennzeichnet, daß attraktive Nutzenpotentiale nicht direkt erkennbar waren. Das muß natürlich nicht immer so sein, im Gegenteil: Bei klar ersichtlichen Nutzenpotentialen wird das Coaching wesentlich einfacher. Es verwundert deshalb nicht, daß wir das Coaching als spezifischen Dynamisierungsstil noch recht oft antreffen.

Besondere Probleme ergeben sich im Zusammenhang mit dem Generationenwechsel, und zwar insbesondere bei Familienunternehmen. Hier treffen wir oft den Fall an, daß eine starke Unternehmerpersönlichkeit über Jahre hinweg die dynamische Entwicklung der Firma mit großer Tatkraft gefördert hat. Von einem bestimmten Zeitpunkt an muß sich diese aus Altersgründen immer mehr auf den Dynamisierungsstil des Coachens beschränken, was oft ein hohes Maß an Selbstüberwindung voraussetzt.

Diese Aufgabe wurde mit enormem Geschick von Professor Martin Hilti, dem Konzernchef der Hilti-Gruppe, gemeistert. Zum richtigen Zeitpunkt hat er seinem Sohn Michael Hilti und seinem weiteren Vorstand das Vertrauen geschenkt und die erforderlichen Freiräume für eine zukunftsorientierte Unternehmensgestaltung geschaffen. Er konzentrierte seine Tätigkeit darauf, als Integrationsfigur aus übergeordneter Warte die Geschicke des Konzerns zu leiten. Die gerade in

Beim Coachen ist die vorrangige Aufgabe des Promotors, die geeigneten Manager seines Unternehmens mit großem Geschick auszuwählen. Eines seiner wichtigsten Anliegen besteht darin, diese zu motivieren und gegenüber aller Unbill abzuschirmen.

jüngster Zeit erzielten hervorragenden Resultate der Hilti-Gruppe bestätigen die Richtigkeit des Vorgehens. Die positiven Ergebnisse kommen übrigens nicht nur in hohen Wachstumsziffern und überdurchschnittlichen Erträgen zum Ausdruck, sondern auch im Aufbau einer starken Führungsmannschaft.

Dynamisierungsstil 2: »Pushing«

Eine ganz andere Situation haben wir, wenn die unternehmerische Führungskraft unmittelbar auf die operative Ebene Einfluß nehmen kann, indem sie als Direktionspräsident, Vorstandsvorsitzender, CEO oder PDG die Firmengeschicke leitet. Ihre starke hierarchische Stellung gibt ihr die notwendige Handlungsfreiheit, die zur Dynamisierung erforderlich ist. Der Dynamisierungsstil wird hier maßgeblich von der Konfiguration in bezug auf Nutzenpotentiale determiniert. Beim Pushing gehen wir davon aus, daß diese kaum oder nur in beschränktem Ausmaß vorhanden sind.
Mit dieser Situation sah sich Kari Kairamo von Nokia Mitte der siebziger Jahre konfrontiert. Er wurde Chef eines Konglomerats, das vorwiegend in reifen Geschäftsfeldern aktiv war: Nokia war 1975 ein Konzern, der in traditionellen Aktivitäten wie Kabel-, Reifen- und Papierherstellung tätig war und damals einen Umsatz von knapp 2 Mrd. Finnmark erzielte. Kairamo begnügte sich keinesfalls mit einer Optimierung der bisherigen Geschäftsaktivitäten. Sein sehr hohes Anspruchsniveau bewegte ihn vielmehr dazu, in neue Dimensionen vorzustoßen. Basis dazu waren die damals recht begrenzten Aktivitäten von Nokia in der Herstellung von Funkgeräten. Diese stellten die synergetische Grundlage für eine äußerst dynamische Expansionspolitik im Elektroniksektor dar, die dazu führte, daß das Unternehmen innerhalb von zwölf Jahren den Umsatz auf 21,5 Mrd. Finnmark mehr als verzehnfachte.
Diese Expansion wurde vornehmlich durch die Akquisition von Elektronikfirmen bewerkstelligt, die sowohl in Wachstumsmärkten als auch in eher stagnierenden Bereichen tätig waren. Zu letzteren sind die erworbenen Fernsehhersteller wie Salora in Finnland, Luxor in

Schweden und Oceanic in Frankreich zu zählen. Hier war das marktbezogene Nutzenpotential bescheiden. Kairamo mußte deshalb die Dynamisierung durch intensivste persönliche Einflußnahme sicherstellen.

Die wichtigsten Vorgehensweisen des Dynamisierungsstils »Pushing« können wie folgt zusammengefaßt werden:

- Einsatz neuer Führungskräfte. Kairamo setzte für viele herausfordernde Managementaufgaben neue, teils sehr junge, »hungrige« Manager ein. Dieses »frische Blut« bewirkte, daß die anspruchsvollen Aufgaben rasch, unkompliziert und mit großer Kreativität angegangen wurden. Vor allem konnten auf diese Weise überholte Sachzwänge überwunden werden.
- Intensive persönliche Einflußnahme. Beispielsweise rief Kairamo seine Schlüsselleute zu jeder Tages- und Nachtzeit und selbstverständlich auch während des Wochenendes an.
- Vorgabe von anspruchsvollen Zielen. Kari Kairamo setzte seine anspruchsvollen Restrukturierungs- und Ertragsziele durch intensive persönliche Kontakte und eine konsequente Erfolgskontrolle durch.

Die Dynamisierung erfolgt somit derart, daß der Promotor durch Einwirken von oben eine oft statische Organisation in Bewegung zu versetzen vermag. Pushing wird deshalb vor allem in Unternehmen oder Branchen eingesetzt, bei denen attraktive Nutzenpotentiale nur in beschränktem Umfang erkennbar sind oder erschlossen werden können. Die Dynamik-Erzeugung hat hier zum Zweck, aus einer existierenden Geschäftsaktivität das Optimum herauszuholen und mit höchstem Einsatz neue Nutzenpotentiale fruchtbar zu machen.

Dynamisierungsstil 3: »Beschleunigen«

Mit einer ganz anderen Situation ist der Unternehmer dann konfrontiert, wenn attraktive Nutzenpotentiale schon vorhanden sind. In einer derartigen Lage befand sich Hans Werthén von Electrolux im Jahre 1967. Damals bekundeten zwar viele lokale Weißwarenhersteller ihren guten Willen, aber sie verfolgten ihre Ziele nicht ernsthaft

Pushing als Grundverhaltensweise des Dynamisierungsstils kommt dann zur Anwendung, wenn die Nutzenpotentiale des Unternehmens eher unattraktiv sind, aber dennoch mit großem Krafteinsatz eine dynamische Neuorientierung angestrebt wird.

genug, und oft fehlte es auch an den Mitteln, um beim Strukturwandel der Branche mitzuhalten. Demgegenüber besaß Electrolux das für eine Restrukturierung erforderliche Managementpotential sowie das notwendige Produktions- und Marketing-Know-how. Zudem stand – wenn auch eher in beschränktem Umfang – das erforderliche finanzielle Potential zur Verfügung. Electrolux hatte somit alle Voraussetzungen, um das recht umfangreiche Nutzenpotential zu erschließen, das sich in der Form von übernahmebereiten Weißwarenherstellern abzeichnete.

Diese Chancen manifestierten sich auch darin, daß die Übernahmen von Electrolux selbstverstärkend wirkten: Je mehr Firmen akquiriert wurden, desto mehr sprachen sich die Übernahmeabsichten von Electrolux herum, und desto häufiger wurden Kaufangebote unterbreitet. Hans Werthén war somit in einer völlig anderen Lage als Kari Kairamo: Er mußte nicht primär durch persönliche Einflußnahme Dynamik erzeugen, vielmehr bestand seine Aufgabe darin, die Firmenübernahmen im richtigen Rhythmus zu vollziehen.

Zu betonen ist nochmals, daß Hans Werthén ein sehr hohes Anspruchsniveau hatte und damit gewillt war, ein hohes Expansionstempo zu realisieren. Zudem erlaubte es seine starke hierarchische Stellung als Vorstandsvorsitzender und später als Präsident, die Dynamisierung durch eigene Einflußnahme zu fördern, dadurch befand er sich in einer idealen Ausgangslage, um den Nutzen für alle Bezugsgruppen multiplikativ zu erhöhen, was ihm auch in den 22 Jahren seiner Tätigkeit auf breiter Basis gelang.

Mit einer ähnlichen Problemlage mußten sich in den siebziger oder frühen achtziger Jahren auch andere Chefs der von mir analysierten Firmen auseinandersetzen. Moritz Suter von Crossair erkannte 1978 das Nutzenpotential, das für eine Regionalfluggesellschaft in Zentraleuropa offenstand. Seit 1979 konnte er nicht weniger als 20 Flugstrekken neu aufnehmen. Ingvar Kamprad verfügte mit seinen IKEA-Möbelgeschäften über ein Vertriebskonzept, das im Vergleich zu anderen damaligen Distributionsformen einen substantiellen Mehrnutzen generierte. Auch hier war es möglich, dank des hohen Nutzenpoten-

tials innerhalb der letzten 14 Jahre über 70 neue Möbelhäuser zu eröffnen.
Bei diesen Beispielen lag in jedem Fall ein großes, jedoch unzureichend erschlossenes Nutzenpotential vor. Der Firmenchef hatte dieses erkannt und war infolge seines hohen Anspruchsniveaus gewillt, dieses vollumfänglich zu erschließen. Zu diesem Zweck wendete er einen spezifischen Dynamisierungsstil an, den wir im folgenden kurz betrachten.
Das Hauptproblem des Unternehmers besteht bei der hier beschriebenen Ausgangslage darin, das erkannte Potential so rasch wie möglich für sich zu nutzen, geht es doch darum, die wichtigen strategischen Erfolgspositionen vor den Wettbewerbern zu besetzen. Der Faktor Zeit wird somit zu einer zentralen Bestimmungsgröße. Deshalb muß das Hauptanliegen des Dynamik-Promotors darin bestehen, die auf die Erschließung des Nutzenpotentials ausgerichteten Aktivitäten zu beschleunigen, denn der Dynamisierungsstil insgesamt wird dadurch geprägt.
Ein weiteres Charakteristikum des »Beschleunigens« ist die direkte Einflußnahme des Unternehmers. Um Zeit zu gewinnen, ist sein Führungsstil durch das Ausnahmeprinzip bestimmt: Dort, wo das Geschäft funktioniert, läßt er dem Geschehen freien Lauf, dort, wo Schwierigkeiten auftauchen, greift er ein. Letzteres wird allerdings nur in beschränktem Umfang erforderlich sein, weil ja ein klar definiertes und erkennbares Nutzenpotential ausgeschöpft werden soll. Die Umwelt nimmt sodann die Unternehmensleistungen positiv auf, womit sich die Aufgabenerfüllung wesentlich vereinfacht.
Im weiteren ist der Dynamisierungsstil der Beschleunigung natürlich auch durch anspruchsvolle Zielsetzungen und deren rigorose Durchsetzung charakterisiert. Expansion ist infolge des hohen Anspruchsniveaus ein zentrales Anliegen und wird bewußt verfolgt. Dazu werden auch sämtliche zur Verfügung stehenden Motivationsmittel eingesetzt wie Incentives in Form von Umsatz- und Gewinnbeteiligungen, durch die der Promotor die wichtigen Führungskräfte materiell und ideell interessiert.

Voraussetzung für ein Beschleunigen ist das Vorhandensein attraktiver Nutzenpotentiale. In dieser idealen Situation schöpft der Promotor unter Einsatz aller Motivationsmittel mit besonderem persönlichem Einsatz alle sich daraus ergebenden Chancen aus.

Dynamisierungsstil 4: »Ausschöpfen«

Der vierte Dynamisierungsstil greift dann, wenn ein sehr gewichtiges Nutzenpotential erkannt und erschlossen wird und gleichzeitig aber das Anspruchsniveau weniger ausgeprägt ist. Eine Expansion wird somit kaum aus innerem Drang verfolgt.

Diese Situation traf für Jerry Kohlberg zu. Mit seiner Finanzinnovation des Leveraged Buyouts (LBO) hat er ein Lösungskonzept für die Erschließung eines der interessantesten Nutzenpotentiale des ausgehenden 20. Jahrhunderts entwickelt. In der Folge wurden ihm und seinen Partnern in der Finanzgesellschaft Kohlberg, Kravis, Roberts (KKR) innerhalb von kürzester Zeit Fondsmittel in Milliardenhöhe zur Verfügung gestellt. Jerry Kohlberg selbst verfolgte jedoch nie eine Expansionspolitik um der Expansion willen. Vielmehr war dieses Resultat einer Eigendynamik, die durch das folgende große Nutzenpotential ausgelöst wurde: Weil die Kapitalanleger die Gewinnmöglichkeiten bei LBO-Fonds erkannten, stellten sie bereitwillig und ohne große Akquisitionsanstrengungen von seiten der KKR enorme Finanzmittel zur Verfügung. Diese veranlaßten Kohlberg wiederum, nach Übernahmekandidaten Ausschau zu halten und neue Buyouts zu tätigen.

Es ist für Kohlberg bezeichnend, daß er letztlich aus der von ihm gegründeten Firma KKR austrat, als die Expansionspolitik seiner Partner Kravis und Roberts Dimensionen annahm, die mit seinem Anspruchsniveau nicht mehr im Einklang standen.

Aus diesem Beispiel lernen wir, daß es durchaus Situationen gibt, in denen auch ein ungeahntes Nutzenpotential entdeckt werden kann. In einem solchen Fall sollte sich der Dynamik-Promotor damit begnügen, die vorhandenen Möglichkeiten einfach in einem ihm vertretbar erscheinenden Ausmaß auszuschöpfen. Im Gegensatz zum Beschleunigen hat dieses Ausschöpfen eine passive Grundnote. Dies kann sogar so weit gehen, daß die Expansion bewußt gedrosselt wird, was beispielsweise bei der Firma Cartier festzumachen ist, die neue Juweliergeschäfte nur noch sehr selektiv eröffnet.

Der Dynamisierungsstil des Ausschöpfens ist deshalb in erster Linie durch ein Wirkenlassen der expansiven Kräfte gekennzeichnet. Der Dynamik-Promotor sorgt dafür, daß die Expansion die Kräfte des Unternehmens nicht überschreitet. Hauptelemente seines Führungsverhaltens sind Delegation und Überwachung der Marschrichtung sowie der finanziellen Kerndaten.

Dynamisierungsstil 5: »Infiltrieren«

Dynamik-Promotoren können nicht nur Führungskräfte der oberen Ebene sein. Vielmehr muß diese Rolle von jedem modernen Manager ausgeübt werden können. Besonders in bürokratisierten Unternehmen kommt es immer wieder vor, daß das obere Management eher bremst, jedoch einige (oft jüngere) Chefs des mittleren Bereichs durchaus ein hohes Anspruchsniveau haben und somit eine Expansion anstreben. In vielen Fällen erkennen oder ahnen sie interessante Nutzenpotentiale, die jedoch vom statischen Topmanagement ignoriert werden.

Sicherlich sind in einem solchen Fall die Voraussetzungen für eine Dynamisierung weniger günstig, gleichwohl besteht jedoch keinerlei Anlaß zur Resignation. Die wichtigste Aufgabe liegt hier vielmehr darin, durch ein geschicktes Vorgehen den Dynamisierungsprozeß schrittweise in Gang zu setzen. Wie in einem konkreten Beispiel vorgegangen wurde, soll eine kurze Skizze erläutern.

Die deutsche Niederlassung eines US-Konzerns wurde von einem Vorstandsvorsitzenden geleitet, der sich hauptsächlich auf die Erhaltung des Status quo der erreichten Positionen konzentrierte. Sein Unternehmen verlor infolgedessen zusehends an Marktanteilen, und der Umsatz stagnierte. Der Marketingleiter, der technische Leiter und der Personalchef, alles jüngere Manager, wollten sich mit dieser frustrierenden Situation nicht zufriedengeben und die beachtlichen Marktchancen im Rahmen eines expansiven Wachstums gezielt ausnützen. Der Vorstandsvorsitzende besaß aber nach wie vor eine sehr starke Stellung, da er in der Vergangenheit erfolgreich gewirtschaftet hatte. In den USA galt er sogar immer noch als »Mr. Profit« schlechthin – eine Tatsache, die sein »Ausschalten« zur Utopie werden ließ. Die drei

In seltenen Fällen mag es zutreffen, daß dem Promotor höchst attraktive Nutzenpotentiale zur Verfügung stehen. Seine Rolle beschränkt sich in diesem Fall darauf, als Katalysator die Expansion eher passiv zu fördern und die expansiven Kräfte wirken zu lassen.

jüngeren Führungskräfte einigten sich bei dieser Ausgangslage deshalb auf folgende Strategie: Der Personalchef, der über hervorragende Beziehungen zum Präsidenten in den USA verfügte, übernahm es, den Vorstandsvorsitzenden »in die USA wegzuloben«, und in der Folgezeit wurden seine angeblichen Leistungen bei jeder Gelegenheit hervorgehoben. Die Wirkung blieb nicht aus. Nach einem Jahr wurde der Vorsitzende ins Hauptquartier in den USA befördert. Mit der Leitung der deutschen Niederlassung betraute man den bisherigen Marketingchef, der mit seinem Team in kürzester Zeit eine Vielzahl von Maßnahmen, die zu einer bedeutenden Dynamisierung führten, initialisierte. Marktanteil, Umsatz und Gewinn entwickelten sich höchst erfreulich. Durch ein unkonventionelles Vorgehen war es der Gruppe von Promotoren gelungen, die »machtpolitischen« Voraussetzungen zur Dynamisierung zu schaffen. (Die Geschichte hat allerdings eine völlig unerwartete Pointe. Nach zwei Jahren stellte der Präsident in den USA fest, daß der ehemalige Vorsitzende der deutschen Tochter die in ihn gesetzten Erwartungen bei weitem nicht erfüllte, und versetzte ihn kurzum nach Deutschland zurück. Darauf kündigten die drei jüngeren Dynamik-Promotoren. Alle drei bekleiden heute Spitzenpositionen in anderen Unternehmen.)
Welches sind folglich die Merkmale des Dynamisierungsstils, der in derartigen Situationen angewendet werden kann?
Erstens muß die Tendenz zur Strukturerhaltung auf der Ebene des Topmanagements abgebaut werden. Zu diesem Zweck geht der Dynamik-Promotor Koalitionen mit gleichgesinnten Kollegen ein, sei dies auf der Ebene des Verwaltungsrats, der Geschäftsleitung oder des Mittelmanagements. Gemäß dem eingangs erwähnten schwedischen Beispiel kann sogar im überbetrieblichen Bereich angesetzt und bei Kontaktgruppen des Topmanagements für Unterstützung geworben werden. Ziel dieser Koalitionen ist es, einen Kreis von Partnern aufzubauen. Je größer diese Gruppe wird, desto mehr wird das konservative Management mit Ideen zur Dynamisierung konfrontiert. Auf diese Weise wird sukzessive eine ausreichende Basis für einen Durchbruch geschaffen.

Zweitens sind diese taktischen Koalitionsmaßnahmen durch Taten zu untermauern. Nichts wirkt so überzeugend wie das praktische Beispiel. Der Dynamik-Promotor wird deshalb bemüht sein, in seinem Verantwortungsbereich erfolgreiche Dynamisierungsprojekte zu initialisieren und zu realisieren.
Selbstverständlich wird der Dynamik-Promotor in der Praxis die soeben dargestellten Dynamisierungsstile nicht schematisch anwenden. Je nach der spezifischen Umweltsituation und unter Berücksichtigung seiner persönlichen Neigungen und Fähigkeiten wird er einen für die aktuelle Aufgabe geeigneten Stil entwickeln und anwenden. Wichtig ist, daß er sein Verhalten unter Berücksichtigung der Randbedingungen festlegt. Insbesondere muß er die Situation hinsichtlich der Nutzenpotentiale sowie seiner individuellen Einwirkungsmöglichkeiten ins Kalkül einbeziehen.
In diesem Zusammenhang ist eine Erkenntnis besonders wichtig: Sowohl Nutzenpotentiale als auch Einwirkungsmöglichkeiten verändern sich im Zeitablauf. Diesem Faktum muß der Dynamisierungsstil stets Rechnung tragen.
Es ist offensichtlich, daß der Übergang von einem Dynamisierungsstil zu einem anderen oder auch der Wechsel von Kombinationsformen recht anspruchsvoll ist. Der erfolgreiche Dynamik-Promotor kennt diese Problematik und versteht es, seinen Stil der jeweiligen Situation anzupassen.
Eine Übersicht über die Dynamisierungsstile ist in Abb. 11 zu finden.

Der machtpolitische Prozeß

In der Praxis sieht sich jeder Dynamik-Promotor mit einer Problemstellung konfrontiert, die im folgenden noch näher beleuchtet wird. Betrachten wir nämlich das gesamte Management eines Unternehmens, so können nur in Ausnahmefällen einheitliche Auffassungen über die Wünschbarkeit und Notwendigkeit der Unternehmensdyna-

Verfügt der Promotor nicht über eine ausreichende Machtfülle zur direkten Propagierung der Dynamik, so muß er gezwungenermaßen ein indirektes Vorgehen wählen und durch den Dynamisierungsstil »Infiltrieren«, die Situation in seinem Sinne beeinflussen.

Situation/ Maßnahmen \ Dynamisierungs-stile	Coaching	Pushing	Beschleunigen	Ausschöpfen	Infiltrieren
Situation					
Anspruchs-niveau	hoch	hoch	hoch	weniger bedeutsam	hoch
Hierarchische Stellung	keine direkte operative Einflußnahme	direkte Einflußnahme	direkte Einflußnahme	direkte Einflußnahme	untergeordnete Position
Attraktivität des NP	unterschiedlich	gering	hoch	hoch	erkennbar
Dynamisierungs-maßnahmen	Management-einsatz	direkte Zielvorgaben	Motivation/ Ansporn	Delegation	Koalitionen schmieden
	Motivation	intensive Einflußnahme	direkte Einflußnahme	geschickte Lenkung	Beispiel (zeigen, daß es geht)
	Abschirmung	straffe Erfolgs-kontrolle		»Sog« von außen	
				wirken lassen	

Abb. 11: Übersicht über die Dynamisierungsstile

mik festgestellt werden. In der Regel kann man von einer Gaußschen Verteilung ausgehen: Einigen wenigen Dynamik-Exponenten steht ein Mittelfeld eher verharrend eingestellter Personen gegenüber. Einige wenige Manager auf der anderen Seite könnten als vehemente Gegner der Dynamik gelten. Dabei spielt – wie wir schon gesehen haben – die wirtschaftliche Lage des Unternehmens eine bedeutende Rolle. Je kritischer diese ist und je mehr der Leidensdruck zunimmt, desto eher wird die Notwendigkeit einer Dynamisierung erkannt.

In vielen Fällen kann keinesfalls so lange gewartet werden, bis sich die Situation infolge unbefriedigender Ergebnisse so zugespitzt hat, daß der Zustand nicht mehr tragbar ist. Immer wird es Promotoren geben, welche die Notwendigkeit einer Dynamisierung relativ frühzeitig erkennen und aus situativen und persönlichkeitsbezogenen Gründen gewillt sind, Maßnahmen zu ergreifen. In dieser Lage kommt dem Management des politischen Prozesses durch den Dynamik-Promotor eine zentrale Bedeutung zu. Ziel ist es, unter den maßgeblichen Führungskräften eine Konstellation herbeizuführen, welche es erlaubt, Unternehmensdynamik zu erzeugen. Im Sinne einer machtpolitischen Analyse sind einige Fragen zu beantworten, bevor konkrete Aktionen eingeleitet werden können:

- Welche Machtposition hat der (oder haben die) Dynamik-Promotor(en)?
- In welcher Situation befindet sich das Unternehmen, und welche Konsequenzen ergeben sich daraus bezüglich der Einstellungen des Managements zur Dynamik?
- Welche Führungskräfte sind aufgrund ihrer Persönlichkeitsstruktur gegenüber der Dynamik positiv eingestellt, welche eher negativ?
- Welche Einstellung haben andere Bezugsgruppen wie Aktionäre, Verwaltungsräte, Mitarbeiter, Gewerkschaften, Kunden etc. zur Dynamisierung? Wo könnten Verbündete gefunden werden?

Besteht Klarheit über diese Fragen, so kann der Promotor eine Vorgehensstrategie entwickeln und in Gang setzen. Dies will ich anhand einiger Beispiele verdeutlichen.

Jede Dynamisierung tangiert grundsätzlich die persönlichen Interessen des Managements und enthält demnach eine machtpolitische Komponente. Der Promotor versteht es, die damit verbundenen Prozesse in Gang zu setzen und zu kontrollieren.

Bei Nokia war der als »Pusher« anzusehende Kari Kairamo ein sehr willensstarker Dynamik-Promotor, der als Präsident in vollem Umfang über die erforderlichen Machtbefugnisse verfügte. Sein Problem bestand darin, die in dem über hundert Jahre alten Unternehmen bei verschiedenen Führungskräften vorhandene Resistenz zu überwinden. Ein wichtiges Mittel stellten hier, wie bereits erwähnt, junge, »hungrige« Nachwuchskräfte dar. Kairamo scheute sich darum nicht, Topmanagementpositionen mit sehr jungen Leuten zu besetzen. Von der zehnköpfigen Zentraldirektion waren 1988 vier Mitglieder unter vierzig und weitere vier noch keine fünfzig Jahre alt.
In einem anderen Industriekonzern war der Präsident ebenfalls positiv zur Dynamisierung eingestellt. Infolge seines fortgeschrittenen Alters war er jedoch nicht mehr gewillt, die damit verbundenen Belastungen und Risiken auf sich zu nehmen, und zudem äußerten sich einige langjährige Kollegen zurückhaltend bis ausgesprochen negativ zur Dynamik. Die unbefriedigende Ertragslage machte aber dennoch ein Handeln notwendig. Der Präsident beauftragte in der Folge ein sehr tüchtiges Direktionsmitglied mit der Aufgabe, ein Projekt zur Verbesserung der Ertragslage zu konzipieren. Dadurch wuchs dieser Direktor langsam in die Rolle des Dynamik-Promotors. Er suchte einige Verbündete im Unternehmen, mit denen er ein Maßnahmenbündel zur Erschließung neuer Nutzenpotentiale ausarbeitete. Parallel dazu sicherte er sich die Unterstützung positiv eingestellter Verwaltungsräte und legte großes Gewicht auf die umfassende Information und Motivation der »neutralen« Führungskräfte. Mit viel diplomatischem Geschick gelang es ihm aber dann auch, den Widerstand der negativ eingestellten Kollegen abzubauen. Auf diese Weise war es ihm möglich, sukzessive den Nährboden für eine Dynamisierung zu schaffen.
Die mögliche Kehrseite der Medaille zeigt das folgende Beispiel. In einer mittelgroßen Dienstleistungsfirma vertraten zwei aktive Verwaltungsräte im Sinne von Dynamik-Promotoren die Auffassung, daß aufgrund der sich bietenden Umweltchancen eine dynamische Expansion verfolgt werden sollte. Der Delegierte (Direktionspräsident)

widersetzte sich diesem Vorhaben, da er in erster Linie private Zielsetzungen außerhalb des Unternehmens verfolgte. Er war nicht gewillt, die mit der Dynamisierung verbundenen Belastungen auf sich zu nehmen. Um seine persönlichen Ambitionen durchzusetzen, begann er mit einem Intrigenspiel. Da die anderen Verwaltungsräte nur zeitweise für das Unternehmen tätig waren, konnte er diese – unter Hinzuziehung ihm unterstellter Mitarbeiter – leicht gegeneinander ausspielen. Im Endeffekt erklärten diese Verwaltungsräte ihren Rücktritt.
Das Unternehmen zeigte wohl wegen der günstigen Konjunkturlage Mitte der achtziger Jahre eine erfreuliche Entwicklung. Die Chance jedoch, den Hauptkonkurrenten einzuholen, war hoffnungslos verpaßt.
Unsere Betrachtungen beweisen, daß der machtpolitische Prozeß mit viel Kreativität und im Sinne der »Kunst des Machbaren« abgewickelt werden muß. Der Dynamik-Promotor sollte ein klares Gespür dafür haben, welche Ziele in realistischer Weise erreicht werden können und wann bestehende Grenzen überschritten werden. Unternehmensdynamik ist somit alles andere als exakt definierbar. Wichtig ist aber, die Möglichkeiten, um Dynamik zu initiieren, aus zwei Blickwinkeln zu beurteilen:

- Der hierarchischen Stellung und der Einflußmöglichkeiten des Dynamik-Promotors. Diese können stark sein, z. B. wenn der Promotor als Präsident oder Generaldirektor über eine beachtliche Machtfülle verfügt. Sie ist aber schwach, wenn der Promotor in einem statischen Unternehmen lediglich Angehöriger des Mittelmanagements ist.
- Der allgemeinen Situation, in der sich das Unternehmen befindet. Diese ist dann günstig, wenn schon ein beachtlicher Leidensdruck besteht oder wenn die in der Umwelt vorhandenen Chancen derart offensichtlich sind, daß sie einfach ergriffen werden müssen. Sie ist ungünstig, wenn sich die Nutzenpotentiale in der Reifephase befinden und das Unternehmen noch zufriedenstellende Ergebnisse erzielt.

Aus diesen Kriterien kann eine Matrix abgeleitet werden, der vier idealtypische Handlungsweisen zuzuordnen sind:

Eine für die Dynamisierung ungünstige Situation ist dann gegeben, wenn die Manager infolge positiver Resultate keine Notwendigkeit zur Veränderung wahrnehmen. Hier muß der Promotor gezielt einen künstlichen Leidensdruck schaffen.

- Verfügt der Promotor über eine starke Stellung und ist die Situation allgemein günstig, so kann er den Dynamisierungsprozeß unmittelbar und problemlos einleiten.
- Ist die Stellung stark, die Situation jedoch – z. B. infolge der nach wie vor befriedigenden Ertragslage – ungünstig, so muß der Promotor einen künstlichen Leidensdruck schaffen.
- Wenn der Promotor nur eine schwache Stellung besitzt, jedoch eine positive Ausgangslage festgestellt werden kann, so kann er Koalitionen schmieden. Er wird mit kreativen Lösungen versuchen, die Machtkonstellationen derart zu beeinflussen, daß schließlich Dynamik ausgelöst werden kann.
- Ist die Stellung des Promotors schwach und die Situation für eine Dynamisierung ungünstig, so empfehle ich dem Promotor, schnellstmöglich eine neue Stelle anzunehmen; das Unternehmen wird sicherlich immer mehr zu einer verwalteten Bürokratie, in der es um so weniger Spaß macht zu arbeiten, je länger man dort verbleibt.

Der entsprechende Sachverhalt ist in Abb. 12 dargestellt.

Dynamik kann nur ausgelöst werden, wenn die Machtverhältnisse stimmen. Die Gestaltung der entsprechenden Voraussetzungen ist deshalb ein wichtiges Anliegen im dynamischen Unternehmen.

Wegweisungen für die Managementpraxis

Wer ist Dynamik-Promotor?

Dynamik-Promotoren in unserem Sinne sind alle Führungskräfte, die aktiv eine dynamische Unternehmensentwicklung fördern. Unter diesen Begriff fallen somit Eigentümer-Unternehmer, Aufsichtsrats- oder Verwaltungsratspräsidenten, Vorstandsvorsitzende, Generaldirektoren, aber auch unternehmerische Manager des mittleren und unteren Managements.

		Situation	
		günstig	**ungünstig**
Stellung/persönliche Einflußmöglichkeit	**stark**	*direktes Durchsetzen*	*Leidensdruck schaffen*
	schwach	*Koalitionen schmieden*	*austreten*

Abb. 12: Handlungsweisen des Dynamik-Promotors im politischen Prozeß

Die Bedeutung des Promotors

Der Promotor ist der Initiant der Unternehmensdynamik. Durch seine Persönlichkeit und sein Verhalten führt er das Unternehmen zu neuen Horizonten. Dynamische Manager treten als Promotoren in Erscheinung.

Innerer Drang

Der unternehmerische Manager soll sich anspruchsvolle Ziele setzen und sich nicht mit Mittelmäßigem zufriedengeben. Dynamische Unternehmen zeichnen sich dadurch aus, daß ein hohes Anspruchsniveau zwecks Erreichung der Unternehmensexpansion besteht.

Machtpolitischer Prozeß

Der unternehmerische Manager ist sich bewußt, daß Dynamik nur dann ausgelöst werden kann, wenn die machtpolitischen Voraussetzungen stimmen. Er orientiert dementsprechend sein Verhalten an den politischen Konstellationen.

Ein idealer Dynamik-Promotor ist Markus Wallenberg. Trotz der einschränkenden politischen Bedingungen im damaligen Schweden gelang es ihm, eine Aufbruchstimmung zu erzeugen, die dem Land entscheidende Impulse vermittelte.

Unternehmerische Handlungsweisen

Der Promotor paßt seinen Dynamisierungsstil den spezifischen Gegebenheiten an. Dabei sind insbesondere das persönliche Anspruchsniveau, die eigene hierarchische Stellung und die Situation in bezug auf die Nutzenpotentiale wesentlich. Je nach der betreffenden Ausgangslage muß einer der fünf Stile (Coachen, Pushen, Beschleunigen, Ausschöpfen oder Infiltrieren) oder eine angemessene Kombinationsform gewählt werden.

2. Teil: Umsetzung des Dynamik-Prinzips

Im 1. Teil des Buches haben wir das Dynamik-Prinzip ausführlich beschrieben und damit die Grundlagen für die Führung des dynamischen Unternehmens geschaffen. Jetzt können wir uns der Umsetzung dessen zuwenden. Dabei sind fünf Schlüsselfragen zu beantworten:

- Welche Konsequenzen ergeben sich für die Gestaltung des Unternehmenskonzepts respektive der Unternehmensstrategie?
- Welche organisatorischen Anforderungen müssen bei der Umsetzung des Dynamik-Prinzips beachtet werden?
- Wie ist die Mitarbeiterführung im dynamischen Unternehmen zu gestalten?
- Wie verhalten sich dynamische Unternehmen hinsichtlich des Faktors Zeit, und welche Folgerungen sind aus zeitlicher Sicht für die Führung des dynamischen Unternehmens abzuleiten?
- Wie können dynamische Unternehmen die mit dem Vorstoß in neue Dimensionen verbundenen Risiken unter Kontrolle halten?

Sicherlich könnten noch weitere Führungsaspekte wie etwa der Zusammenhang zwischen Planung oder Führungssystemen einerseits und Unternehmensdynamik andererseits, um nur einige zu nennen, beleuchtet werden. Ich konzentriere mich jedoch bewußt auf die oben erwähnten fünf Hauptgesichtspunkte, weil diese gemäß den angestellten Firmenanalysen eine dominierende Bedeutung für die Unternehmensdynamik besitzen.

Um eine konsequente Umsetzung des Dynamik-Prinzips zu erreichen, ist es erforderlich, ein klares Konzept zu entwickeln und in bezug auf Organisation, Mitarbeiterführung, Zeitmanagement und Risikopolitik Gestaltungsentscheidungen zu treffen.

1. Richtschnur für die Umsetzung: Das Unternehmenskonzept

Im Mittelpunkt des Dynamik-Prinzips stehen die Nutzenpotentiale, weshalb der Promotor zuallererst abklären muß, in welcher Ausgangslage sich die für sein Unternehmen relevanten befinden. Informationen darüber bilden die Grundlage für die Entwicklung eines der Unternehmensdynamik förderlichen Unternehmenskonzeptes. Beiden Fragekreisen wollen wir uns im folgenden zuwenden.

Dynamik verlangt neue Fragestellungen

Nach klassischer Auffassung muß vor der Entwicklung eines Unternehmenskonzepts oder einer Strategie eine Reihe von Informationsanalysen durchgeführt werden. Im einzelnen geht es um standardmäßige Analysen von Umwelt, Branchen, Markt und Konkurrenten, Stärken und Schwächen sowie um spezifische strategische Analysen von Wertkette[1] oder Aktivitätsfeldern[2]. Aus dem Dynamik-Prinzip können jedoch zusätzlich neuartige Fragestellungen abgeleitet werden, mit denen wir uns im folgenden auseinandersetzen werden.
Vier entscheidende Fragen muß sich der Dynamik-Promotor immer wieder stellen:

- Wem soll das Unternehmen welchen Nutzen stiften?
- In welcher Phase befinden sich die vom Unternehmen erschlossenen Nutzenpotentiale, und welche Konsequenzen ergeben sich daraus für die Strategie des Unternehmens?

- Welche Nutzenpotentiale könnten vom Unternehmen in Zukunft neu erschlossen werden?
- Wie lassen sich die Geschäftsaktivitäten multiplizieren?

Aus diesen Problemfeldern wird ersichtlich, daß grundsätzlich andere Gesichtspunkte interessieren, als dies bei den klassischen Informationsanalysen der Fall ist, die herkömmlicherweise als Grundlage der (strategischen) Planung dienen. Das dynamische Unternehmen konzentriert sich auf ganz spezifische Gesichtspunkte, die im Hinblick auf eine prospektive Unternehmensentwicklung von Bedeutung sind. Wir wollen diese vier Grundfragen im folgenden näher erörtern.

Wem soll das Unternehmen welchen Nutzen stiften?

Der erste Teil der Frage zielt auf die Bezugsgruppen. Der Zweck jedes Unternehmens besteht letzten Endes immer darin, den Bezugsgruppen einen höchstmöglichen Nutzen zu verschaffen. Im ersten Teil sind die wichtigsten schon genannt worden:

- Kunden
- Mitarbeiter
- (oberes) Management[3]
- Kapitalgeber (Aktionäre)
- Lieferanten
- öffentliches Gemeinwesen (Gemeinde, Staat usw.)

Eine Liste, die beliebig erweitert werden kann.

Ausgangspunkt jeder Diskussion über Unternehmensdynamik ist die Frage, in welchem Ausmaß und in welchen Feldern generell Nutzen erzeugt werden soll. Es handelt sich mithin um die Präzisierung des allgemeinen Anspruchsniveaus. Erscheint eine dynamische Expansion überhaupt wünschenswert, oder sollte man besser im Sinne einer durchaus vertretbaren Selbstgenügsamkeit auf Dynamik verzichten? Wenn Dynamik erzeugt werden soll, so ist festzulegen, in welchem Umfang dies angestrebt wird. Gilt es, mit allen Mitteln eine substantielle Nutzenvermehrung zu realisieren, oder soll dies lediglich in genau zu definierendem beschränktem Umfang erfolgen? In diesem Zusammenhang ist sicherlich auch die Frage nach den einzugehenden

Aus dem Dynamik-Prinzip lassen sich eine Reihe von neuen Fragestellungen ableiten, die in der Vergangenheit in der Unternehmensführung zuwenig beachtet wurden. Im Mittelpunkt steht dabei die Nutzenstiftung für die Bezugsgruppen.

Risiken zu diskutieren. Eine starke Expansion ist offensichtlich mit vermehrten Gefahrenmomenten verbunden.[4]

Konnte die Frage nach dem allgemeinen Anspruchsniveau, d. h. nach der grundsätzlichen Expansionspolitik, beantwortet werden, so ist festzulegen, welche Prioritäten hinsichtlich der einzelnen Bezugsgruppen gelten. Sollen die Kunden im Mittelpunkt stehen, wie dies etwa zum Credo der Migros, des großen schweizerischen Detailhandelsunternehmens, gehört? Soll das Unternehmen darauf ausgerichtet sein, den Mitarbeitern in Form sicherer Arbeitsplätze Nutzen zu stiften, wie dies von gewerkschaftlicher Seite immer wieder gefordert wird? Soll das Unternehmen in erster Linie auf den Aktionärsnutzen ausgerichtet sein, wie dies in den USA in vielen Unternehmen der Fall ist?[5]

Eine dynamische Unternehmensführung kann nur dann mit optimalem Erfolg realisiert werden, wenn eindeutige und optimale Lösungen gefunden sind sowie Klarheit darüber besteht,

- in welchem Umfang der Gesamtnutzen erhöht respektive expandiert werden soll und
- welche Bezugsgruppen welche Prioritäten genießen.

Es wäre nun aber vollkommen unrealistisch, die Unternehmensdynamik allein von der Beantwortung dieser beiden Fragen abhängig zu machen. In der Praxis spielen stets die differierenden Machtansprüche der einzelnen Interessengruppen einerseits und die unterschiedliche Machtverteilung andererseits eine nicht zu unterschätzende Rolle. Nur in den wenigsten Unternehmen bestehen aus dieser Sicht klare Verhältnisse. Erschwerend wirkt sich infolgedessen der Umstand aus, daß viele der am Entscheidungsprozeß über die Nutzenprioritäten beteiligten Personen a priori nicht gewillt sind, mit offenen Karten zu spielen.

Die maßgeblichen Manager des dynamischen Unternehmens sind sich dieser Problematik bewußt und sind deshalb bestrebt, für die beiden Kernfragen einen von allen Seiten tragbaren Konsens zu erzielen. Eine solche Übereinstimmung ist vielleicht eines der entscheidendsten Merkmale der untersuchten Firmen.

Ist das Nutzenpotential noch in der Entstehungsphase?
Hat das Nutzenpotential die Wachstumsphase erreicht, oder ist es vielleicht in dieser bereits weit fortgeschritten?
Befindet es sich in der Reifephase oder gar schon im Niedergang?
Wie dürften sich die Potentiale in Zukunft entwickeln?
Erschließt das Unternehmen mehrere Nutzenpotentiale, die sich in unterschiedlichen Phasen befinden?

Abb. 13: Aus dem Phasenmodell abgeleitete Grundfragen

In welcher Phase befinden sich die Nutzenpotentiale?

Die Unternehmensdynamik wird maßgeblich von der Attraktivität der Nutzenpotentiale bestimmt, die das Unternehmen erschließt. Deshalb ist es von entscheidender Bedeutung, die Ausgangslage der vom Unternehmen erschlossenen Nutzenpotentiale kritisch zu erfassen.

Wir haben schon gesehen, daß die Nutzenpotentiale trendmäßig bestimmte Phasen durchlaufen. Aus diesem Grunde ist es wesentlich, den Reifegrad der Nutzenpotentiale in den vier Phasen sorgfältig zu ermitteln. Dabei sind etwa die in Abb. 13 aufgeführten Fragen genau zu studieren.

Die Beantwortung des Fragenkatalogs ist im konkreten Fall nicht leicht. Das Hauptproblem liegt darin, daß die Beurteilung der zukünftigen Entwicklung von Prognosen abhängig ist, über die man zu Recht ganz unterschiedlicher Meinung sein kann.

Objektiv gesehen können aber doch einige abgesicherte Informationen bereitgestellt werden. So lohnt es sich zumindest, die Entwicklung der Nutzenpotentiale in der Vergangenheit festzuhalten. Dazu einige Beispiele:

Die zentrale Frage der Informationsanalyse eines Unternehmens lautet: In welcher Phase befinden sich die von der Firma erschlossenen Nutzenpotentiale? Ihre Beantwortung muß offen und unvoreingenommen erfolgen.

- Relativ einfach ist bei vielen etablierten Konsum- und Investitionsgüterfirmen die Beurteilung des Marktpotentials. Hier liegen meistens stichhaltige Informationen über Anzahl aktueller und potentieller Kunden, Verbrauchsvolumen, Sättigungsgrad usw. vor. Durch eine konzentrierte Analyse kann in der Regel eine ziemlich genaue Beurteilung der Entwicklungsphase des Nutzenpotentials vorgenommen werden. So ist es beispielsweise nicht von der Hand zu weisen, daß im Zeitalter eines steigenden Gesundheitsbewußtseins Märkte für Rauchwaren, Spirituosen oder Tafelschokoladen in der Sättigung respektive im Niedergang begriffen sind. Ebenso offensichtlich kann der Markt für Compact-Discs noch in die Wachstumsphase eingeordnet werden.
- Außerdem ergeben sich keine besonderen Schwierigkeiten für Firmen wie Electrolux, welche ein Nutzenpotential im Bereich branchenbezogener Akquisitionen erschließen. Hier kann die Anzahl der noch zugänglichen Akquisitionsobjekte leicht eruiert werden. Bei Hanson PLC wird diese Beurteilung allerdings zu einer Streitfrage. Einerseits sind »undermanaged companies«, die einen bedeutend geringeren Buch- als Substanzwert vorweisen, infolge der zunehmenden Restrukturierungswelle immer schwieriger zu identifizieren, andererseits kann man an der Überzeugung festhalten, daß es in einer Wirtschaft stets schlechtgeführte Unternehmen geben wird.
- Am schwierigsten ist die Abschätzung des Nutzenpotentials für hochinnovative Leistungen in der Entstehungsphase. Hier kann die Potentialentwicklung nur selten mit Sicherheit im voraus bestimmt werden.

Im allgemeinen liegt das Problem weniger bei der objektiven Feststellung der Phase des Nutzenpotentials, sondern viel eher in der subjektiven Haltung: Oft ist das Topmanagement schlechthin nicht dazu bereit einzugestehen, daß sich das Nutzenpotential in der Reife- oder gar der Niedergangsphase bewegt. Man weicht einer dynamischen Strategie aus Gründen der Besitzstandwahrung, der Bequemlichkeit und der Risikoaversion bewußt aus! Gerade deshalb kommt einer

qualitativ und quantitativ wohlfundierten und erhärteten Analyse der Nutzenpotentiale größte Bedeutung zu.
Aus der Nutzenpotentialanalyse kann abgeleitet werden, ob noch genügend Chancen für eine prospektive Unternehmensentwicklung vorliegen oder ob Stagnation oder gar Niedergang zu gewärtigen sind. Für dynamische Unternehmen bedeutet letzteres zwangsläufig, mit der Suche und Erschließung neuer Nutzenpotentiale zu beginnen. Umgekehrt können sich Unternehmen mit Nutzenpotentialen, die sich in der Entstehungs- oder Wachstumsphase befinden, um so mehr auf die Erschließung der aktuellen Nutzenpotentiale konzentrieren. In jeder Entwicklungsphase ergibt sich für die Analyse des jeweiligen Nutzenpotentials ein besonderer Blickwinkel. Wir wollen deshalb die Kernfragen im Hinblick auf die einzelnen Phasen kurz betrachten.

Grundfragen in der Entstehungsphase

Zwei fundamentale Fragen beherrschen die Entstehungsphase:

1. Ist das anvisierte Nutzenpotential ergiebig genug?

Große mit der Erschließung von Nutzenpotentialen verbundene Anstrengungen lohnen sich nur dann, wenn durch die entsprechenden Geschäftsaktivitäten auch ein angemessenes Volumen erwartet werden kann. Deshalb muß sehr kritisch geprüft werden, ob und in welchem Umfang diese Bedingung erfüllt ist. Dies ist alles andere als leicht, denn besonders hochinnovative Problemlösungen sind oftmals kaum objektiv beurteilbar. Fachexperten sind meist überaus kritisch eingestellt und verneinen leicht Potentiale, bei denen die Applikationsmöglichkeiten am Anfang überhaupt noch nicht genau überblickt werden konnten. Bekannt sind die fehlerhaften Beurteilungen über die Anwendungsmöglichkeiten von Elektronenrechnern zu Beginn der fünfziger Jahre. Fachexperten nahmen damals an, daß der Bedarf an diesen Maschinen weltweit auf wenige Exemplare beschränkt bleiben würde. Sie konnten sich die heutige Situation einfach nicht vorstellen. Die gleiche Erkenntnis gilt für alle anderen entstehenden Nutzenpotentiale.

Aus der Nutzenpotentialanalyse kann des weiteren abgeleitet werden, ob genügend gewinnbringende Chancen für eine dynamische Unternehmensentwicklung vorhanden sind oder ob vorrangig nach neuen Nutzenpotentialen gesucht werden muß.

Bei dieser Ausgangslage ist ein umfassendes Erkennen eines Nutzenpotentials äußerst schwierig, gerade weil hier diskontinuierliches Denken Voraussetzung der Beurteilung ist und noch keinerlei Erfahrungswerte zur Verfügung stehen. Im Gegenteil: Erfahrungen aus anderen Bereichen prägen Denkmuster, die zu vorgefaßten Meinungen führen, mit denen die Ergiebigkeit des anvisierten Nutzenpotentials schlechthin abgetan wird.

Dies ist der Grund, weshalb viele etablierte Firmen neue Chancen nicht ausnützen und weshalb viele Branchen von Außenseitern revolutioniert werden. Auf diesen Sachverhalt hat Theodore Levitt in seinem berühmten Artikel »Marketing Myopia« verwiesen.[6] Er zeigt darin beispielsweise, daß die neuentstehenden Nutzenpotentiale im Lufttransport nicht von etablierten Transportfirmen (Schiene, Straße) erschlossen wurden, sondern von neugegründeten Außenseiterfirmen.

Auch bei der elektronischen Uhr waren es nicht die alteingesessenen Unternehmen, welche der Innovation zum Durchbruch verhalfen. Ich war einmal Zeuge eines analogen Falls, als die großen Computerhersteller den von den Firmen Digital Equipment und Hewlett-Packard propagierten Minicomputer und die damit verbundenen neuen EDV-Konzepte belächelten und sich auch weiterhin darauf konzentrierten, große Mainframe-Computer zu entwickeln, herzustellen und zu verkaufen. Diese blockierte Verhaltensweise eröffnete Digital Equipment die Möglichkeit, das Marktpotential für Minicomputer still und leise und ohne Gegenwehr der Großhersteller zu erschließen. Digital wurde auf diese Weise zum zweitgrößten Computerhersteller der Welt.

Wir erkennen an diesem Beispiel sehr deutlich, wie schwierig es ist, die Ergiebigkeit eines entstehenden Nutzenpotentials zu beurteilen. Die großen Hersteller waren einhellig während relativ langer Zeit der Auffassung, daß es sich bei den Minis um eine Spezialität handle, deren Marktpotential bedeutungslos sei. Olson von Digital oder Hewlett und Packard setzten umgekehrt erfolgreich auf das neue Nutzenpotential.

2. *Wie muß die Problemlösung zur Erschließung des Nutzenpotentials ausgestaltet werden?*

Mit dieser Frage betreten wir das Feld der Prozeß- oder Systemgestaltung, denn es gilt, Lösungskonzepte zur Erschließung des Nutzenpotentials zu entwickeln. Im klassischen Fall besteht das Ziel darin, ein neues, für ein erkanntes Marktpotential bestimmtes Produkt zu konzipieren. Interessante Nutzenpotentiale können in allen möglichen unternehmensexternen und -internen Bereichen festgestellt werden. Aus diesem Grund müssen vermehrt unkonventionelle Möglichkeiten geprüft werden. Es ist erforderlich, weit über bloße Produktkategorien hinaus zu denken, denn häufig können wesentlich gewinnbringendere Nutzenpotentiale durch Prozeß- oder Systeminnovation erschlossen werden.

Die Gestaltung der auf ein spezifisches Nutzenpotential ausgerichteten Geschäftsaktivitäten ist die zentrale Aufgabe in der Entstehungsphase des Nutzenpotentials. Die neue Lösung muß sich – aus Sicht der angesprochenen Bezugsgruppe – besonders markant von den bisherigen abheben. Sie muß deutlich mehr Nutzen als die bisherigen Konzepte bringen. Dieser Mehrnutzen kann sich bei Produktinnovationen etwa auf bessere Funktionalität, leichtere Anwendung oder gefälligeres Design beziehen.

Bei Prozessen stehen zwar oft Effizienzüberlegungen (Maßnahmen zur Kostensenkung) im Vordergrund, aber die zeitliche Dimension wird immer wichtiger. Der neue Prozeß sollte darauf ausgerichtet sein, Leistungen in kürzerer Zeit zu erbringen. Weiter werden durch Innovationen Verbesserungen im Bereich der Effektivität angestrebt. Mit der dauernden Professionalisierung des Innovationsprozesses an sich erreicht beispielsweise die Firma 3M, daß die Qualität ihrer Produktentwicklung und -einführung überdurchschnittlich hoch anzusetzen ist.

Bei Systemen werden ähnliche Ziele angestrebt. Der Metro-SB-Großmarkt verursachte wesentlich geringere Kosten als andere konkurrierende Distributionsformen. Das neue System führte somit zu einer erhöhten Kosteneffizienz. Andere Systeme schaffen wiederum mehr

Sind attraktive Nutzenpotentiale klar und deutlich erkennbar, so verlagert sich das Hauptaugenmerk auf die Problemlösung zur deren Erschließung. Es geht darum, geeignete Prozesse oder Systeme zu konzipieren und konsequent zu multiplizieren.

qualitativen Nutzen. Cartier-Bijouterien beispielsweise bieten mit ihrer speziellen Atmosphäre ein besonderes Einkaufserlebnis. Durch innovative Systemgestaltungen können bedeutende Verbesserungen in bezug auf die Zeitdimension erlangt werden. Bekannt ist das Benetton-System: Diese Firma entwickelte ein integriertes Computersystem, das sowohl die Läden als auch die Läger und Produktionseinheiten zusammenschließt. Auf diese Weise ist es möglich, den Beschaffungszyklus substantiell zu verkürzen.

Die Gestaltung der Prozesse und Systeme in der Entstehungsphase stellt eine äußerst anspruchsvolle Aufgabe dar. Die entsprechenden Grundsätze sind in der Literatur schon eingehend dargestellt worden und können deshalb hier nur kurz behandelt werden:[7]

- Die Gestaltungsprozesse sind in enger Wechselbeziehung mit den relevanten Bezugsgruppen abzuwickeln. Der Erfolg von Neuprodukten hängt maßgeblich davon ab, ob die Produktentwicklung in enger Zusammenarbeit mit den Kunden geschieht. Diese Erkenntnis kann problemlos auf alle Gestaltungsprozesse übertragen werden, die sich auf die Erschließung von Nutzenpotentialen richten. So muß etwa der Beschaffungsprozeß in Wechselbeziehung mit den betroffenen Lieferanten gestaltet werden.
- Permanentes Testen ist eine zentrale Erfolgsvoraussetzung. Beim Vorstoß in Neuland herrscht naturgemäß Ungewißheit, welche Innovationsbemühungen sich schließlich durchsetzen werden. Daher gehen innovative Unternehmen viel rascher vom Reißbrett zu wirklichkeitsnahen Tests über als ihre Konkurrenz.[8] Das Testen kann sich dabei sowohl auf die Gesamtlösung als auch auf einzelne Teilbereiche beziehen. Im ersten Fall wird beispielsweise ein neues Produkt in verschiedenen Varianten ausprobiert. Im zweiten Fall werden etwa neue Layoutformen für ein neu zu gestaltendes System, z. B. in einem Benetton-Geschäft, in ihrer Wirkung auf die Kundenakzeptanz geprüft.

Zusammenfassend ergeben sich im Zusammenhang mit der Entstehungsphase die in Abb. 14 aufgeführten Grundfragen, die dem Manager als Analysehilfe dienen können.

Ist das anvisierte Nutzenpotential genügend ergiebig?
Sind wir bei der Beurteilung der Nutzenpotentiale objektiv genug, oder dominieren überholte Denkmuster?
In welchem Umfang entsprechen die Lösungskonzepte des Unternehmens den Anforderungen des Nutzenpotentials?
Wie müßten Problemlösungen für neue Nutzenpotentiale gestaltet werden?
Welcher Nutzen soll gestiftet werden?
Welche Möglichkeiten zur Prozeßmultiplikation könnten ins Auge gefaßt werden?
Inwiefern könnte das Nutzenpotential durch Systemmultiplikation erschlossen werden?
Wie können die Problemlösungen zur Erschließung der Nutzenpotentiale ausgetestet werden?

Abb. 14: Grundfragen in der Entstehungsphase

Grundfragen in der Wachstumsphase

In der Wachstumsphase expandieren die Nutzenpotentiale, wobei diese Expansion jedoch sehr unterschiedlich erfolgen kann. In einem Fall verläuft sie nachhaltig und intensiv, im anderen eher stetig oder sogar zyklisch. Doch wichtiger ist die Frage nach der Nachhaltigkeit des Wachstums. Wird die Wachstumsphase nur von kurzer Dauer sein, oder wird sie lange anhalten?
Die Multiplikation ist die zentrale Aufgabe in der Wachstumsphase. Damit sie erfolgreich praktiziert werden kann, muß geklärt werden, welche anderen Firmen (oder Organisationen) durch die eigene Expansion beeinträchtigt werden. Die möglichen Reaktionen müssen wie in einem Schachspiel kritisch antizipiert werden. Geeignete Gegenmaßnahmen sind zu planen.

In der Wachstumsphase steht die Multiplikation im Mittelpunkt des Interesses. Hier besteht eine Hauptzielsetzung darin, die relevanten strategischen Positionen möglichst rasch, bevor noch weitere Wettbewerber auf den Plan treten, zu besetzen.

Attraktive Nutzenpotentiale ziehen rasch weitere Firmen an, die ebenfalls die erkannten ökonomischen Werte für sich erschließen wollen. Beispielsweise dauerte es nur zirka drei Jahre, bis die Co-Marketing-Idee von den einschlägigen Konkurrenten der Glaxo adaptiert wurde. Das zeigt, daß in der Wachstumsphase sorgfältig zu beobachten ist, inwiefern neue Firmen auf den Plan treten, die ebenfalls das wachsende Nutzenpotential zu erschließen gedenken.
Gewöhnlich kann am Anfang der Wachstumsphase relativ schematisch multipliziert werden. Je mehr sie jedoch voranschreitet, desto bedeutsamer wird die Differenzierung. Aus diesem Grund muß in der Wachstumsphase permanent und kritisch geprüft werden, ab wann und inwiefern die Aktivitäten zur Erschließung des Nutzenpotentials differenziert werden müssen.
Die Expansion in der Wachstumsphase darf keinesfalls derart erfolgen, daß die eigenen Mittel überfordert werden. Die aus den eigenen Ressourcen resultierenden Grenzen sind deshalb dauernd zu beobachten.
Aus diesen Bedingungen ergeben sich die in Abb. 15 dargestellten Grundfragen.

Grundfragen in der Reifephase

Die Reifephase ist dadurch gekennzeichnet, daß das vom Unternehmen erschlossene Nutzenpotential in seiner Ergiebigkeit nachläßt. Dieser abnehmende Ertrag kann auf eine Marktsättigung zurückzuführen sein. Bei vielen Nutzenpotentialen sind aber einfach nicht mehr genügend Objekte vorhanden. Dies trifft insbesondere für interne Nutzenpotentiale zu, deren Volumen in der Regel von Anbeginn an begrenzt ist. Beispielsweise ist das Bilanzpotential dann erschöpft, wenn die unzweckmäßig genutzten Aktiva oder Passiva verwertet sind. Das gilt aber auch für Übernahmestrategien in Branchen, in denen der Konzentrationsprozeß bereits weit fortgeschritten ist.
Nach meiner Erkenntnis ist das Vorhandensein attraktiver Nutzenpotentiale eine Kernvoraussetzung der Unternehmensdynamik. Demgemäß muß, je näher die Reifephase rückt, desto intensiver nach neuen Nutzenpotentialen gesucht werden.

Wie groß ist das noch offene Nutzenpotential?
Welche Umwelteinflüsse könnten die zukünftige Entwicklung des Potentials fördern oder beeinträchtigen?
Sind kritische Einflüsse von existierenden oder neuen Wettbewerbern zu erwarten und, wenn ja, welche?
Zeichnen sich neue Nutzenpotentiale ab, die vom Unternehmen im Sinne einer Ergänzung ebenfalls erschlossen werden könnten?
Inwiefern drängt sich eine Differenzierung auf, und wie kann diese gestaltet werden?
Welche besonderen Fähigkeiten im Sinne von strategischen Erfolgspositionen muß das Unternehmen entwickeln und aufbauen, damit das Nutzenpotential erfolgreich ausgeschöpft werden kann?
Welches Standardlösungskonzept könnte in angemessenem Umfang multipliziert werden?
Welche Möglichkeiten stehen für eine technische oder prozessuale Standardisierung zur Verfügung?
Mit welchen operationellen Problemen ist bei der Multiplikation zu rechnen?
Welche Maßnahmen könnten zur Vermeidung der Probleme oder zu deren Reduktion im voraus getroffen werden?
Wie könnten Risiken reduziert werden?

Abb. 15: Grundfragen in der Wachstumsphase

In der klassischen Wettbewerbsstrategielehre konzentriert sich die Suche auf marktbezogene Potentiale. Das bekannteste Modell stammt von Ansoff, der folgende vier grundsätzliche Möglichkeiten unterscheidet:[9]

- Marktdurchdringung
- Marktentwicklung
- Produktentwicklung
- Diversifikation

Da in der Reifephase die Gefahr einer zunehmenden Stagnation stets vorhanden ist, sucht das dynamische Unternehmen immer nach neuen Nutzenpotentialen und faßt dabei auch Möglichkeiten außerhalb der existierenden Marktpotentiale ins Auge.

Mit diesem Instrument müßte man in bestehenden oder auch in neuen Märkten die ungenutzten, für das Unternehmen interessanten Potentiale entdecken können. Das Problem besteht aber darin, daß es infolge der zunehmenden Marktsättigung schwieriger wird, attraktive Marktpotentiale auszumachen. Aus diesem Grund fordert der Dynamik-Ansatz, daß neben den Marktpotentialen alle weiteren sich bietenden externen und internen Nutzenpotentiale in Erwägung gezogen werden. Mit dieser Kernthese wird die traditionelle Wettbewerbsstrategie überwunden und die für die turbulenten Zeiten des ausgehenden 20. und beginnenden 21. Jahrhunderts so wichtige flexible Konzeption der Unternehmensdynamik etabliert.

Die Hauptfrage für Firmen, deren Nutzenpotentiale sich der Reife zuwenden oder die Reifephase bereits erreicht haben, lautet somit: In welchen Bereichen könnten für unser Unternehmen neue, attraktive Nutzenpotentiale liegen? Wie soll zur Abklärung dieser Frage vorgegangen werden? Bevor wir uns mit dieser Frage auseinandersetzen, müssen jedoch noch einige grundsätzliche Charakteristika der Reifephase geklärt werden.

Die Übersicht im zweiten Abschnitt des ersten Teils über die Nutzenpotentiale bildet hierfür einen ersten Anhaltspunkt. Demnach muß bei jedem externen oder internen Nutzenpotential geprüft werden, ob und in welchem Umfang eine Erschließung durch die eigene Firma in Frage kommt. Dabei ergeben sich spezifische Probleme:

- Es ist abzuklären, inwieweit in Zukunft mit einem Wachstum gerechnet werden kann. Hier ist wiederum die mit objektiven und subjektiven Unsicherheiten verbundene Prognose ein Problem, wobei allerdings aufgrund der Erfahrungen aus der Vergangenheit vielfach durchaus stichhaltige Aussagen gemacht werden können.
- Sehr schwierig ist es, Nutzenpotentiale in der Form neu entstehender Märkte zu beurteilen. Hier hilft in der Regel nur das Austesten der neuen Leistungen im Markt.
- Die Möglichkeiten technologischer Nutzenpotentiale sind normalerweise ebenfalls durch konkrete Testprojekte zu prüfen.

- Durchaus erfaßbar sind hingegen Nutzenpotentiale, die aufgrund neuer gesamtwirtschaftlicher Gegebenheiten entstehen. Dies gilt beispielsweise für Nutzenpotentiale in flüssigen Kapitalmärkten und besonders für Nutzenpotentiale, die sich aus einer (meistens inflationsbedingten) Diskrepanz von Buchwert und Verkehrswert von Unternehmen ergeben. Oft können durch wenig aufwendige Untersuchungen unerwartete Möglichkeiten entdeckt werden. Notwendig ist allerdings eine unvoreingenommene und unkonventionelle Prüfung.
- In vielen Ländern sind die Nutzenpotentiale im Humanbereich recht deutlich erkennbar. Der Wunsch nach Selbstentfaltung und unternehmerischer Tätigkeit nimmt auf breiter Basis zu. Es ist zu bedauern, daß sich bisher viele Firmen den damit verbundenen Nutzenpotentialen noch zu stark verschlossen haben.
- Üblicherweise können die Auswirkungen neuer gesetzlicher Regelungen und die damit verbundenen Nutzenpotentiale recht frühzeitig erkannt werden. Die relevanten Informationen lassen sich hier oft leicht beschaffen.
- Noch einfacher ist die Beurteilung interner Nutzenpotentiale, stehen doch in diesem Fall die erforderlichen Daten in vollem Umfang zur Verfügung. Kostensenkungspotentiale, organisatorische Potentiale, Know-how-Potentiale und insbesondere Chancen im Bereiche des Asset-Redeployment können durch gezielte Analysen leicht erfaßt und beurteilt werden.

Neben dieser auf neue Nutzenpotentiale ausgerichteten Betrachtung sind natürlich auch die Möglichkeiten zu sondieren, die sich für eine umfassendere Ausschöpfung der existierenden Nutzenpotentiale ergeben. Bei Marktpotentialen ist etwa zu prüfen, inwiefern durch geschickte Marketingmaßnahmen der Lebenszyklus von Marktleistungen ausgedehnt werden kann. Bei Finanzpotentialen lohnt es sich, abzuklären, ob ein Ausweichen auf andere Finanzmärkte möglich ist.
Viele Nutzenpotentiale, die zur Reife neigen, sind durch einen zunehmenden Margendruck gekennzeichnet. Die übliche Reaktion besteht

Eine permanente Bedrohung in der Reifephase besteht darin, daß das Unternehmen anstelle einer prospektiven Erschließung neuer Nutzenpotentiale mehr und mehr zu einer Verteidigung existierender Potentiale übergeht, ohne den Schaden zu erkennen.

in derartigen Situationen darin, die Führung zu straffen, Kostensenkungsprogramme zu realisieren und strengere Kontrollen einzuführen – alles Aktivitäten, die grundsätzlich positiv zu beurteilen sind. Kritisch wird es allerdings dann, wenn die mit der Straffung verbundenen Prozesse zu einer zunehmenden Bürokratisierung führen. Führungskräfte nehmen in bürokratischen Regelungen Zuflucht, um ihre Bereiche verteidigungsfähig zu machen. Nicht mehr die dynamische Expansion, sondern die Bewahrung des Erreichten rückt immer mehr in den Mittelpunkt des Denkens. Reglementierungen in der Form von Arbeitsanweisungen, Informationspflichten, Kompetenzbeschreibungen, Stellenbeschreibungen, Funktionendiagrammen usw. werden als scheinbar ideale Instrumente einbezogen. Sie erlauben es, die Geschehnisse streng zu überwachen und anscheinend in geordneten Bahnen zu bewahren. Daß diese Reglementierungen den zunehmenden Umweltturbulenzen diametral entgegenlaufen können, wird schlechthin negiert.

Als kritisch entpuppt sich die Reifephase, wenn das ganze Denken und Handeln im Unternehmen ausschließlich defensiv ausgerichtet wird. Damit geht das Unternehmen jeder kreativ-innovativen Handlungsweise verlustig. Es erstirbt im Teufelskreis der Statik: Weil keine Expansionsmöglichkeiten mehr ersichtlich sind, muß zunehmend reglementiert werden.

Diese sich ständig ausweitende Reglementierung blockiert die noch vorhandenen kreativ-innovativen Kräfte, prospektive Führungskräfte wandern ab, und auf frei werdende Stellen melden sich nur noch Statiker und ängstliche Bürokraten. Damit wird die Erneuerungsfähigkeit im Sinne einer Befähigung zur Erschließung neuer Nutzenpotentiale vollends aufgegeben.

In vielen Unternehmen, die dieser Kennzeichnung entsprechen, liegt das Problem in erster Linie darin, daß die eingeschlagenen Verteidigungsstrategien während längerer Zeit durchaus erfolgreich sind, denn es können immer noch – wenn auch zunehmend marginalere – Erträge erwirtschaftet werden. Zudem sind oft beachtliche Reserven vorhanden, die es erlauben, das Unternehmen über Wasser zu halten.

Welche neuen Nutzenpotentiale kommen grundsätzlich für das Unternehmen in Frage?
Wie groß sind diese?
Welche neuen Lösungskonzepte kann das Unternehmen zur Erschließung der Nutzenpotentiale anbieten?
Welche Chancen und Gefahren sind jeweils mit den erkannten Nutzenpotentialen verbunden?

- **Allgemeine Umwelttendenzen in Ökologie, Technologie, Wirtschaft, Politik, Gesellschaft, sozialpsychologische und demographische Entwicklungen**
- **Entwicklungen der relevanten Bezugsgruppen (Kunden, Lieferanten, Mitarbeiter usw.)**
- **Entwicklungen bei Wettbewerbern, die ebenfalls die Nutzenpotentiale anvisieren (alte und neue Wettbewerber, Eintrittsbarrieren usw.)**

Auf welchen Stärken kann das Unternehmen in bezug auf die einzelnen Nutzenpotentiale aufbauen?
Welche Schwächen sind zu überwinden?
Welche besonderen Fähigkeiten im Sinne von strategischen Erfolgspositionen muß das Unternehmen entwickeln und aufbauen, damit die neuen Nutzenpotentiale erfolgreich erschlossen werden könnten?
Wie können die existierenden Nutzenpotentiale noch umfassender ausgeschöpft werden?
Wie weit ist der Bürokratisierungsprozeß bereits vorangeschritten?

Abb. 16: Grundfragen in der Reifephase

Bei der Erfassung der Ausgangslage sind die sich aus dieser Problematik ergebenden Sachverhalte im Hinblick auf eine Dynamisierung genauestens zu analysieren. Insbesondere ist abzuklären, wie weit der Bürokratisierungsprozeß bereits vorangeschritten ist.
Die von einem Unternehmen mit Nutzenpotentialen in der Reife-

Die Suche nach neuen Nutzenpotentialen muß unter Berücksichtigung wichtiger Umwelttrends erfolgen. Sodann sind jene Nutzenpotentiale ins Auge zu fassen und auszuschöpfen, bei denen auf schon existierenden Stärken aufgebaut werden kann.

phase zu beantwortenden Fragen können jetzt, wie in Abb. 16 geschehen, zusammengefaßt werden.
Man kann den Eindruck gewinnen, daß die Suche nach neuen Nutzenpotentialen in der Reifephase ein logisch-analytischer Prozeß ist, als ginge es demnach nur darum, die Chancen möglicher neuer Nutzenpotentiale zu erfassen und zu bewerten. Dem ist bei weitem nicht so. Der Grund dafür liegt in den fixierten Denkmustern des Managements, mit denen wir uns im folgenden auseinandersetzen wollen.
Vielfach wird die Reifephase von den Schlüsselpersönlichkeiten gar nicht als solche wahrgenommen. Dies war in den siebziger Jahren bei vielen schweizerischen Uhrenherstellern der Fall. So sagte mir der Chef einer namhaften Uhrenfabrik anläßlich eines Gesprächs im Jahre 1974, daß die elektronische Uhr aus Kostengründen im Detailhandel nie für unter 500 sfr verkauft werden könnte. Er stützte seine Aussage auf eine von einem sehr namhaften Forschungsinstitut durchgeführte Technologie- und Marktstudie. Die Ursache dieser markanten Fehlbeurteilung erklärte sich aus den Denkmustern des Managements vieler traditionsreicher Uhrenfabriken. Sie hatten ihre gesamte Karriere in Betrieben gemacht, welche mechanische Uhren herstellten, und oft auch Fachschulen für Uhrenmechanik besucht. Das ganze persönliche Beziehungsnetz war auf Personen ausgerichtet, die ebenfalls mit mechanischen Uhren groß geworden waren. Für diese Manager war es schlechthin undenkbar, daß eine solche Technik eines Tages durch eine andere substituiert werden könnte. Die vorgefaßten Ansichten waren so stark ausgeprägt, daß einfach nicht zur Kenntnis genommen wurde, daß bereits im Jahre 1974 elektronische Uhren im schweizerischen Detailhandel zu Preisen von unter 300 sfr erhältlich waren!
Ich schildere diese Begebenheit deshalb an dieser Stelle, weil gleichgelagerte Situationen in vielen Branchen und Firmen anzutreffen sind: Die machtpolitisch entscheidenden Positionen werden von Führungskräften besetzt, welche die zunehmende Sättigung schlechthin nicht zur Kenntnis nehmen. Aufgrund ihrer während der Wachstumsphase erzielten Erfolge verfügen sie zudem über eine hohe Selbstsi-

cherheit und Selbsteinschätzung. Aus tiefster innerer Überzeugung glauben sie, daß die Sättigung vorübergehend ist, z. B. weil sie konjunkturell erklärbar sei. In ihrer Selbstsicherheit sind sie nicht nur nicht zur Einsicht bereit, sie erachten erforderliche Korrekturmaßnahmen sogar für überflüssig. Hierin liegt denn auch ein Kernproblem, wenn es darum geht, die Reifephase zu überwinden.

In derartigen Situationen muß versucht werden, die Gesetzmäßigkeiten menschlichen Denkens und Verhaltens und die in Denkmustern liegende Gefahr bewußtzumachen. Durch möglichst klare Fakten ist zu verdeutlichen, daß man in die Reifephase mit all ihren Gefahren eingetreten ist. Gegebenenfalls sind in solchen Fällen machtpolitische Einflußnahmen unerläßlich.

Das frühzeitige Erkennen attraktiver Nutzenpotentiale wird durch einen weiteren täglich spürbaren Umstand erschwert. Heute leiden alle Entscheidungsträger eines Unternehmens unter einer kaum noch zu bewältigenden Informationsflut. Neben den betriebsinternen Informationen liefern die Massenmedien sowie die Wirtschafts- und Fachpresse dauernd neues Wissen über neue Nutzenpotentiale. Dieses umfaßt Informationen über Perestroika in der UdSSR genauso wie über Supraleiter oder über neue Entwicklungen im Finanzbereich. Die Problematik wird noch verstärkt durch die Europäisierung und Globalisierung der Märkte. Aus dieser Flut, die zudem in verschiedenen Sprachen auf uns eindringt, muß das Unternehmen permanent die zu erwartenden Konsequenzen für bestehende und neue relevante Nutzenpotentiale herausdestillieren. Viele Führungskräfte reagieren darauf mit Abkapselung und Resignation. Sie sind nicht mehr bereit, die in der Wirtschaftspresse veröffentlichten Geschehnisse in verschiedenen Ländern zur Kenntnis zu nehmen. Gerade hier liegt aber eine große Chance für dynamische Unternehmer.

Dazu ein Beispiel: Der damals knapp dreißig Jahre alte Hans-Dieter Fuchs entdeckte zu Beginn der achtziger Jahre erste Publikationen über Leveraged Buyouts in der amerikanischen Wirtschaftspresse. Frühzeitig erkannte er das Nutzenpotential, das in dieser neuen Akquisitionsform enthalten war. In der Folge entwickelte er ein auf

Die Beurteilung der Nutzenpotential-Situation durch das Management wird in vielen Fällen zu stark von existierenden Denkmustern beeinflußt. Dies führt dazu, daß die Nutzenpotentiale in der Reifephase sehr häufig zu hoch eingeschätzt werden.

die Verhältnisse der Bundesrepublik Deutschland zugeschnittenes Konzept des Leveraged Buyout (LBO). Er wurde damit ein echter Wirtschaftspionier. Durch die Übertragung des in den USA entwickelten LBO-Konzepts auf die Bundesrepublik schaffte er es innerhalb weniger Jahre, eine Firmengruppe mit über 400 Mio. DM Umsatz aufzubauen.
Unbedingt erforderlich ist mithin eine breitangelegte, unkonventionelle Suche nach Nutzenpotentialen, bei der alle möglichen Informationsquellen unvoreingenommen erschlossen werden. Dabei können spezialisierte Firmen wichtige Unterstützungsdienste leisten.

Grundfragen in der Niedergangsphase

In der Niedergangsphase schrumpft das vom Unternehmen erschlossene Nutzenpotential. Die Anzahl möglicher Transaktionen nimmt ab. Weil die Kosten in der Regel nicht parallel zum Transaktionsvolumen gesenkt werden können (Remanenz der Gemeinkosten), steuert das Unternehmen meistens auf eine mißliche Ertragslage zu.
Die klassischen Reaktionen in dieser Situation sind etwa die Einleitung (weiterer) Kostensenkungsprogramme oder Desinvestitionen. Verschiedene Firmen sind bestrebt, über Lobbying staatliche Subventionen oder fiskalische Erleichterungen zu erlangen. Zudem wird immer wieder versucht, tarifäre oder nichttarifäre Handelshemmnisse oder Importbeschränkungen durchzusetzen (Beispiele: Schutzzölle auf landwirtschaftlichen Importgütern oder Importbeschränkungen zugunsten der französischen Automobilindustrie). In welchem Umfang derartige Schritte als opportun erscheinen, ist mehr als fraglich, denn diese Maßnahmen tragen keinesfalls zur strukturellen Bereinigung bei. Im Gegenteil – sie führen zu einer zunehmenden Erstarrung des Unternehmens oder der Branche. Die Ergebnisse der europäischen Landwirtschaftspolitik beweisen dies deutlich. Es muß deshalb nach anderen Wegen gesucht werden.
Sicherlich ist es erst recht in der Niedergangsphase wünschenswert, ein neues, zukunftsträchtiges Nutzenpotential zu erschließen. Argenti hat aufgezeigt, daß verschiedentlich Firmen in dieser Periode

Welche Möglichkeiten zur Kostensenkung und Cash-flow-Erhöhung bestehen im Unternehmen?
Welche Möglichkeiten bestehen für ein Turnaround-Management?
Welche internen Nutzenpotentiale können kurzfristig erschlossen werden?
Gibt es neue externe Nutzenpotentiale, die ohne große Risiken erschlossen werden können?

Abb. 17: Grundfragen in der Niedergangsphase

Zuflucht in einem Großprojekt suchen. Die angeschlagene Flugzeugturbinenfirma Rolls-Royce lancierte so im Jahre 1967 mit der Turbine RB 211 ein Großprojekt, das rund ein Drittel des gesamten Umsatzes der nächsten Jahre einbringen sollte. Aufgrund einer unseriösen und zweckoptimistischen Kosten- und Zeitkalkulation überstiegen die effektiven Ausgaben das Budget um das Fünffache. Rolls-Royce geriet dadurch in einen Liquiditätsengpaß und mußte im Februar 1971 Konkurs anmelden.[10] An diesem Beispiel erkennen wir, daß die Erschließung eines neuen Nutzenpotentials in der Niedergangsphase aus finanziellen und Risikogründen oft nicht mehr möglich ist.
Die Frage, ob in der Niedergangsphase mit Vorrang neue, externe Nutzenpotentiale erschlossen werden sollen, ist deshalb besonders kritisch unter die Lupe zu nehmen. Oft ist es günstiger, zuerst durch ein klassisches Turn-around-Management interne Nutzenpotentiale auszuschöpfen und auf diese Weise eine angemessene Gesundung herbeizuführen. Dementsprechend empfehle ich dann, vorzugsweise eine solche Managementstrategie einzuleiten. Nützliche Hinweise für die entsprechenden Vorgehensweisen finden sich bei verschiedenen Autoren.[11]

In der Niedergangsphase bleibt nur noch, die kritische Unternehmenssituation durch ein konsequentes Turnaround-Management zu bereinigen. Erst danach ist es den Firmen möglich, neue Nutzenpotentiale zu suchen und auszuschöpfen.

Die sich aus der Niedergangsphase ergebenden Grundfragen sind in Abb. 17 zusammengefaßt.

Welche Wertgeneratoren erhöhen den Nutzen?

Eine dynamische Expansion stellt immer hohe Anforderungen an die finanziellen Möglichkeiten des Unternehmens. Deshalb ist die Sicherstellung eines hohen Cash-flows ein zentrales Anliegen. Die Finanzkraft eines Unternehmens wird allerdings nicht nur durch den Cashflow bestimmt. Wichtiges Kriterium ist letztlich, in welchem Umfang der Unternehmenswert erhöht werden kann.

Diese Thematik wurde in dem Anfang der achtziger Jahre entwickelten Aktionärsnutzenansatz (»shareholder value approach«) einbezogen. Danach sollten alle Aktivitäten darauf ausgerichtet werden, den Aktionärsnutzen zu erhöhen – eine Betrachtungsweise, die natürlich als einseitig anzusehen ist. Da es langfristig nicht das einzige Ziel des Unternehmens sein kann, nur den Nutzen einer Bezugsgruppe – der Aktionäre – zu maximieren, fordere ich im Zusammenhang mit der Unternehmensdynamik, den Nutzen für alle Bezugsgruppen zu optimieren. In der Praxis besteht allerdings zwischen beiden Ansätzen nicht unbedingt ein Widerspruch, gewährleistet doch die mit dem Aktionärsnutzen-Ansatz verbundene Optimierung der ökonomischen Werte ebenfalls eine echte Nutzensteigerung für die meisten anderen Bezugsgruppen. Dank der gestärkten Finanzkraft können beispielsweise den Mitarbeitern angemessene Löhne bezahlt werden. Selbstverständlich profitiert auch das Gemeinwesen in der Form hoher Steuereinkünfte. Aber auch Kunden und Lieferanten schätzen es, mit einem gesunden Unternehmen zusammenzuarbeiten. Die untersuchten dynamischen Firmen haben übrigens ebenfalls klar belegt, daß es durchaus möglich ist, sowohl für die Aktionäre als auch für die anderen Bezugsgruppen substantielle Nutzensteigerungen zu erzielen.

Aus Sicht des Bezugsgruppenansatzes erscheint es allerdings als zweckmäßig, nicht den Aktionärsnutzen allein in den Mittelpunkt der Betrachtung zu stellen, sondern den Unternehmenswert schlechthin.

Ziel des Managements muß es demnach sein, alle Aktivitäten einzuleiten, die einen Beitrag zur (längerfristigen) Erhöhung des Unternehmenswertes zu leisten vermögen. Da von dieser Zielsetzung sowohl die Aktionäre als auch die anderen Bezugsgruppen profitieren, können die Instrumente des Aktionärsnutzenansatzes ohne weiteres übernommen werden. In den nachfolgenden Betrachtungen wollen wir uns somit fragen, wie diese Instrumente im Blick auf die Unternehmensdynamik angewendet werden können, um den Unternehmenswert zu erhöhen.
Nach Alfred Rappaport kann der Unternehmenswert durch die richtige Gestaltung der sechs sogenannten Wertgeneratoren (»value drivers«) maximiert werden.[12] Diese können vereinfacht wie folgt dargestellt werden:

- Erstens kann über das Umsatzwachstum der operationelle Cash-flow und damit der Unternehmenswert erhöht werden.
- Zweitens kann über eine gesteigerte operationelle Gewinnmarge der operationelle Cash-flow positiv beeinflußt werden.
- Drittens ist die Gewinnsteuerrate zu beachten. Gelingt es, diese durch steuertechnische Maßnahmen zu senken, erhöht sich ebenfalls der Cash-flow.
- Viertens kann durch eine Verminderung der Investitionen in das Umlaufvermögen der operationelle Cash-flow erhöht werden.
- Fünftens sind die Investitionen in das Anlagevermögen von Bedeutung. Auch über deren Senkung kann der operationelle Cash-flow erhöht werden.
- Sechstens bestimmen der Fremdkapitalanteil und die daraus resultierenden Kapitalkosten die verfügbaren Finanzmittel des Unternehmens und damit den Unternehmenswert.

Der Unternehmenswert kann somit erhöht werden, indem die Wertgeneratoren positiv beeinflußt werden. Die Analyse, Überwachung und Gestaltung dieser sechs Parameter wird zu einem zentralen Anliegen der Unternehmensführung.

Sehr häufig besteht das vorrangige Ziel einer Dynamisierung in der Steigerung des Unternehmenswertes. In diesem Fall müssen die Wertgeneratoren der Firma aus der Sicht der interessanten Nutzenpotentiale kritisch und detailliert analysiert werden.

Wert-generatoren / Nutzen-potentiale	Marktpotential	Beschaffungs-potential	internes Humanpotential	Informatik-potential	Übernahme- u. Restrukturierungs-potential	usw.
Umsatz-wachstum	- Mixverbesserung (Shop in the Shop) - neue Angebots-formen	- Rückwärtsintegration - Einkaufspooling	- Incentives - Ausbildungszentrum - neuer Verkäufertyp	- Kundenbindung, Service - neue Zahlungssysteme	- Auslandsakquisitionen	...
Cash-flow-Marge	- Preispolitik - Absatzförderung - Sortimentsmix	- Rückwärtsintegration - Einkaufsmarketing	- flexible Arbeitsformen - Öffnungszeiten - Schulung	- OVA (Overhead value analysis) - Automatisierung	- Abbau Overhead - Synergien	...
Investitionen - Umlaufvermögen - Anlagevermögen	- Flächenanalyse - Sell and lease back	- Investition/Desinvestition in Produktionsanlagen	- Aufbau Management-kapazität (strategische Reserve)	- Lager-, Kreditoren-, Debitorenmanagement - Cash-Management	- Kaufpreis	...
Kapitalkosten	- Leverage - Reduktion nicht betriebsnotwendiger Teile	- Leverage		- Leverage	- Leverage (Aktientausch)	...
Ertrags-steuerrate	- Optimierung der Gesellschaftsstruktur	- Optimierung der Gesellschaftsstruktur		- Optimierung der Gesellschaftsstruktur	- Optimierung der Gesellschaftsstruktur	...

Abb. 18: Erhöhung des Unternehmenswertes durch Ausschöpfung konkreter Nutzenpotentiale (auszugsweises Beispiel eines Großverteilers). Der Unternehmenswert kann über Wertgeneratoren erhöht werden.

Für uns erheben sich jetzt zwei Basisfragen:

- In welchem Umfang kann durch die Erschließung eines neuen Nutzenpotentials der Unternehmenswert erhöht werden? Diese finanzielle Kenngröße ist sicher ein zentrales Beurteilungskriterium für die Nutzenpotentiale.
- Welche Beziehung besteht zwischen Nutzenpotentialen und Wertgeneratoren? Diese Frage wurde von meinem Kollegen Peter Gomez aufgeworfen. Er geht davon aus, daß sämtliche auf die Erschließung von Nutzenpotentialen ausgerichteten Tätigkeiten einen Einfluß auf die Wertgeneratoren ausüben. Dies kann anhand einer Matrix verdeutlicht werden, wie sie in Abb. 18 dargestellt ist. Dort wird am Beispiel eines Großverteilers gezeigt, welche Maßnahmen zu einer Erhöhung des Unternehmenswertes führen könnten. Selbstverständlich muß jedes einzelne Vorgehen quantitativ bewertet und im Hinblick auf seinen Beitrag zur Erhöhung des Unternehmenswertes speziell untersucht werden.

Der augenfälligste Vorteil dieser Analyse besteht darin, daß anhand eines Rasters praktisch alle Aktivitäten, die zu einer Erhöhung des Unternehmenswertes führen, identifiziert und unvoreingenommen geprüft werden können. Die weitgefaßte Nutzenpotentialbetrachtung gewährleistet, daß sämtliche maßgeblichen Möglichkeiten zur Erhöhung des Unternehmenswertes überprüft werden können. Herkömmliche Programme beschränken sich demgegenüber in der Regel auf einen spezifischen Wertgenerator. So sind beispielsweise Kostensenkungsprogramme einseitig darauf ausgerichtet, den Wertgenerator »Gewinnmarge« zu erhöhen.
Die auf die Nutzenpotentiale bezogene Untersuchung der möglichen Aktivitäten zur Erhöhung des Unternehmenswertes stellt insofern eine wesentliche Basis für die Dynamisierung dar, als sie diejenigen Aktivitäten aufdeckt, die den höchsten Nutzen abwerfen. Konzentriert sich das Unternehmen auf diese Aktivitäten, so kann gemäß dem Dynamik-Prinzip eine optimale Hebelwirkung ausgelöst werden.

Die Auswahl der vom Unternehmen zu erschließenden Nutzenpotentiale sollte derart erfolgen, daß alle in Frage kommenden Potentiale systematisch aufgeführt und gemessen an ihrer Attraktivität sollten Prioritäten gesetzt werden.

Wie dynamische Unternehmen ihre Nutzenpotentiale auswählen

Die Wahl der Nutzenpotentiale ist eine fundamentale Grundsatzentscheidung, die im Mittelpunkt des unternehmerischen Denkens und Handelns steht. Wie wir gesehen haben, durchlaufen Nutzenpotentiale verschiedene Phasen. Aus diesem Grund muß sich das dynamische Unternehmen darum bemühen, die gegenwärtigen und zukünftigen Aktivitäten auf attraktive Nutzenpotentiale auszurichten. Attraktiv sind jene Nutzenpotentiale, die sich in der Entstehungs- oder Wachstumsphase befinden.

Die Wahl der zu erschließenden Nutzenpotentiale basiert auf den bereits dargestellten Informationen. Befindet sich ein Nutzenpotential in der Entstehungs- und Wachstumsphase, so fällt die Wahl des Nutzenpotentials relativ leicht: Es geht darum, die Chancen dieses Potentials abzuklären und bei einem positiven Ergebnis den Entschluß für die konzentrierte Erfassung des Nutzenpotentials festzuhalten.

Oft befinden sich jedoch die vom Unternehmen erschlossenen Nutzenpotentiale bereits in der Reife- oder Niedergangsphase. In diesem Fall müssen neue, attraktive Möglichkeiten anvisiert werden. Die damit verbundenen Probleme haben wir bereits oben erörtert.

Durch die Beantwortung der eingangs gestellten Grundfragen wird es ermöglicht, eine Übersicht über die dem Unternehmen zugänglichen Nutzenpotentiale aufzustellen, aus der auch deren Grad an Attraktivität hervorgeht. Bei der Entschlußfassung gilt es festzulegen, welche der aufgezeigten Potentiale von der Unternehmung tatsächlich, gegebenenfalls in welcher Reihenfolge anzuvisieren sind. Dabei ist insbesondere die Frage zu klären, ob sich das Unternehmen auf ein einziges Nutzenpotential konzentrieren soll oder ob gleichzeitig mehrere Nutzenpotentiale neu hinzuzugewinnen sind.

In der Praxis finden wir beide Extreme: Die Firma McDonald's erschließt mit exklusiver Priorität das Nutzenpotential für Fast-Food-

Restaurants. Alle ihre Aktivitäten sind auf dieses marktbezogene Nutzenpotential ausgerichtet. Genau das Gegenteil verkörpert etwa Nokia. Hier wird versucht, alle nur erkennbaren Nutzenpotentiale zu erschließen. So werden über eine stark geförderte Forschungs- und Entwicklungsaktivität neue, marktgerichtete Geschäftsvorhaben realisiert. Durch die Akquisition von ausländischen Konkurrenten kann das Restrukturierungspotential ausgeschöpft werden: Geschäftstätigkeiten sind zusammenzulegen und neu zu gruppieren, ja sogar nicht passende Elemente wieder abzustoßen. Zudem realisiert das Unternehmen Finanzinnovationen in Form neuer Anleihen sowie Humaninnovationen über neue motivierende Personalführungssysteme.

Einen Mittelweg zwischen diesen Extremen hat die Schweizer Firma Mikron gewählt. Dieses Unternehmen, das praktisch in jeder Hinsicht Bezugsgruppennutzen schafft, der weit über dem Branchendurchschnitt liegt, war noch zu Beginn der sechziger Jahre ein hochspezialisierter Hersteller von Zahnradwalzfräsmaschinen mit wenigen Millionen sfr Umsatz. Schon damals erkannte das Management, daß sich das Marktpotential für mechanische Uhren und damit für die betreffenden Maschinen der Reife zuneigte. In der Folge wurden konsequent, aber in sehr ausgewogenem Umfang neue Nutzenpotentiale erschlossen: Man stieg in den Markt für Transfer- und später für Universalfräsmaschinen ein. Zudem wurde das vorhandene Know-how auf dem Gebiet der Kleinverzahnung in eine neue Produktlinie – technische Präzisionsteile aus Kunststoff – diversifiziert. Auf diese Weise konnten der Umsatz vervielfacht und zusätzlich das beachtliche Finanzierungspotential in der Form des schweizerischen Kapitalmarktes erschlossen werden. In jüngerer Zeit wurden auch die Fähigkeiten zur Restrukturierung schwach gewordener Maschinenhersteller fortentwickelt, indem einige Übernahmen und Neuorganisationen erfolgreich realisiert werden konnten.

Selbstverständlich gibt es keine allgemeine Regel, wonach nur die eine oder andere Extremform oder eine genau definierte Zwischenlösung richtig ist. Die Entscheidung hängt maßgeblich vom jeweiligen

Der Erfolg vieler dynamischer Unternehmen ist oft darauf zurückzuführen, daß sie gleichzeitig mehrere interessante Nutzenpotentiale erschließen. Dabei müssen die Entscheidungsträger jedoch stets darauf achten, ihre Kräfte nicht zu sehr zu verzetteln.

Fall und von einer Reihe von Kriterien ab, die im folgenden kurz aufgezeichnet werden sollen:
Ein erstes Kriterium ist die Größe des Nutzenpotentials. Erschließt ein Unternehmen aufgrund einer Innovation ein beachtliches Nutzenpotential, so wäre es sicher falsch, die Kräfte nicht zu konzentrieren, denn dann erlaubt eine konzentrierte Multiplikation des betreffenden Lösungskonzepts wohl die besten Resultate. Sam Walton, der Besitzer der erfolgreichsten amerikanischen Discountmarktkette Wal-Mart, konzentriert sich voll auf das attraktive Nutzenpotential für neuartige Discountgeschäfte. So eröffnete er 1988 etwa 150 neue Märkte. Der Grundsatz der Einfachheit bleibt hier immer die tragende Leitidee. Deshalb ist der Konzentration auf ein Nutzenpotential der Vorzug zu geben.
In vielen Fällen kann dagegen kein einziges wirklich attraktives Nutzenpotential gefunden werden, weil die bisherigen allesamt zur Reife neigen oder sich sogar im Niedergang befinden. Eine zweckmäßige Lösung liegt darin, mehrere Nutzenpotentiale zu erschließen, wobei jedes für sich eine angemessene – aber kaum spektakuläre – Attraktivität aufweist.
Ein dritter Aspekt ist die Ungewißheit. Oft kann der Erfolg der Erschließung eines spezifischen Nutzenpotentials im voraus nur sehr schwer abgeschätzt werden. Hier gilt es, mehrere Nutzenpotentiale anzugehen und die offenstehenden Lösungskonzepte auszutesten. Im militärischen Sprachgebrauch könnte man hier von einer »gewaltsamen Aufklärung« sprechen, die Chancen für mögliche Durchbrüche aufzeigen soll.
Ein viertes Argument für die Ausschöpfung mehrerer verschiedener Nutzenpotentiale besteht darin, daß so eine gewisse Risikoverteilung sichergestellt werden kann. Sollte sich ein Nutzenpotential infolge konjunktureller oder anderer Gründe als unergiebig erweisen, so hat das Unternehmen immer noch andere, erfolgversprechende Möglichkeiten im Visier.
Fünftens spricht auch die heute so wichtige Entwicklung von unternehmerischen Führungskräften für die permanente Erschließung ver-

schiedener Nutzenpotentiale. Derartige Vorhaben eignen sich ideal als Trainingsfeld für jüngere Manager, indem sie unmittelbar aus der Realität lernen, umfassende Projekte zu realisieren.
Aus diesen Überlegungen ergibt sich folgende Schlußfolgerung: Bietet sich dem Unternehmen ein großes und attraktives Nutzenpotential mit umfassender Multiplikationsmöglichkeit, so lohnt sich tendenziell die Konzentration der Kräfte auf dieses eine Potential.
In allen anderen Fällen ist es durchaus zweckmäßig und sinnvoll, mehrere Nutzenpotentiale gleichzeitig zu erschließen. Der Unternehmer muß dann eine entsprechende Kombination oder Bündelung der zu erschließenden Nutzenpotentiale vornehmen, woraus eine Mixtur von Aktivitäten resultiert, die jeweils auf die Ausschöpfung unterschiedlicher Nutzenpotentiale ausgerichtet ist; die einzelnen können dabei durchaus nach Prioritäten geordnet werden. Das Beispiel einer Bündelung von Nutzenpotentialen ist in Abb. 19 am Beispiel der Firma Glaxo zu finden.
Die Festlegung von für das Unternehmen bedeutsamen Nutzenpotentialen darf keinesfalls als Einmalaufgabe angesehen werden. Vielmehr vollzieht sie sich in einem kontinuierlich ablaufenden Prozeß. Der Unternehmer muß permanent die Fragen aufwerfen, ob und welche neue Nutzenpotentiale sich abzeichnen. Dies ist insbesondere dann wichtig, wenn neue Handlungsmöglichkeiten an das Unternehmen herangetragen werden, sei dies beispielsweise eine Übernahmeofferte seitens einer Drittfirma oder sei dies ein Vorschlag für Neufinanzierungen. Diese flexible Offenheit ist nach meiner Feststellung ein wesentliches Merkmal des dynamischen Unternehmens.

Das dynamisierende Unternehmenskonzept

Das Unternehmenskonzept trägt das eigentliche Unternehmensgebäude und muß folgende wesentliche Elemente aufweisen:

Ein klares und verständliches Unternehmenskonzept ist ein wesentliches Charakteristikum dynamischer Unternehmen.

So stellt Bertelsmann beispielsweise die einfache Formel: »Kommunikation ist unsere Aufgabe«, ihrem Programm voran.

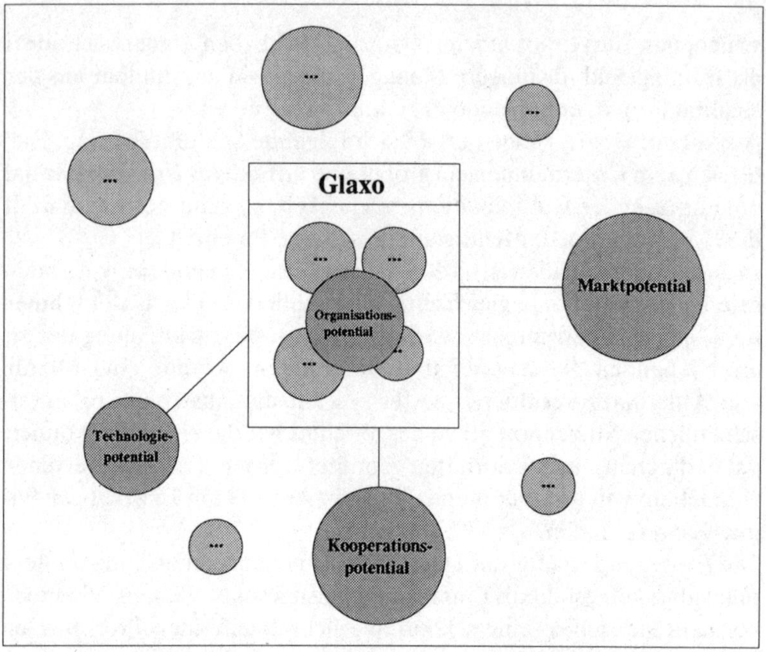

Abb. 19: Bündelung von Nutzenpotentialen am Beispiel Glaxo

Erstens sollte eine Leitidee die Philosophie oder Vision des Unternehmers zum Ausdruck bringen. Beispiele solcher Leitideen sind etwa:

- »Nobody knows the hamburger business better than we do« (McDonald's).
- »Führend in Anlageberatung« (Bank in Liechtenstein).
- »Kommunikation ist unsere Aufgabe« (Bertelsmann).

Zweitens sind die strategischen Erfolgspositionen (SEP) zu definieren. Bei diesen handelt es sich um spezifische Fähigkeiten, welche das Unternehmen zur Zukunftssicherung erwerben muß.[13] Wobei die Frage zu beantworten ist, welche Fähigkeiten im Hinblick auf die Erschließung der Nutzenpotentiale von besonderer Bedeutung sind.

Drittens müssen je nach gewähltem Nutzenpotential weitere spezifische Teilstrategien entwickelt werden. Bei marktbezogenen Nutzenpotentialen stehen bestimmte Produkt-, Markt- und Innovationsstrategien im Vordergrund. Sind Firmenübernahmen in der Diskussion, so sollten die entsprechenden Akquisitionsstrategien definiert werden. Sollen Nutzenpotentiale in Kapitalmärkten ausgeschöpft werden, so sind die diesbezüglichen Finanzstrategien festzulegen. Ähnliches gilt für die Erschließung interner Nutzenpotentiale.

Unternehmensdynamik kann ebenfalls dadurch erzeugt werden, daß attraktive Nutzenpotentiale hinzugewonnen werden, die jedoch nach einer relativ kurzen Zeit – vielleicht ein bis zwei Jahren – erschöpft sind. Dies gilt beispielsweise für interne Kostensenkungsprogramme oder für Reorganisationen. Das Dynamik-Prinzip sieht vor, daß auch derartige operationelle Nutzenpotentiale einbezogen werden müssen. Im dynamisierenden Unternehmenskonzept sind auch die diesbezüglichen Strategien zu berücksichtigen.

Über die Ausgestaltung von Konzepten und Strategien liegt eine Vielzahl von Publikationen vor.[14] An dieser Stelle sind lediglich einige, aus Sicht der Unternehmensdynamik wichtige Aspekte hervorzuheben: Ein zentrales Anliegen besteht darin, daß die in Leitidee, SEP und Teilstrategien zum Ausdruck kommende Unternehmenskonzeption ein organisches, in sich konsistentes Ganzes bildet. Diese Forderung wird ebenfalls von Drucker erhoben, wenn er ausführt, daß jeder erfolgreiche Unternehmer eine Theorie seiner Firma haben müsse.[15] Praktisch alle untersuchten dynamischen Unternehmen erfüllen diese Anforderung, deren Bedeutung so auch in allen Gesprächen unterstrichen wurde. Dr. Mark Wössner von Bertelsmann erblickt daher eine zentrale Erfolgsursache seines Unternehmens in der klaren Konzeption.

Interessant ist nun, daß auch viele erfolgreiche Firmen, die Nutzenpotentiale im Finanzbereich erschließen, gleichfalls dieser Forderung entsprechen. Nach herkömmlicher Betrachtung erscheint Hanson PLC als Konglomerat, das in den verschiedensten Branchen tätig ist; bei einer näheren Analyse wird jedoch deutlich, daß die Firma Han-

Im Unternehmenskonzept werden hauptsächlich Leitidee, strategische Erfolgspositionen und Teilstrategien definiert.

Erfolgreiche Konzepte zeichnen sich durch Konsistenz und nicht zuletzt auch durch Harmonie und Ausdruckskraft aus.

son PLC ein äußerst klares Unternehmenskonzept verfolgt. Ihre Leitidee besteht darin, »undermanaged companies« in Basisindustrien zu übernehmen und neu zu strukturieren. Diese wurden keineswegs wahllos akquiriert, sie müssen einem strengen Anforderungskatalog mit den Kriterien Technologie, finanzielle Basis und Restrukturierungsmöglichkeit genügen. Die besonderen Fähigkeiten (SEP) von Hanson liegen eindeutig im Know-how über den Akquisitions- und Restrukturierungsprozeß, der dann konsequent und meisterhaft multipliziert wird.

Welche Merkmale sind nun mit einem konsistenten, organischen Unternehmenskonzept verbunden?

Erstens ist die Hauptstoßrichtung eindeutig klar definiert. Es besteht eine präzise formulierte Vision über die Zukunft des Unternehmens.

Zweitens werden die Teilstrategien harmonisch um die Leitidee herum gruppiert. Beat Curti, der ein Unternehmen mit mehr als einer Milliarde DM Umsatz aufgebaut hat, legt auf diese ästhetische Dimension des Unternehmens besonderes Gewicht. Für ihn ist ein Unternehmen ein Kunstwerk (er spricht sogar – in Analogie zur deutschen Oper des 19. Jahrhunderts – von einem »Gesamtkunstwerk«). Danach müßte das Unternehmen wie ein solches gestaltet werden und sich durch Anmut, Harmonie, Konsistenz und Ausdruckskraft auszeichnen – nach dem Prinzip, daß das Werk den Betrachter ansprechen sollte. Von großer Bedeutung ist außerdem das innovative Element, waren doch gerade viele namhafte Künstler Innovatoren, die neue Stilrichtungen (mit)begründet haben. So ist ein außerordentlich hoher Innovationsgehalt beispielsweise bei den Werken von Rembrandt, Monet oder Picasso leicht erkennbar. Einen weiteren zentralen Faktor stellt die Rekursivität dar. Diese besagt, daß in jedem Teil die Grundstrukturen des Ganzen wiederzufinden sind. So enthält beispielsweise jede Zelle im Chromosomensatz den Code des gesamten Organismus. Bei bedeutenden Künstlern ist diese Rekursivität im Werk angelegt. Denken wir beispielsweise an Bach: Aufgrund eines kleinen Ausschnittes aus dem Brandenburgischen

Konzert kann sofort der große Schöpfer des Werkes identifiziert werden.
Von einem organischen Unternehmen können nun dieselben Qualitäten erwartet werden: Das Unternehmen hat eine bestimmte Anmut und ist von Harmonie geprägt, ist in sich konsistent und ausgewogen und zeichnet sich des weiteren durch eine gewisse Ausdruckskraft (z.B. in der Form eines starken Images) aus. Darüber hinaus ist die Unternehmensentwicklung auf innovativen Leistungen begründet. Das harmonische und konsistente Konzept entspricht dem Grundsatz der Rekursivität, indem die Kernelemente in allen Unternehmensteilen zum Ausdruck kommen.
Sicherlich muten diese Wunschvorstellungen in einer nüchternen Finanz- und Wirtschaftswelt etwas befremdlich an. Es ist aber doch erstaunlich, in wie vielen dynamischen Unternehmen derartige Grundsätze zum Tragen kommen. IKEA und Bertelsmann – um nur zwei Firmen zu nennen – pflegen diese Dimension ganz bewußt. Dabei ist zu betonen, daß eine organische Unternehmensgestaltung keinesfalls mit hohen Kosten verbunden sein muß. Entscheidend sind die konzeptionelle Leistung und der Wille, dieses Konzept konsequent zu realisieren. IKEA ist wie jedes andere Handelsunternehmen bestrebt, die Kosten für den Bau und Betrieb eines Möbelmarktes so tief wie möglich zu halten. Durch die geschickte Ausgestaltung hat der IKEA-Markt aber gleichwohl eine ästhetische Qualität. Bei der dynamischen Habasit AG, einem führenden Hersteller von Transmissions- und Förderbändern, wird mit einfachen Mitteln versucht, Arbeitsplätze harmonisch zu gestalten. Dazu gehört beispielsweise das Ausschmücken von Wänden mit Bildern, die von den Arbeitern selbst gemalt wurden.
Eine kurze Rückblende auf die Menschheitsgeschichte zeigt, daß das ästhetische Element seit jeher eine wichtige Rolle gespielt hat. Schon der Cromagnonmensch schmückte die berühmten Höhlen im Perigeux mit Kunstwerken. Auch in den antiken Hochkulturen stand das Kunstwerk im Mittelpunkt menschlichen Schaffens. Ästhetik ist folglich mit der menschlichen Natur aufs engste verbunden. Weshalb soll-

Eine klare Unternehmenskonzeption wirkt in erster Linie komplexitätsreduzierend. Die Führung der Organisation vereinfacht sich, Führungshandlungen werden transparent und verständlich. Tatsachen, die den Unternehmensaktivitäten mehr Sinn verleihen.

te dieses Kriterium bei der Unternehmensgestaltung von untergeordneter Bedeutung sein?
Es ist allerdings deutlich zwischen Firmen zu unterscheiden, die die ästhetische Komponente lediglich als Kosmetik betrachten, und solchen, bei denen eben ein harmonisches Gesamtkonzept in Vision, SEP und Teilstrategien tief begründet ist, das dann im Erscheinungsbild zum Ausdruck kommt und echt gelebt wird.
Weshalb ist ein organisches Unternehmenskonzept mit klarer strategischer Ausrichtung für das dynamische Unternehmen so wichtig?
Erstens wirkt eine klare Strategie komplexitätsreduzierend – das Unternehmen schränkt sein Tätigkeitsfeld ein. Daraus resultiert eine nicht unbedeutende Vereinfachung der Führung:

- Durch die Konzentration auf ausgewählte Nutzenpotentiale kann das diesbezügliche Wissen vertieft werden. Der erhöhte Wissensstand führt in der Folge zu besseren Entscheidungen.
- Das gründliche Wissen um die Geschäftsaktivitäten hat im weiteren zur Folge, daß Entscheidungen konsequent getroffen und umgesetzt werden. Die so oft anzutreffende Halbherzigkeit wird überwunden.
- Die hohe Qualifikation sämtlicher Unternehmensangehörigen im Bereich der Schlüsselaktivitäten ermöglicht eine rasche Aufgabenerfüllung.
- Die Überwachung wird vereinfacht. Fehlentwicklungen können frühzeitig erkannt und rasch aufgefangen werden.

Nicht minder wichtig sind die Auswirkungen auf die Mitarbeiter, aber auch auf andere Bezugsgruppen des Unternehmens, die von einem organischen Konzept ausgehen:

- Die Glaubwürdigkeit des Unternehmens und damit der Unternehmensleitung wird unter Beweis gestellt. Dank einem eindeutigen Konzept sind Managementhandlungen transparent und verständlich.
- Die Harmonie, Lebendigkeit, Ausdruckskraft und nicht zuletzt die Rekursivität führen zu einer hohen Akzeptanz der Sache des organischen Unternehmens und wirken motivierend.

- Durch die deutlich erkennbare Strategie, aber auch die harmonische Unternehmenskonzeption erhalten die Unternehmensaktivitäten einen tiefen Sinn. Daraus resultiert echte Motivation.
- Das organische Unternehmen muß ethisch einwandfrei handeln. Damit können Aktionshemmnisse abgebaut werden.
- Letzten Endes resultiert aus dem organischen Unternehmenskonzept eine »unité de doctrine«, die Basis jeder starken Kultur ist.

Insgesamt gesehen sind die klare strategische Ausrichtung und die Gestaltung einer organischen Unternehmenskonzeption zwei zentrale Triebfedern der Dynamik. Sie schaffen die Basis für die Motivation, Kultur und Sinngebung, Faktoren, die immer mehr zu grundlegenden Erfolgsvoraussetzungen werden.

Flexibilität oder Kontinuität?

In der Managementlehre hat sich seit den sechziger Jahren aus zeitlicher Sicht eine Dreiteilung eingebürgert:

- In der Unternehmenspolitik oder Unternehmensstrategie wird die langfristige Ausrichtung des Unternehmens definiert.
- Planung und Budgetierung beziehen sich auf mittelfristige und kürzerfristige Belange.
- Die kurzfristige Führung spielt sich im Bereich der Disposition ab.

Ist diese Gliederung aus der Sicht der Unternehmensdynamik zweckmäßig? Bei der Beantwortung müssen zwei entgegengesetzte Pole berücksichtigt werden:

- Wir leben in einer turbulenten Umwelt, in welcher in kürzesten Zeitintervallen völlig neue Konstellationen entstehen. Ölpreisschock, Börsencrash, Explosion der Liegenschaftspreise, aber auch bedeutende technologische Durchbrüche sind solche Ereignisse, welche für betroffene Branchen und Firmen sowohl Gefahren als auch neue Chancen mit sich bringen. Diese Ereignisse bewirken, daß existierende Nutzenpotentiale erodieren und neue

Umweltturbulenzen verlangen einerseits eine erhöhte Flexibilität, andererseits kann jedoch nachhaltiger strategischer Erfolg nur durch Kontinuität erzielt werden. Zwischen diesen zwei Polen muß ein Unternehmen den richtigen Mittelweg finden.

entstehen. Generell sollte ein dynamisches Unternehmen diejenigen Nutzenpotentiale erschließen, welche für die Bezugsgruppen den größten Nutzen abwerfen. Insofern ist eine sehr hohe Flexibilität wünschenswert: Jedes sich neu bietende Nutzenpotential wird kreativ, zupackend, eben dynamisch ausgeschöpft.

- Umgekehrt verlangt die strategische Ausrichtung des Unternehmens Kontinuität und Beharrlichkeit. Vielmehr sollte das Unternehmen – ungeachtet kurzfristiger Ereignisse – beharrlich den in der Strategie vorgezeichneten Weg befolgen. Dies ist vor allem deshalb notwendig, weil der Aufbau von Wettbewerbspositionen ein beachtliches Maß an Zeit in Anspruch nimmt. Wird die Marschrichtung zu oft geändert, so kann die zum Aufbau der erfolgsrelevanten Fähigkeiten erforderliche Zeit fehlen. Aus dieser Perspektive ist es vorzuziehen, eine einmal eingeschlagene Marschrichtung konsequent einzuhalten. »Schuster, bleib bei deinem Leisten« wäre der oberste Leitsatz einer derartigen Unternehmensführung.

Den idealen Weg zwischen diesen beiden Extremen muß selbstverständlich jedes Unternehmen selbst finden. Im Hinblick auf die Dynamik sollen einige Tendenzen aufgezeigt und dem Leser Grundsatzüberlegungen an die Hand gegeben werden, die mir bedeutungsvoll erscheinen: Erstens verlangt eine hohe Umweltturbulenz zwangsläufig eine erhöhte Flexibilität. Der Grundsatz »Schuster, bleib bei deinem Leisten« kann hier leicht in »Schuster, stirb bei deinem Leisten« ausmünden. Beispielsweise konzentrierte sich der amerikanische Registrierkassenhersteller NCR noch Anfang der siebziger Jahre auf die Produktion elektromechanischer Kassen. Das Topmanagement realisierte nicht den rasanten Substitutionsprozeß durch vollelektronische Kassen. Vielmehr war »Stick to the knitting« die Devise. Der Marktanteil elektromechanischer Registrierkassen ging jedoch zwischen 1972 und 1976 von 90 auf 10 % zurück. In der Folge mußte NCR Abschreibungen von weit über 100 Mio. $ auf nicht verkaufbaren Registrierkassen der veralteten Generation vornehmen.[16] Daß hier die strategischen Grundsätze der Beharrlichkeit und der Ausrichtung auf eigene Stärken (elektromechanische Registrierkassen) falsch angewendet wurden, hat die Entwicklung deutlich gezeigt. Auch wenn dies sehr schwerfällt und mit viel Mühsal verbunden ist, müssen in derartigen Fällen im Sinne einer Diversifikation neue Nutzenpotentiale erschlossen werden. Eine beharrliche Konzentration der Kräfte ist somit nur so lange zulässig, als das Nutzenpotential sich noch in der Wachstumsphase bewegt.

Zweitens kann auch aus der Nutzenpotential-Betrachtungsweise die Forderung nach erhöhter Flexibilität abgeleitet werden. Die Attraktivität verschiedener Nutzenpotentiale dauert lediglich kurz- bis mittelfristig an. Dies gilt besonders für interne Nutzenpotentiale wie das Kostensenkungspotential, das organisatorische Potential oder das Bilanzpotential. Es ist durchaus möglich, daß in einem nicht straff geführten Unternehmen diese Potentiale hochinteressant sind und dementsprechend auch unbedingt erschlossen werden sollten. Kostensenkungs-, organisatorische Entflechtungsprogramme oder Projekte zur Senkung des Umlaufvermögens sind zwar kaum strategischer Natur, können aber wesentlich zur Dynamisierung beitragen.

Hier sehen wir deutlich den Unterschied zwischen dem reinen Strategieansatz und dem Dynamik-Ansatz: Der Dynamik-Ansatz fragt primär nach der Attraktivität der Nutzenpotentiale und fordert, daß diese sowohl auf langfristig-strategischer als auch auf operativer Ebene konsequent ausgeschöpft werden. Der Dynamik-Ansatz kombiniert somit strategische und operative Elemente. Weiterhin fordert dieser, daß die Geschäftsaktivitäten im Rahmen eines harmonischen Unternehmenskonzeptes ausgeübt werden. Beim Strategieansatz steht die längerfristige Ausrichtung im Vordergrund. Damit wird deutlich, daß der Dynamik-Ansatz eine wesentlich flexiblere Unternehmensführung zuläßt beziehungsweise wünschbar macht. Eine Gegenüberstellung des strategischen Führungsmodells und des Dynamik-Ansatzes ist in Abb. 20 a und b aufgezeigt. Beiden ist gemeinsam, daß die konzeptionelle Unternehmensausrichtung definiert wird. Innerhalb dieser Ausrichtung sind jedoch die strategischen Handlungen eher langfristiger Natur. Demgegenüber spielt die Fristigkeit beim Dynamik-Ansatz eine weniger bedeutsame Rolle. Hier können attraktive Nut-

Im Gegensatz zum ausschließlich langfristig ausgerichteten Strategieansatz integriert der Dynamikansatz ebenfalls die kurzfristige und flexible Ausschöpfung von Nutzenpotentialen innerhalb des schon vorgegebenen Unternehmenskonzeptes.

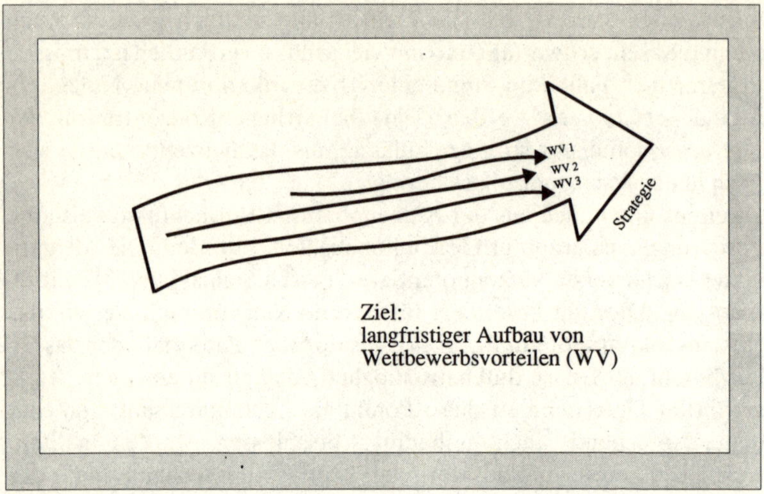

Abb. 20a: Der wettbewerbsstrategische Ansatz

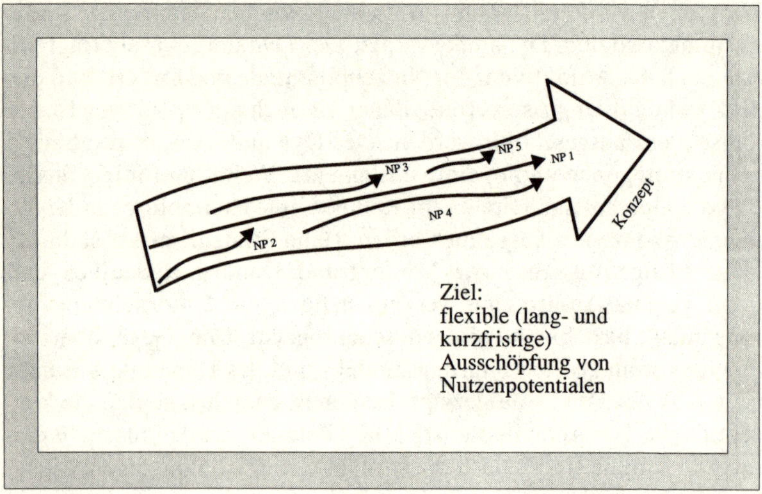

Abb. 20b: Der Ansatz des Dynamik-Prinzips

zenpotentiale durchaus – innerhalb der definierten Marschrichtung – flexibel ausgeschöpft werden.

Es ist möglich, die Flexibilität durch die Definition neuer, übergeordneter Nutzenpotentiale zu erhöhen. Dies ist beispielsweise die Erfolgsstrategie von Forbo, dem in Europa führenden Hersteller von Bodenbelägen. Die regionalen Boden- und Wandbelagsmärkte befanden sich in den siebziger und achtziger Jahren mit Sicherheit in der Reifephase. Eine volle und ausschließliche Konzentration auf dieses Marktpotential mit dem Ziel, nur mit Marketingstrategien Marktanteile zu gewinnen, hätte wohl kaum den gewünschten Erfolg gebracht. Aus diesem Grund begann Forbo in der zweiten Hälfte der siebziger Jahre, ein übergeordnetes Nutzenpotential in der Form von akquirierbaren mittelständischen Belagsfirmen zu erschließen. Dieses Nutzenpotential befand sich zu jenem Zeitpunkt noch in der Entstehungsphase, da viele Firmeneigentümer erst infolge der rezessiven Wirtschaftsentwicklung der siebziger Jahre begannen, ihre Firmen zum Verkauf anzubieten. Forbo konnte durch die neue Übernahmestrategie ihre Flexibilität in verschiedener Hinsicht erhöhen: Zum ersten stieg man in eine ganze Reihe von neuen Märkten ein, was einen gewissen Ausgleich zur Folge hatte. Die sich bietenden Möglichkeiten im Bereiche von Betriebszusammenlegungen erhöhten ebenfalls die Flexibilität. Dazu kamen vielseitigere Marketingansätze und Sortimente. Schließlich wurde auch die Möglichkeit geschaffen, das zur Verfügung stehende Managementpotential flexibel einzusetzen.

Ein Unternehmen benötigt ein klares Konzept, wobei jedoch innerhalb dieses Konzeptes eine hohe Flexibilität gewährleistet bleiben muß. Dies bedingt zweierlei:

- Erstens muß das Unternehmen in die Lage versetzt werden, die Anpassungsprozesse im Sinne von Neuorientierungen so schnell wie irgend möglich zu vollziehen. Dies stellt hohe Ansprüche an die Lernfähigkeit des Unternehmens.
- Zweitens muß die Bereitschaft zur unvoreingenommenen Betrachtung des Unternehmens gefördert werden. Die gesamthafte (auf alle Bezugsgruppen ausgerichtete) Nutzenleistung gewinnt im Ver-

Hauptziel des Unternehmens ist es, einen echten Nutzen für alle relevanten Bezugsgruppen zu stiften. Ist dieses Ziel nicht mehr gewährleistet, so muß in jedem Fall die Frage nach der Lebensberechtigung der Firma kritisch gestellt werden.

hältnis zur Fortschreibung bisheriger Aktivitäten substantiell an Bedeutung. Zeichnet sich in einem Unternehmen eine kritische Erosion des oder der relevanten Nutzenpotentiale ab, so sind zwangsläufig unkonventionelle Lösungen ins Auge zu fassen, und zwar zu einem frühestmöglichen Zeitpunkt, in welchem noch genügend Handlungsspielräume offenstehen.

Wegweisungen für die Managementpraxis

Wertvorstellungen

Der dynamische Unternehmer und Manager prüft in periodischen Zeitabständen die einmal postulierten Wertvorstellungen. In diesem Zusammenhang analysiert er kritisch, ob alle Bezugsgruppen von den Leistungen des Unternehmens profitieren.

Grundfragen

Aus dem Dynamik-Prinzip ergibt sich eine Reihe von Grundfragen, die in regelmäßigen Zeitabständen unvoreingenommen geprüft werden müssen. Dabei ist insbesondere abzuklären, in welcher Phase sich die vom Unternehmen erschlossenen Nutzenpotentiale bewegen und welche Geschäftsaktivitäten das Unternehmen heute multipliziert.

Organisches Gesamtkonzept

Dynamik-Promotoren definieren bewußt die vom Unternehmen in Zukunft zu erschließenden Nutzenpotentiale. Dabei achten sie auf eine organische Gesamtgestalt des Unternehmens, die sich durch Harmonie, Konsistenz, korrekte ethische Grundhaltung und angemessene Ästhetik auszeichnet.

Flexible Ausschöpfung von Nutzenpotentialen

Erhöhte Umweltturbulenzen führen zu raschen Veränderungen der Nutzenpotentiale. Der dynamische Manager nützt diese pragmatisch und undogmatisch aus, indem er neue Nutzenpotentiale flexibel erschließt und obsolete Aktivitäten rigoros aufgibt.

2. Gestaltungsräume für die Umsetzung: Die Strukturen des dynamischen Unternehmens

Verankerung der Dynamik in der Unternehmensverfassung

Nach Bleicher stellt die Unternehmensverfassung »...eine Art Grundsatzentscheidung über die Art und Form einer gestaltenden Ordnung eines Sozialverbandes dar«.[1] Sie dokumentiert sich in einer Reihe konstitutiver Rahmenanweisungen wie

- Anwendung gesetzlicher Vorschriften,
- Statuten,
- Geschäftsverteilungsplan,
- Geschäftsordnung,
- Organisations- und Führungsreglementen.[2]

Uns interessiert hier vor allem die Frage, durch welche Regelungen dynamische Unternehmen in ihrer Verfassung Grundlagen schaffen, die einer expansiven Entwicklung förderlich sind.

Ein ideales Beispiel ist hier wiederum Bertelsmann. Bereits 1960 erließ Reinhard Mohn eine Grundsatzordnung, in der eine Reihe von verfassungsmäßigen Normen enthalten war. Eine erste eigentliche Unternehmensverfassung wurde 1973 in Kraft gesetzt und 1980 novelliert.

Dort sind insbesondere folgende Grundsätze festgehalten:[3]

- »Das Unternehmen hat einen Leistungsbeitrag für die Gesellschaft zu erbringen;
- innerhalb des Unternehmens, d.h. in der Welt der Arbeit, ist die Selbstverwirklichung aller dort tätigen Menschen anzustreben;

Der Erfolg von Bertelsmann ist in einem beachtlichen Umfang auf die vom Vorstandsvorsitzenden Reinhard Mohn konzipierte Unternehmensverfassung zurückzuführen. In dieser wird definiert, wie die Ordnung im Sozialverband gestaltet werden soll.

- der Gewinn ist Maßstab für die Leistungsfähigkeit und Voraussetzung für die Kontinuität des Unternehmens. Die Verzinsung des Kapitals ist notwendig und gerechtfertigt. Sie erhält eine neue Qualität durch die Beteiligung der Mitarbeiter am Unternehmen;
- die Erwirtschaftung eines Steuerbeitrages ist ein weiteres Ziel, das die Funktionen des Staates ermöglichen soll;
- schließlich hat jedes Unternehmen – neben den klassischen Instanzen der Politik – einen gesellschaftspolitischen Auftrag. Es soll in seinem Bereich an der Gestaltung und Weiterentwicklung ordnungspolitischer Modelle arbeiten.«

Aus der Sicht der Unternehmensdynamik enthält diese Verfassung gleich mehrere, äußerst wichtige Elemente, die sich in vollem Umfang mit der Philosophie dieser Arbeit decken:

Erstens baut sie voll auf dem von mir vertretenen Bezugsgruppenansatz auf. Das Unternehmen muß die Interessen der Bezugsgruppen harmonisch aufeinander abstimmen.[4] Im weiteren wird stipuliert, den Nutzen für alle zu mehren.

Den Mitarbeitern im Unternehmen wird eine zentrale Rolle zugemessen. Reinhard Mohn sagt dazu an anderer Stelle: »So rate ich dem Kapital im eigenen Interesse, in den Unternehmen kooperationsbereit zu sein und die wirtschaftliche Dynamik eines partnerschaftlichen Unternehmens zu begreifen.«[5] Die Identifikation und Motivation der Mitarbeiter ist eben eine fundamentale Voraussetzung der Unternehmensdynamik. Diese soll nicht nur durch eine Förderung der Selbstverwirklichung über Ausbildung, attraktive Arbeitsplätze usw. sichergestellt werden. Ein entscheidendes Element ist ebenfalls die Mitbeteiligung. Auch diese dient primär der Förderung der Identifikation mit dem Unternehmen. Im weiteren unterstützt sie zudem nachhaltig die Kapitalbildung auf seiten der Mitarbeiter und damit deren Altersvorsorge.

Nicht zu unterschätzen ist ein weiterer, von Reinhard Mohn mit großer Weitsicht erkannter Zusammenhang zwischen Mitbeteiligung und dynamischer Unternehmensexpansion. Es geht dabei um den Finanzierungsaspekt.

Dynamische Firmen wie Bertelsmann zeichnen sich durch eine expansive Entwicklung aus. So hat sich dieses Unternehmen vom Mittelbetrieb mit 1 Mio. DM Umsatz und 350 Mitarbeitern im Jahre 1948 zum größten Medienkonzern der Welt mit einem Umsatz von 9,2 Mrd. DM und 42 000 Mitarbeitern im Jahre 1987 entwickelt. Diese gewaltige Ausweitung wäre ohne dauernde Kapitalbildung nicht möglich gewesen. Das Mitbeteiligungsmodell hat nicht zuletzt dazu beigetragen und damit auch dem Unternehmen viele Finanzierungsvorteile gebracht. Mohn betont dies ganz klar, wenn er sagt: »So darf die Gewinnbeteiligung der Mitarbeiter zu Beginn der fünfziger Jahre nicht nur als soziale Maßnahme verstanden werden. Diese fast den ganzen Gewinn des Unternehmens umfassende Ausschüttung wurde damals von den Mitarbeitern in der Form von Darlehen als Finanzierungshilfe für die Firma wieder zur Verfügung gestellt... In einer Zeit, in der das Unternehmen aufgrund der Steuergesetzgebung Eigenkapital kaum bilden konnte und Kredite nicht zu beschaffen waren, gelang es so, den Aufbau des Verlags zu finanzieren.«[6] Und an anderer Stelle: »Die Finanzierung des Unternehmens erfolgt mehr und mehr durch die Kapitaleinlagen der Mitarbeiter.«[7]

Bertelsmann ist auch in anderen die Unternehmensverfassung betreffenden Belangen führend, wie in der Gestaltung der Aufgaben auf der Ebene des Aufsichtsrats. Hier verlangt Mohn die Wahl unabhängiger und hochqualifizierter Aufsichtsratsmitglieder, die das Management kompetent unterstützen.[8] Gerade diesem Aspekt wird heute in vielen Unternehmen kaum Rechnung getragen. Zu oft wird der Aufsichtsrat (oder in der Schweiz der Verwaltungsrat) als Gremium formiert, in dem Vertreter von Banken, Großindustrie, Treuhandunternehmen, Anwaltskanzleien und nicht zuletzt aus der Politik tonangebend sind. Daraus resultieren zwangsläufig Interessenkonflikte: Der Banker muß zu Recht mit Vorrang die Sicherheit der von seinem Institut gewährten Kredite, aber auch die Kontinuität der übrigen Bankgeschäfte beachten. Treuhänder, Anwälte und Politiker betonen – dies aus ihrer Sicht ebenfalls zu Recht – die finanziell-rechtlich-politische Komponente. Allen gemeinsam ist der Wunsch nach Risikominimie-

Ein wichtiges Element der Unternehmensverfassung von Bertelsmann ist die Mitarbeiterbeteiligung. Das beispielhafte Modell wirkt nicht nur motivierend, es dient nicht zuletzt auch dazu, die für die Expansion erforderlichen Finanzen bereitzustellen.

rung. Die von diesen vertretenen Interessenschwergewichte – Bankkredite und -geschäfte, Finanz- und Rechtskontrolle, politische Gesichtspunkte – sind de facto für die Unternehmensdynamik von untergeordneter Bedeutung. Sie können sogar kontraproduktiv wirken. Dynamische Unternehmen stipulieren deshalb in ihrer Verfassung, daß in der obersten Leitungsorganisation dem unternehmerischen Element prioritäre Beachtung geschenkt wird. Die großen Erfolge der schwedischen Wirtschaft sind besonders darauf zurückzuführen, daß in den dortigen Verwaltungsräten das unternehmerische Element bewußt dominiert.

Kommen wir auf die ebenfalls auf Verfassungsebene gestaltete Beziehung zwischen Unternehmen und Aktionären zu sprechen. Hier können recht unterschiedliche Grundhaltungen festgestellt werden. In den USA ist unter der Formel »shareholder value approach« eine ganze Bewegung entstanden, welche als absolut oberstes Ziel die Maximierung des »shareholder values« postuliert. Genau umgekehrt verhält es sich in vielen europäischen Ländern, wo der Aktionär lediglich als lästiges Übel betrachtet wird. Diese Auffassung kommt in der oft zitierten zynischen Aussage des deutschen Bankiers Carl Fürstenberg zum Ausdruck: »Aktionäre sind dumm und frech. Dumm, weil sie Aktien kaufen, und frech, weil sie dann noch Dividenden haben wollen.«

Der Dynamik-Ansatz setzt sich zum Ziel, für alle Bezugsgruppen Werte zu schaffen. Somit sind beide oben geschilderten Extreme nicht haltbar. Das dynamische Unternehmen gestaltet deshalb die Beziehungen zwischen Unternehmen und Aktionären auf Verfassungsstufe derart, daß den legitimen Interessen der Aktionäre gebührend Rechnung getragen wird. Dies geschieht einerseits in einer sachlichen und objektiven Information, andererseits aber auch in einer angemessenen Dividendenpolitik. In beiden Bereichen bleibt insbesondere in der Schweiz, teilweise aber auch in der Bundesrepublik Deutschland noch viel zu tun.

Weitere auf Verfassungsebene rangierende Grundsätze betreffen Organisations- und Führungsreglemente. Auf die diesbezüglichen materiellen Aspekte werde ich weiter unten näher eingehen. Hier sei lediglich der Grundsatz genannt, daß diese Reglemente so schlicht wie möglich gestaltet werden sollten. Unternehmensdynamik zwingt zur flexiblen Anpassung, zur Dezentralisation und zur Autonomie. Alle detaillierten Vorschriften laufen diesen Grundsätzen zuwider.

Die dynamisierende Wirkung einer im obigen Sinne ausgestalteten Verfassung liegt auf der Hand:

- Da alle Bezugsgruppen am Unternehmen partizipieren, steigt die Bereitschaft zu einer prospektiven Kooperation.
- Die Mitarbeiter nehmen eine zentrale Stellung ein, wodurch die Identifikation und Motivation gefördert werden.
- Die Mitbeteiligung ist nicht nur ein weiteres Motivationsinstrument, sie dient auch der Finanzierung der dynamischen Expansion. An dieser partizipieren wiederum alle Bezugsgruppen.
- Ein unternehmerischer Aufsichtsrat strebt anstelle von Absicherung und Risikominimierung eine prospektive Unternehmensentwicklung an.
- Die Kapitalgeber erkennen die Dynamik und sind ebenfalls bereit, im Bedarfsfall zusätzliches Risikokapital zur Verfügung zu stellen.
- Bürokratische Reglemente werden auf das notwendige Minimum beschränkt.

Der Verfassung kommt somit im Rahmen der Dynamisierung eine zentrale Schlüsselrolle zu. Werden hier die Weichen falsch gestellt, so versanden oft alle noch so gut gemeinten Maßnahmen zur Dynamisierung.

In vielen Ländern sind die Ansprüche des Aktionärs vernachlässigt worden. Der Dynamik-Ansatz schafft hier einen Ausgleich, indem er die Hauptelemente des in den USA propagierten »shareholder value approach« sehr stark einbezieht.

Selbstorganisation, Flexibilität und Multiplizierbarkeit: Schlüsselfaktoren der dynamischen Organisation

Das Zeitproblem

Dynamik-Entfaltung ist letzten Endes wesentlich eine Frage der geschickten Zeitzuordnung. Auf den verschiedenen unternehmerischen Stufen muß genügend Zeit für Expansionsaktivitäten zur Verfügung stehen.

Diese Zeit kann dadurch gewonnen werden, daß der Unternehmer an sieben Tagen der Woche zwölf bis sechzehn Stunden arbeitet. Solche Fälle sind in der Praxis nicht einmal selten. Der Unternehmer befaßt sich bei diesem Stil mit einer Vielzahl von operativen Problemen und beschäftigt sich dazu mit den Fragen der Expansion. Aber die Gefahren, die eine solche Handlungsweise mit sich bringt, sind bestens bekannt. Die Belastungen werden derart groß, daß sie nicht mehr getragen werden können. Daß sich damit die Dynamik selbst ad absurdum führt und daß dies nicht ihr Sinn sein kann, liegt auf der Hand.

In meinen Gesprächen haben mich deshalb stets jene Unternehmen besonders interessiert, deren Chefs ihre Arbeitsbelastung auf ein tragbares Maß reduzieren konnten und gleichwohl ihre Unternehmen in völlig neue Dimensionen führten. Ein Musterbeispiel hierfür ist Klaus Jacobs. Die deutsche Jacobs AG erzielte 1975 einen Umsatz von 1,3 Mrd. sfr. Im Geschäftsjahr 1987 erwirtschaftete der Konzern Jacobs Suchard AG einen Umsatz von 6,1 Mrd. sfr. Seit damals konnte der Reingewinn von 5,4 Mio. auf sage und schreibe 265 Mio. sfr gesteigert werden. Gleichwohl fand Klaus Jacobs die Zeit, um auch im Dressurreiten in die Weltelite vorzustoßen. Er belegte bei den Europameisterschaften 1977 einen hervorragenden zweiten Platz. Diese enorme Leistung wird um so eher deutlich, wenn man weiß, daß schon in den siebziger Jahren nur De-facto-Professionals im Spitzensport Erfolgschancen hatten.

Aber auch andere Leiter dynamischer Unternehmen beweisen, daß es durchaus Methoden gibt, die berufliche Arbeitsbelastung auf einem vernünftigen Level zu halten. Beispielsweise findet Robert Jeker die Zeit, neben seiner erfolgreichen und aufreibenden Tätigkeit als Direktionspräsident der Schweizerischen Kreditanstalt sowohl die ebenfalls zeitintensive Aufgabe eines Kommandanten eines Milizinfanterieregiments (im Range eines Obersten) wahrzunehmen als auch regelmäßig, fast täglich, Sport zu treiben. Alain Dominique Perrin, Konzernchef von Cartier, pflegt neben seinem außerordentlich verantwortungsvollen Amt eine Vielzahl weiterer Interessen. Rund um sein Schloß einigte er die zerstrittenen Winzer der Weinregion Cahors. Mit ihrem Einverständnis hat er mittlerweile die Vermarktung dieser kaum bekannten aromatischen Weine in die Hand genommen.

Demnach gibt es sicher Möglichkeiten, Dynamik auch ohne übermäßige Zeitbelastung zu erzeugen. Zeitentlastende Organisationsformen spielen hier eine entscheidende Rolle. Dynamik-Promotoren setzen sich aber dennoch geistig äußerst intensiv mit den Geschicken des Unternehmens auseinander. Dies ist von sehr großer Bedeutung: Nicht die Anzahl der gearbeiteten Stunden ist letztlich maßgebend, sondern die Identifikation mit den expansiven Zielen sowie der Wille, eine prospektive Zukunft zu gestalten. Es kommt mithin auf das psychische Engagement für das Unternehmen an. Die genannten Faktoren bewirken in jedem Fall, daß dem Unternehmen immer wieder neue Energien in Form von herausfordernden Zielen, Impulsen und nicht zuletzt Aufgaben zugeführt werden.

Wir wollen uns im folgenden den organisatorischen Grundsätzen zuwenden, welche dynamische Unternehmer befolgen und uns intensiv damit auseinandersetzen.

Die Aufgaben

Das dynamische Unternehmen braucht in seiner Leitungsorganisation eine Instanz, welche sich permanent mit den aktuellen oder möglichen Nutzenpotentialen auseinandersetzt. Diese Aufgabe muß von einer unternehmerischen Führungspersönlichkeit wahrgenommen

Dynamik ist keine Frage der Arbeitsintensität. Nicht die Anzahl der gearbeiteten Stunden ist ausschlaggebend, sondern die richtige Zeitzuordnung im Management. Zeitentlastende Organisationsformen sind dabei eine wichtige Erfolgsvoraussetzung.

werden. Sie wird sich immer wieder die bereits oben dargestellten Basisfragen des dynamischen Unternehmens vor Augen halten.
Diese zentralen Unternehmensgrundlagen müssen unternehmerische Führungskräfte besonders in ihr Denken einbeziehen. Wir sehen hier sehr klar, daß die Lösung dieser Aufgaben vor allem einer äußerst gründlichen und sorgfältigen Denkarbeit bedarf. Deren Ergebnis ist viel weniger vom Zeitaufwand als von der Kompetenz des Denkprozesses abhängig. Interessant ist, wie dynamische Unternehmer diese Denkarbeit leisten. Sicherlich erfolgt dies zum einen an formellen Verwaltungsrats- oder Geschäftsleitungssitzungen. Nicht minder wichtig sind jedoch intensive Einzelgespräche mit Freunden, Gleichgesinnten oder kritisch Eingestellten sowie Mentoren. Zudem spielt die Distanz zum Tagesgeschäft eine wichtige Rolle. Beat Curti, der erfolgreiche Architekt der Hofer-Curti-Gruppe, sucht sie in Hochgebirgstouren, die mehrere Wochen dauern können. Robert Jeker benützt dazu seine sportlichen Aktivitäten, Martin Hilti tankt in seinem Jagdrevier neue Energien. Dabei sind weniger die eigentliche Jagdtätigkeit als vielmehr die Distanz zum Tagesgeschäft und die Befruchtung durch die freie Natur von Bedeutung.
Im weiteren kann der Unternehmer durchaus – sofern dafür Zeit zur Verfügung steht – bei operativen Geschäftsaktivitäten unterstützend mitwirken. Sein Engagement kann bei der Erschließung neuer Nutzenpotentiale und bei der Unterstützung der Multiplikationsprozesse hilfreich sein.
Aus dynamischer Sicht ist jedoch jede Beschäftigung mit operationellen Tätigkeiten bei Nutzenpotentialen in der Reife- oder Niedergangsphase meistens reine Zeitverschwendung. Hier hat die unternehmerische Führungspersönlichkeit grundsätzlich nichts zu suchen!

Autonome Subsysteme

Damit sich die unternehmerische Führungspersönlichkeit auf die soeben beschriebenen Hauptaufgaben zu konzentrieren vermag, muß die Leitungsorganisation derart gestaltet werden, daß das operationelle Schwergewicht auf die nachfolgenden Stufen gelegt wird.[9] Dies bedeutet, daß unterhalb des Unternehmers weitgehend autonome Einheiten gebildet werden. Diese autonomen Subsysteme zeichnen sich durch folgende Charakteristika aus:

- An ihrer Spitze steht eine Führungskraft, welche die volle operationelle Verantwortung für den entsprechenden Bereich trägt. Ihre Auswahl und ihr Einsatz auf Divisions- und Bereichsebene sind somit von absolut zentraler Bedeutung. Die gesamte Dynamisierung schlägt fehl, wenn eine solche Problemstellung ungenügend gelöst wird. Die Auswahl, aber auch die permanente Entwicklung und Förderung dieser Manager werden zum wichtigsten Erfolgsfaktor.
- Selbstverständlich müssen die Leiter der autonomen Einheiten unternehmerisch handeln können. Deswegen sollten die Führungskompetenzen weit gefaßt werden. Im weiteren sind alle Mittel zu ergreifen, um Motivation und Identifikation zu fördern. Dazu gehört nicht nur ein geschickter Einsatz von Incentives. Mitbeteiligung am Unternehmen wird immer mehr zu einem wichtigen Erfolgsfaktor.
- Gerade wegen der weitgehenden Delegation von Aufgaben, Kompetenzen und Verantwortungen kann nur in begrenztem Umfang direkt geführt werden. Dennoch muß das Unternehmen ein konsistentes Ganzes bleiben. Deshalb kommt indirekten Führungselementen wie der Unternehmenskultur eine zunehmende Bedeutung zu.
- Weitestgehende Delegation bedeutet nicht Verzicht auf Kontrolle. Gerade die finanziellen Kenngrößen sind sorgfältig zu überwachen.

Eine Gestaltung der organisatorischen Subsysteme nach diesen Grundsätzen kann in den meisten untersuchten dynamischen Unternehmen festgestellt werden. Die Mikron Holding AG hatte zum Beispiel schon Anfang der sechziger Jahre als kleines Maschinenbauunternehmen mit 10 Mio. sfr Umsatz eine Holdingstruktur geschaffen. In der Zwischenzeit wurde eine ganze Reihe von autonomen Einheiten etabliert, die völlig selbständig die operativen Tätigkeiten aus-

Von unternehmerischen Persönlichkeiten geleitete autonome Subsysteme gehören unbedingt zu einem dynamischen Unternehmen. Bei weitestgehender Dezentralisation werden dennoch die Schlüsselgrößen zentral überwacht.

üben. Klaus Jacobs, Verwaltungsratspräsident der Jacobs Suchard AG, sieht in der Bildung von autonomen Subsystemen eine absolute Notwendigkeit, wenn ein Unternehmen international schlagkräftig sein will. So formuliert er seine Überzeugung in einem Artikel wie folgt:

»Beim Studium unseres Unternehmens haben wir entdeckt, daß wir eigentlich nur auf zwei organisatorischen Ebenen wirklich Geld verdienen: an der Unternehmensspitze, wo wir den Ressourceneinsatz und die Politiken und Richtlinien für wichtige Belange des Rohmaterialeinkaufs, Währungen und ähnliches festlegen, und an vorderster Front in unseren produktbezogenen Länderorganisationen. Deshalb setzen wir unsere fähigsten Führungskräfte an vorderster Front ein. Diesen Spitzenkräften übergeben wir volle Verantwortung für ihre operationellen Einheiten. Alle zwischen das Topmanagement in Zürich und die Frontorganisationen geschalteten Managementebenen werden rücksichtslos auf ein Minimum reduziert.«[10]

Die Konzeption autonomer Subsysteme wird heute immer mehr akzeptiert und angewendet, obgleich von konservativer Seite nach wie vor Einwände geltend gemacht werden. So wird unter dem Argument der Steuersituation noch zu oft an überholten Stammhausstrukturen festgehalten, was der Dynamisierung eindeutig hinderlich ist.

Klassische Formen autonomer Subsysteme sind Tochtergesellschaften, Profit-Centers, Divisionen oder Geschäftsbereiche, die entweder voll integriert sind oder in Form von hundertprozentig beherrschten Tochtergesellschaften gehalten werden. Besonders von juristischer Seite wird noch zu oft die Auffassung vertreten, daß nur eine 100%-Beteiligung akzeptabel sei. Obwohl dies in manchen Fällen vertretbar ist, werden in Zukunft unter dem Blickwinkel der Dynamik doch vermehrt flexiblere Beteiligungsformen zur Anwendung gelangen.

In jüngerer Zeit sind einige innovative Organisationskonzepte entwickelt worden, welche im Rahmen der Unternehmensdynamik an Bedeutung gewinnen:[11]

- *Greenhouse:*
  Ein Greenhouse ist eine unternehmenseigene Holdinggesellschaft für interne innovative Geschäftsvorhaben. Es nimmt die Rolle eines Venture-Kapitalisten ein. Als eigene Division hat es den Auftrag, interne Entwicklungen zu fördern, die entweder Profitquellen für andere Geschäftsbereiche werden oder die sich zu eigenen Profit-Centers entwickeln.

- *Spinout:*
  Ein Spinout ist ein Unternehmensbereich, der aus der Organisation ausgegliedert wird. Neben der schon bestehenden Kostenverantwortung wird dem Spinout zusätzlich Ertragsverantwortung übertragen. American Airlines stellte beispielsweise ihre Trainingseinrichtungen auch anderen Fluggesellschaften zur Verfügung, und die Wartungsdienste können auch private Gesellschaften in Anspruch nehmen.

- *Yeastbud:*
  Ein Yeastbud arbeitet auftragsweise als Projektteam, um divisionale Technologien zu erweitern, sie in neue Produkte zu transferieren oder mit diesen in neue Märkte einzudringen. War die Projektarbeit erfolgreich, kann es als eigene Division fortbestehen, oder es wird wieder integriert.
  Ein Yeastbud ist weitgehend autonom und oft von der Zentrale geographisch weit entfernt. Ein erfolgreiches Beispiel eines Yeastbuds ist in der Entwicklung des Personalcomputers von IBM festzumachen.

- *Skunk Work:*
  Ein Skunk Work ist eine organisatorische und räumliche Ausgliederung von Forschungs- und Entwicklungsaktivitäten von der Muttergesellschaft. Durch eine geringe Kontrolle und eine weitgehende Autonomie wird bewußt die Entwicklung einer innovationsorientierten Eigenkultur gefördert.

Dynamische Unternehmen machen von innovativen Organisationskonzepten wie beispielsweise Greenhouse, Spinout, Yeastbud, Skunkwork, Gebrauch. Diese erlauben es, dem Bedürfnis nach erhöhter Flexibilität in idealer Weise Rechnung zu tragen.

Das Hauptmerkmal dieser innovativen Organisationsformen, deren Begriffe übrigens noch keineswegs einheitlich angewendet werden, besteht darin, daß sie eine weitgehende Loslösung von den repetitiven Aufgaben des Unternehmens ermöglichen. Sie eignen sich deshalb vor allem für die Erschließung neuer Nutzenpotentiale.

Damit autonome Subsysteme optimal arbeiten können, müssen alle wichtigen Unternehmensfunktionen in diese Subsysteme integriert werden. Dies gilt sowohl für die Vollzugsfunktionen Entwicklung, Produktion und Absatz als auch für die unterstützenden Funktionen wie Rechnungsführung, Personalführung und Beschaffung.

Besonders bei den oben erwähnten innovativen Organisationsformen Spinout oder Greenhouse fällt auf, daß die Systemgrenzen sehr flexibel gezogen werden. Die neuen Vorhaben können nur dann erfolgreich abgewickelt werden, wenn enge Wechselbeziehungen sowohl zum eigenen Unternehmen als auch zu weiteren Bezugsgruppen wie Lieferanten und Kunden bestehen. An Wichtigkeit gewinnt hier die Zusammenarbeit mit Forschungsinstituten und anderen Know-how-Trägern. Die flexible Gestaltung der Systemgrenzen äußert sich somit in mehrfacher Hinsicht:

- Der Standort des autonomen Subsystems befindet sich oft außerhalb des Unternehmens, und zwar dort, wo die für eine erfolgreiche Abwicklung des Vorhabens wichtigsten Beziehungen stattfinden. Das Entwicklungsprojekt des Personalcomputers von IBM wurde z.B. organisatorisch und geographisch von der Muttergesellschaft total abgekoppelt. Als quasi autonomes Subsystem wurde es der »Entry Systems Division« in Boca Raton fernab vom Hauptquartier der Muttergesellschaft in Armonk, New York, angegliedert. Frei von kulturellen und organisatorischen Zwängen konnte das Projekt von der Entwicklungsidee bis zur Markteinführung in lediglich 18 Monaten realisiert werden.
- Für die kapitalmäßige Beherrschung des Subsystems können alle möglichen Varianten festgestellt werden. Diese reichen von einer 100%-Beherrschung über eine Mehrheitsbeteiligung bis zur Minderheitsbeteiligung. Als Partner kommen dabei alle Institutionen

oder Personen in Frage, die einen Beitrag zur erfolgreichen Abwicklung des Vorhabens zu leisten vermögen: Drittfirmen (Lieferanten, aber auch Konkurrenten), Know-how-Träger und nicht zuletzt auch Management und Mitarbeiter.

Die Gestaltung autonomer Subsysteme führt zu einer wesentlichen Entlastung der Führungsspitze und erlaubt es ihr, die für die Zukunftsgestaltung erforderliche Zeit freizusetzen. Damit ist bereits eine wesentliche Voraussetzung für die Unternehmensdynamik geschaffen. Die auf diese Weise resultierende Aufgabenteilung kann wie folgt charakterisiert werden:

- Die Unternehmensspitze konzentriert sich in erster Linie auf die mit der Dynamik verbundenen Aktivitäten wie Entdecken und Erschließen neuer Nutzenpotentiale sowie Multiplikation. Im Mittelpunkt der Aktivitäten steht somit die Unternehmensexpansion.
- Die Leiter der autonomen Subsysteme befassen sich mit der Wahrnehmung operativer Aufgaben. Im Mittelpunkt der Aktivitäten steht somit die exzellente Abwicklung dieser Tätigkeiten.

Eine Potenzierung der Dynamik kann dadurch erreicht werden, daß nicht nur auf der obersten Stufe, sondern auch auf den nachfolgenden Ebenen die Erschließung neuer Nutzenpotentiale und die Multiplikation entsprechender Aktivitäten in den Vordergrund gerückt werden. In diesem Fall werden die Subsysteme als sogenannte autopoietische Systeme gestaltet, die sich selbst zu reproduzieren vermögen.[12] Es wird ein Schneeballeffekt ausgelöst, der zusätzliche Dynamik generiert.

Ein derartiges Modell verfolgt beispielsweise Bertelsmann, aber auch Electrolux. Bei Bertelsmann wird die Unternehmensexpansion zuerst einmal auf der Ebene des Gesamtvorstandes betrieben. Hier werden größere Akquisitionen oder andere Schlüsselprojekte geplant und initialisiert. Nach unserer Begriffsbildung sind somit Nutzenpotentiale im Bereiche neuer Geschäftsaktivitäten, aber auch im Bereiche der Übernahme und Restrukturierung von Unternehmen zu erschließen. Bezeichnend ist nun, daß die gleichen Aktivitäten auch auf Divisions-

Autonome Subsysteme bringen den Vorteil mit sich, daß sich das Top-Management auf dynamikrelevante Aktivitäten wie das Erkennen neuer Nutzenpotentiale und die konsequente Multiplikation von Geschäftsaktivitäten konzentrieren kann.

und auf Profit-Center-Ebene ausgeübt werden. Auch von den Bereichsleitern wird erwartet, daß sie neue Nutzenpotentiale hinzugewinnen. Dies bedeutet, daß sowohl die Divisions- als auch die Profit-Center-Leiter ihre Aufgaben derart gestalten müssen, daß – analog zum oben skizzierten Modell – genügend Zeit für dynamische Expansionstätigkeiten zur Verfügung stehen muß. Bertelsmann schuf somit eine Vielzahl von Unternehmen, die sich auf verschiedenen hierarchischen Stufen permanent mit der Unternehmensentwicklung befassen.

Eine ähnliche Philosophie kann bei Electrolux festgestellt werden. Auch hier werden Übernahmen von Weißwarenfirmen nicht nur auf oberster Ebene initialisiert. Jede Landesgesellschaft ist angehalten, aus eigener Initiative sämtliche diesbezüglichen Möglichkeiten auszuschöpfen.

Es liegt auf der Hand, daß ein derartiges autopoietisches System alles andere als leicht zu gestalten und zu führen ist. Die auf allen Stufen entfesselte Eigendynamik beinhaltet beachtliche Gefahren und sollte streng unter Kontrolle gehalten werden. Andererseits ist jede Kontrolle dem erwünschten Unternehmertum der untergeordneten Ebene abträglich. Das Topmanagement muß hier das richtige Gleichgewicht finden, was eine äußerst anspruchsvolle Aufgabe darstellt.

Flexibilität

Eine zweite wesentliche, aus der Dynamik resultierende organisatorische Anforderung ist die Flexibilität. Weshalb ist sie so bedeutungsvoll?

Der Hauptgrund liegt zweifellos in den bereits verschiedentlich erwähnten Umweltturbulenzen. Weil diese praktisch selten prognostizierbar sind, werden Unternehmen immer häufiger mit unerwarteten Entwicklungen konfrontiert. Flexible Firmen können die damit verbundenen Chancen besser nutzen und die Gefahren rascher abwenden.

Turbulenzen ergeben sich im weiteren aus unerwarteten Konkurrenzaktivitäten und infolge des oft unberechenbaren Kundenverhaltens.

Gerade letzteres kann sich darin äußern, daß Produkte, die von Experten zunächst sehr kritisch beurteilt wurden, zu unerwarteten Großerfolgen führen. Dazu das Beispiel der »Post-it«-Pads von 3M:

Gegen Ende der sechziger Jahre experimentierte der 3M-Chemiker Spencer Silver an einem Polymer mit Klebeeigenschaften. Aus seinen Versuchen entstand ein neues Material, das keine »aggressive« Klebkraft besaß, sondern sich lediglich durch einen Hafteffekt auszeichnete. Das 3M-Management gab dem Klebstoff keine große Chance, und Silver mußte zusehen, wie ihm die Unterstützung des Unternehmens für seine Forschungstätigkeit in der Zeit von 1968 bis 1973 mehr und mehr entzogen wurde. Durch einen Zufall kam ein Mitarbeiter auf die Idee, den Klebstoff auf Papierzettel aufzutragen und diese als Haftnotizen zu verwenden. Dank dem unermüdlichen Engagement Silvers, seine Erfindung intern zu »verkaufen«, und der Unterstützung einiger Mitarbeiter gelang es, die Produktidee »Haftnotizen« 1978 in einem Testmarkt zu erproben. Das Ergebnis war absolut enttäuschend, und das Projekt schien gestorben. Da einige wenige Promotoren noch nicht resignieren wollten, wurde der Beschluß gefaßt, einen zweiten Testmarkt in San Francisco zu versuchen. Erst jetzt konnte die Nützlichkeit des neuen Produktes unter Beweis gestellt werden, und es begann der sagenhafte Erfolg der gelben Post-it-Haftnotizen.[13]

Umgekehrt wurden Produkte von Experten mit äußerster Sorgfalt entwickelt und schon im voraus als zukünftige Marktrenner gepriesen. Sie versagten aber in der Realität vollumfänglich. Der Ford Edsel ist hier ein bekanntes Beispiel:

Im Herbst 1957 lancierte Ford das Personenwagenmodell »Edsel«. Mit den damals aktuellsten Methoden der Motiv- und Marktforschung versuchte Ford, die Wünsche der Kunden möglichst fundiert zu erfassen und in die Produktekonzeption einzubeziehen. Nichts wurde dem Zufall überlassen. Das Edsel-Team faßte über 4 000 Beschlüsse zur Gestaltung, bis das Design des Wagens den Anforderungen endlich entsprach. Das Modell erhielt gar den Namen des damaligen Präsidenten, Edsel Ford. Die Verkäufe im Jahre 1958 entwickelten sich

Die bewußte Flexibilitätserhöhung durch organisatorische Maßnahmen erlaubt es, Chancen rasch und unkompliziert zu nutzen. Dank der Frontnähe können in der Regel voreingenommene Expertenmeinungen überwunden werden.

äußerst schleppend, und der Ford-Edsel wurde zu einem Marketingfiasko, das den Detroiter Automobilkonzern rund 350 Mio. $ kostete.[14]

Doch zurück zu den theoretischen Grundlagen der Flexibilität. Meffert unterscheidet drei Flexibilitätsarten:[15]

- Die Aktionsflexibilität bestimmt, in welchem Umfang in den Unternehmensbereichen Handlungsspielräume offenstehen. Beispielsweise sollten die Produktionsanlagen vielseitig eingesetzt werden können; oder es sollten verschiedene Beschaffungsquellen bereitgehalten werden, damit Rohmaterialien usw. rasch und problemlos nachbezogen werden können.
- Die Prozeßflexibilität bestimmt, wie rasch das Unternehmen infolge geschickter Planung, Entscheidungsfindung und -durchsetzung auf Veränderung zu reagieren vermag. Die Prozeßflexibilität kann beispielsweise durch Früherkennung oder Eventualplanungen gesteigert werden.
- Die Strukturflexibilität definiert, in welchem Umfang die organisatorischen Strukturen, das Personal und die Führungssysteme geeignet sind, neue Entwicklungen zu absorbieren. So werden heute vermehrt flache Strukturen, kleine organisatorische Einheiten, aber auch eine breite Ausbildung gefordert.

Auf den ersten Blick ist es sicher wünschenswert, diese Flexibilitätsarten vollumfänglich zu realisieren. Leider ist dies wiederum mit beachtlichen Nachteilen verbunden. Erstens einmal hat Flexibilität ihren Preis: Flexible Produktionsanlagen sind auch im Zeitalter von CAD/CAM immer noch teuer. Früherkennungssysteme, Eventualplanungen usw. sind ebenso nicht billig, weil sich geeignete (Stabs-)Mitarbeiter mit diesen Aufgaben befassen müssen. Kleine Einheiten führen oft dazu, daß die Skaleneffekte nur ungenügend ausgeschöpft werden können.

Noch viel dramatischer vermögen jedoch die strategischen Konsequenzen zu sein. Ein Hauptziel der strategischen Führung besteht darin, Konkurrenzüberlegenheit in der Form von strategischen Erfolgspositionen (SEP) zu erlangen. Die mit den SEP verbundenen Fähigkeiten können jedoch nur aufgebaut werden, wenn ein Unternehmen in einem strategisch relevanten Aktivitätsfeld mehr Kräfte als die Wettbewerber einsetzt (z. B. in der Form von umfassenderer Ausbildung, besserer Know-how-Entwicklung). Jede Konzentration der Kräfte bewirkt andererseits einen Flexibilitätsabbau: Die Aktionsflexibilität wird z. B. durch den Einsatz hochspezialisierter Produktionsanlagen reduziert, aber auch Prozeß- und Strukturflexibilität werden abgebaut. Dies kommt deutlich zum Ausdruck, wenn wir die Firma McDonald's betrachten, bei der durch die Konzentration der Kräfte auf Fast-Food-Restaurants die Flexibilität in mehrfacher Hinsicht eingeschränkt wird. Mit welchen Konsequenzen müßte dieses Unternehmen rechnen, falls die Nachfrage im angestammten Feld infolge unerwarteter Einflüsse stark zurückgehen würde? Aus Sicht der Aktionsflexibilität wäre eine Umstellung der Produktionseinrichtungen oder der Beschaffung nur sehr schwer realisierbar. Die Prozeßflexibilität würde durch die ausgeprägte »Hamburgerkultur« stark eingeschränkt. Aber auch die Strukturflexibilität würde kaum eine rasche Umstellung zulassen, sind doch Franchiseverträge und andere organisatorische Regelungen ausgesprochen auf den Betrieb von Fast-Food-Restaurants ausgerichtet.

Daraus ergibt sich folgende Konklusion: Flexibilität wird um so wichtiger, je unklarer die Situation in bezug auf das vom Unternehmen anvisierte Nutzenpotential ist – bei McDonald's beispielsweise geht das Management davon aus, daß dieses noch gewaltig ist. Aus diesem Grund kann man sich konsequent auf den einen Restauranttyp konzentrieren und diesen multiplizieren. Daß mit dieser Strategie auch Risiken verbunden sind, liegt auf der Hand, wie das Beispiel der Allgemeinen Treuhand AG (ATAG), einer führenden, mit Arthur Young International verbundenen schweizerischen Firma im Bereich der Revision und der Managementdienstleistungen, zeigt. Noch Anfang der siebziger Jahre war diese Gesellschaft zur Hauptsache im Bereiche der Wirtschaftsprüfung tätig. Die Geschäftsleitung erkannte jedoch schon früh, daß die weitgehende Konzentration auf diesen Bereich mit Gefahren verbunden ist; es wurde damit gerechnet, daß

Nach Meffert kann Flexibilität in dreifacher Hinsicht angestrebt werden: in bezug auf die Handlungsspielräume, in bezug auf die Planungs- und Entscheidungsprozesse und auch hinsichtlich der organisatorischen Anpassungsfähigkeit.

infolge zunehmender Konkurrenz die Geschäftstätigkeit beeinträchtigt werden könnte. Aus diesem Grund verfolgte sie seit den siebziger Jahren eine Strategie der flexiblen Geschäftsausweitung. Das Dienstleistungsprogramm wurde konsequent ausgebaut, und innerhalb der letzten fünfzehn Jahre konnten mit dem zielstrebigen Ausbau der Wirtschaftsberatung und der Etablierung des Geschäftszweiges Wirtschaftsinformation zwei weitere starke Geschäftsaktivitäten entwikkelt werden, wobei Umsatz und Gewinn um das Achtfache stiegen. Die Programmerweiterung führte zu einer bedeutenden Erhöhung der Handlungs- und Prozeßflexibilität.
Im allgemeinen sind heute nur sehr wenige Firmen in der glücklichen Lage von McDonald's. In vielen Branchen neigen die relevanten Nutzenpotentiale zur Reife oder befinden sich bereits im Niedergang. Da das Finden neuer Nutzenpotentiale eine permanente Herausforderung darstellt, muß in diesen Unternehmen der Flexibilität dementsprechend ein großes Gewicht beigemessen werden. Welche Gesichtspunkte sind im Hinblick darauf zu beachten?[16]
Im Bereiche der Aktionsflexibilität gilt es, sowohl in der Beschaffung als auch in der Entwicklung, Produktion und im Absatz eine angemessene Diversität anzustreben. Verschiedene Beschaffungsquellen, breitangelegte Entwicklungsprogramme, vielseitig einsetzbare Produktionsanlagen und Bedienung verschiedener Absatzkanäle sind ernst zu nehmende Forderungen.
Im Bereiche der Prozeßflexibilität müssen Entscheidungs- und Handlungsstrukturen geschaffen werden, die eine hohe Reaktionsgeschwindigkeit zulassen. Dies dürfte erstens durch Delegation von Entscheidungskompetenzen erreicht und zweitens durch eine unkomplizierte Entscheidungsfindung sichergestellt werden können. Die Förderung von kleinen, eng und informell zusammenarbeitenden Teams kann eine Strategie zur Lösung von solchen Problemen darstellen.
Aus Sicht der Unternehmensdynamik ist die Strukturflexibilität besonders hervorzuheben. Flache Organisationsstrukturen, kleine Einheiten, möglichst wenig bürokratisierende Regelungen (Stellenbeschreibungen, Reglemente) werden heute allenthalben gefordert.

Zentrale Voraussetzung für die Flexibilität sind jedoch die Menschen mit einer bestimmten geistigen Grundhaltung. Darum muß alles unternommen werden, um an die Stelle von Eindimensionalität differenzierte Vielschichtigkeit zu setzen.

Dies beginnt schon mit der Konfiguration des Aufsichts- oder Verwaltungsrates und der Geschäftsleitung. Um möglichst unterschiedliche Betrachtungsweisen zum Tragen zu bringen, sollten diese Gremien heterogen in bezug auf Ausbildung, beruflichen Werdegang, Alter, Nationalität und – in Zukunft immer wichtiger – Geschlecht gebildet werden.

Aber auch jede einzelne Führungskraft und jeder Mitarbeiter sollte am Arbeitsplatz und in Seminaren auf vielen Gebieten gefördert werden. In diesem Zusammenhang stellt die Job-Rotation ein wichtiges Instrument dar. Es ist bekannt, daß diese von erfolgreichen Firmen mit großem Geschick angewendet wird. Allerdings sind in bezug auf die Definition große Unterschiede feststellbar. In einem Großkonzern ist man stolz darauf, daß Führungskräfte im Durchschnitt alle fünf Jahre eine neue Aufgabe übernehmen. In einem anderen, beispielsweise bei Shell, erfolgt demgegenüber die Rotation der internationalen Kader alle zwei bis drei Jahre, und zwar sehr oft von einem Kontinent in den anderen. Der Rekord wird wohl vom Club Méditerranée gehalten. Hier werden die Chefs de Village und die GOs alle sechs Monate an einem neuen Ort eingesetzt, wobei sich dieser sehr oft in völlig anderen Ländern oder Kontinenten befindet. Dabei trägt der Chef de Village vom ersten Tag an die volle Verantwortung für das Feriendorf. Dies stellt in Anbetracht der unterschiedlichen Landesusancen, Sprachen und Kulturen sowie Beziehungsgeflechte eine enorme Herausforderung dar. Im weiteren fallen die Transferkosten massiv ins Gewicht, müssen doch zweimal pro Jahr über 6 000 Mitarbeiter über weite Strecken rotieren. Gleichwohl ist der PDG des Club Med, Gilbert Trigano, von der Notwendigkeit eines raschen Standortwechsels überzeugt. Vor wenigen Jahren wurde aus Kostengründen anstelle der sechsmonatigen versuchsweise eine einjährige Rotation ausgetestet. Das Ergebnis war völlig unbefriedigend; es zeigte sich,

Eine möglichst heterogene Zusammensetzung von Aufsichtsrat, Vorstand und Management trägt zur Flexibilität bei.

Zur Erhöhung der im Urlaubsgeschäft so wichtigen Flexibilität rotiert der Club Med 6000 Frontmitarbeiter alle sechs Monate.

daß schon nach sechs Monaten Ermüdungs- und Erstarrungserscheinungen auftreten.
Insgesamt gesehen ist somit die Flexibilisierung ein wichtiges Anliegen des dynamischen Unternehmens. Sie schafft die Voraussetzung für das Erkennen, aber auch das richtige Ausschöpfen der Nutzenpotentiale.

Multiplizierbarkeit

Dynamische Unternehmen zeichnen sich dadurch aus, daß sie als Basis der Expansion organisatorische Konzepte entwickeln, die gleichzeitig auch multiplizierbar sind. Die Four-Seasons-Hotelgruppe hat nach diesem Prinzip die Organisationsstruktur ihrer regionalen Hotels standardisiert und multipliziert. Beim erfolgreichen schweizerischen Gastronomiekonzern Mövenpick werden die organisatorischen Strukturen und Prozesse der Restaurants gleichermaßen vordefiniert.
Diese Methodik steht nun zur Flexibilität in einem gewissen Widerspruch. Damit ein Unternehmen seine Aktivitäten multiplizieren kann, müssen diese zuerst in angemessener Weise standardisiert werden, was natürlich der Flexibilität abträglich ist. Wie kann der damit verbundene Konflikt gelöst werden?
Eine Vorgehensweise besteht darin, daß eben nur jene Faktoren, die für die Gesamtproblemlösung unverzichtbar sind, vordefiniert werden. Bei der Systemmultiplikation stehen beispielsweise die Festlegung des Layouts von Ladengeschäften, Restaurants oder Fabriken, die Corporate und Visual Identity sowie Regelungen über die Leistungserbringung und insbesondere (finanzielle) Rapportsysteme im Vordergrund. In vielen Unternehmen werden zudem Qualitätsstandards rigoros definiert und vorgeschrieben. Im Rahmen der Expansion sind die vordefinierten Strukturen und Prozesse standardisiert und somit multiplizierbar. Die Flexibilität und Motivation wird dadurch gesichert, daß in allen übrigen, nicht vordefinierten Bereichen ein beachtlicher Freiraum für die organisatorische Einheit offengehalten wird. Hier kann der Leiter dieser Einheit seine unternehmerische Initiative voll zum Tragen bringen.
Auf der Ebene der Unternehmensspitze sind einige weitere Regelun-

gen zu treffen, die organisatorischen Charakter haben und die im Rahmen der Expansion ebenfalls multipliziert werden können. Zu erwähnen sind einmal sämtliche juristischen Belange. Ich denke hier an die nach Möglichkeit vorzunehmende Standardisierung der Rechtsform (sämtliche Metro-Märkte in der Bundesrepublik Deutschland sind unabhängige juristische Personen) wie auch an die Standardisierung im Bereich der Rechnungslegung und Konsolidierung. Diese sollte allerdings nur so weit gehen, als dies unbedingt notwendig ist.
Als wichtigen Grundsatz möchte ich auch hier nochmals die Einfachheit der Systeme und Regelungen postulieren. Einfache Organisationskonzepte lassen sich eben wesentlich leichter multiplizieren als hochkomplexe Modelle.

Das dynamische Organisationskonzept

Aus den bisherigen Erkenntnissen geht deutlich hervor, daß ein richtig gestaltetes Organisationskonzept die Dynamik in mehrfacher Hinsicht zu unterstützen vermag:

- Die Bildung autonomer Subsysteme unter kompetenter Leitung setzt die Unternehmensspitze in vernünftigem Umfang von operativen Aufgaben frei. Der Unternehmer und seine engsten Mitarbeiter gewinnen im erwünschten Ausmaß die zur Gestaltung einer dynamischen Expansion erforderliche Zeit.
- Die mit der Bildung autonomer Subsysteme verbundene Delegation von Aufgaben, Kompetenzen und Verantwortungen wirkt für die Führungskräfte auf den nachfolgenden Stufen motivierend. Auch dies unterstützt die Dynamik.
- Im Idealfall wird auch die Leitung der Subsysteme unter dem Blickwinkel der Dynamik gestaltet. In diesem Fall befassen sich auch die Subsystemverantwortlichen primär mit der dynamischen Entwicklung ihres Bereiches und delegieren die operationellen Aufgaben. Damit kann eine Potenzierung der Dynamik erreicht werden.
- In den meisten Firmen ist eine hohe Flexibilität der Dynamik förderlich. Sie erlaubt es, sich bietende Chancen rasch und unbürokratisch wahrzunehmen.

Dynamische Unternehmen entwickeln bewußt multiplizierbare Organisationsformen. Dabei werden wichtige Funktionen standardisiert. In allen anderen Bereichen wird dem dezentralen Management ein großer Handlungsspielraum zugestanden.

- Wo jedoch ein großes Nutzenpotential mittels Multiplikation erschlossen wird, müssen die erfolgsbestimmenden Aufgabenelemente und Prozesse standardisiert werden. Je sinnvoller die organisatorischen Elemente geregelt sind, desto leichter kann multipliziert und somit Dynamik erzeugt werden.

Die Möglichkeiten, durch organisatorische Maßnahmen die Dynamik zu erhöhen, liegen klar auf der Hand. Weshalb tun sich viele Unternehmen dennoch so schwer damit und sind nicht bereit, die notwendigen Veränderungen in der Praxis zu realisieren? Eine Reihe von Gründen kann angeführt werden:

- Erstens setzt die von der Führungspersönlichkeit geforderte Grundhaltung – Schaffung zeitlicher Freiräume für expansive Aktivitäten – ganz spezifische Aufgabenpräferenzen voraus. Sie muß nämlich eine Neigung zum Suchen und Erschließen neuer Nutzenpotentiale besitzen. Mit diesen Tätigkeiten sind jedoch Ungewißheiten und Risiken verbunden. Viele tüchtige Führungskräfte ziehen es deshalb vor, gut vertraute repetitive Routineaufgaben zu lösen. Sie weigern sich somit innerlich, die Zeit für neue, prospektive Tätigkeiten freizusetzen!
- Ein zweiter Aspekt ist machtbezogen. Die Bildung autonomer Subsysteme bedeutet Abgabe von Macht. Viele Spitzenkräfte sind dazu nicht bereit.
- In dritter Hinsicht funktioniert das Konzept autonomer Subsysteme nur dann, wenn diese von sehr kompetenten, unternehmerischen Führungskräften geleitet werden. Diese Führungskräfte stellen in bezug auf Grundsalär und variable Leistungen (Bonus, Incentives, Mitbeteiligung) hohe Ansprüche. In vielen Unternehmen ist man nicht bereit, die hohen Forderungen zu erfüllen.
- Zum vierten sind es häufig Sachzwänge, welche die Bildung autonomer Subsysteme verhindern: Das Management rechnet damit, daß eventuell die organisatorische Innovation auch von den bereits existierenden Unternehmensbereichen beansprucht wird. Man

will diese vielfach noch gut funktionierenden Bereiche nicht in Unruhe versetzen und zieht es deshalb vor, die ohnehin mit Ungewißheit verbundenen Maßnahmen zur Dynamisierung zu vertagen.

Es ist offensichtlich, daß derartige Hemmnisse den gesamten Dynamisierungsprozeß zum Erliegen bringen können: Weil sich im Unternehmen niemand mit neuen Nutzenpotentialen befassen will, beschränkt sich die Tätigkeit auf die bisherigen reifen oder sich bereits im Niedergang befindlichen Geschäftsaktivitäten. Auf diesem Sektor kann noch soviel gearbeitet oder motiviert werden, das Unternehmen erlahmt unweigerlich.

Aus diesem Grund muß sich jeder unternehmerische Manager sehr kritisch mit den behandelten Fragen auseinandersetzen. »Sind im Unternehmen Hemmnisse der geschilderten Art vorhanden?« lautet die ehrlich zu beantwortende Schlüsselfrage. Diese muß aber ebenso von einflußreichen Aktionären, dem Aufsichtsrat oder dem Verwaltungsrat gestellt und beantwortet werden.

Wegweisungen für die Managementpraxis

Verfassung

Die unternehmerische Führungspersönlichkeit schafft auf Verfassungsebene die strukturellen Grundlagen, die eine dynamische Führung des Unternehmens ermöglichen. Vermehrte Bedeutung kommt dabei einer umfassenden Berücksichtigung der Interessen aller Bezugsgruppen, der Mitbeteiligung, unternehmerischen Verwaltungsräten und dem Verzicht auf bürokratische Regelungen zu.

Selbstorganisation

Der Dynamik-Promotor bildet von unternehmerischen Managern geleitete autonome Subsysteme, die Eigendynamik entwickeln. Auf diese Weise erreicht er einerseits eine Reduktion der Komplexität sei-

Dynamische Organisationskonzepte verlangen eine offene, auf Vertrauen aufbauende Grundhaltung. Machtaspekte sind bedeutungslos. Die Entwicklung unternehmerischer Führungskräfte sollte somit mit allen Mitteln gefördert werden.

ner Führungsaufgabe und gewinnt andererseits Zeit für neue expansive Aufgaben.
Die Entwicklung geeigneter Leiter der organisatorischen Einheiten (autonomen Subsysteme) wird zu einer zentralen Führungsaufgabe.

Organisationsformen
Unternehmerische Manager machen von innovativen und unkonventionellen Organisationsformen wie Spinout oder Greenhouse regen Gebrauch.

Flexibilität
Durch die Verkürzung der Phasen der Nutzenpotentiale gewinnt die Flexibilität zunehmend an Bedeutung. Flexibilität ist deshalb für Firmen, deren Nutzenpotentiale zur Reife oder zum Niedergang neigen, von entscheidender Bedeutung. Für diese Firmen geht es darum, die Aktions-, Prozeß- und Strukturflexibilität zu erhöhen. Besonders wichtig ist in diesem Zusammenhang die Erhöhung der Flexibilität der Mitarbeiter.

Überwindung von Sachzwängen
Das Hauptproblem vieler Firmen liegt darin, daß Sachzwänge in Form von vorgegebenen Strukturen und Regelungen (z. B. in der Form von Gehaltsregelungen) die Dynamisierung behindern. Dynamische Manager haben den Mut, diese Sachzwänge zu überwinden und neue Wege zu gehen.

3. Prüfstein für die Dynamik: Die Mitarbeiterführung

Mitarbeiter – wertvollstes Kapital des Unternehmens?

Man kann heute praktisch jedes Leitbild, jeden Geschäftsbericht, jedes Führungsreglement zur Hand nehmen, immer wieder wird hervorgehoben, daß der Mensch das wertvollste Kapital im Unternehmen darstellte. Die Begründung für diese These erscheint mehr als einfach: Der Mensch als Führungskraft und Mitarbeiter ist Träger der Unternehmensaktivitäten. Wenn er nicht bereit ist, seine Aufgaben kompetent zu lösen, ist die Existenz des Unternehmens bedroht. In diesen Dokumenten wird demnach üblicherweise eine menschenorientierte Grundhaltung stark in den Vordergrund gerückt.
Die Realität sieht allerdings ganz anders aus; und dies gilt keineswegs nur für statische Unternehmen. Es gibt ohne weiteres eine ganze Reihe von sehr erfolgreichen und dynamischen Firmen, welche eher durch hartes, kaltes, autoritäres Verhalten als durch eine humane Grundhaltung charakterisiert sind. Ja, man könnte bei oberflächlicher Betrachtung sogar vermuten, daß viele Großerfolge eben nur dank einem fast tyrannischen Unternehmer möglich waren: Wirtschaftspioniere wie Rockefeller oder Ford waren äußerst dominante Persönlichkeiten. Beispiele wie Thomas Watson jr., Bob Hewlett oder Gottlieb Duttweiler widerlegen diese These jedoch sofort. Wie verhält es sich denn mit der Orientierung am Menschen? Ist sie eher eine Voraussetzung oder ein Hemmnis der Dynamik? Kann sie einfach als neu-

Träger des dynamischen Unternehmens sind motivierte Mitarbeiter. Ohne ihre volle Unterstützung ist keine Dynamik realisierbar.

Nur eine am Menschen orientierte Grundhaltung garantiert darum längerfristig den Erfolg eines Unternehmens.

tral und deshalb als für unsere Überlegungen irrelevant bezeichnet werden?

Diese Fragen können unschwer beantwortet werden, wenn wir wiederum unser Nutzenpotentialmodell heranziehen. Ist ein bedeutendes Nutzenpotential erkannt und geht es lediglich darum, dieses durch Multiplikation zu erschließen, so kann die Orientierung am Menschen in der Tat von sekundärer Bedeutung sein. Das Beispiel Ford zeigt: Mit seinem Modell T und der Fließbandtechnik hat Henry Ford ein gewaltiges Nutzenpotential erschlossen. Die Autos wurden seiner Firma praktisch aus der Hand gerissen. In einer solchen Situation bringt eine autoritäre Führung zweifellos Vorteile: Rasche Entschlußfassung und klare Entscheidungen ermöglichen es, die Multiplikation zu beschleunigen und damit deren Vorteile (Erfahrungskurveneffekte usw.) vollumfänglich auszuschöpfen.

Die Problematik einer autoritären Führung zeigt sich jedoch gerade deutlich am Beispiel von Henry Ford. Als das Nutzenpotential für das schwarze Modell T infolge des technologischen Fortschritts – Erfindung und Einführung des Fisher-Body durch General Motors – und zunehmender Marktdifferenzierung zu schrumpfen begann, war Ford nicht in der Lage, adäquat zu reagieren. Im Gegenteil, er feuerte mehrere Direktoren, die sich zur Auffassung bekannten, daß Ford ebenfalls die Politik ändern müsse. In der Folge ging der Marktanteil von Ford von 55,4 % im Jahre 1921 auf 10,6 % im Jahre 1927 zurück. Ford geriet an den Rand des Ruins.

Aus unseren Analysen wissen wir, daß sich ein Nutzenpotential nur in seltenen Fällen über lange Zeiträume in der Wachstumsphase bewegt. Vielmehr muß – heute in immer kürzeren Zeitabständen – mit der Reife oder gar mit dem Niedergang gerechnet werden. In einer solchen Situation hängt der Unternehmenserfolg davon ab, ob es gelingt, neue Nutzenpotentiale zu erschließen. Und hier ist auch der autoritäre Unternehmer auf die konstruktiven Beiträge seiner Bezugspersonen – Führungskräfte, Mitarbeiter und nicht zuletzt auch Verwaltungsräte und andere, außenstehende Persönlichkeiten – angewiesen.

Natürlich wird der autoritäre Unternehmer diesen Unterstützungsbe-

darf nur sehr ungerne zugeben. Hat er nicht früher bewiesen, daß seine Methoden erfolgreich sind? Hat er nicht selbst das Nutzenpotential erkannt und mit großem Erfolg erschlossen? In diesen unkritischen, retrospektiven Fragen liegt der Kern vieler tragischer Entwicklungen. Das Problem besteht darin, daß der Unternehmer sich einredet, sein bisheriger großer Erfolg sei ausschließlich in seinen persönlichen Fähigkeiten zum Erkennen des Nutzenpotentials und in seiner Führungsleistung im Rahmen der Multiplikation begründet. Er verkennt, daß ein Durchbruch in einem nicht unbedeutenden Ausmaß auf exogene Faktoren wie beispielsweise ein neuentdecktes, attraktives Nutzenpotential zurückzuführen ist. Und gerade hier wird dem autokratischen Unternehmer seine Egozentrik zum Verhängnis, ist es doch alles andere als sicher, daß sein Erfolg auch in Zukunft wiederum von exogenen Faktoren begünstigt wird.
Wenn ich mich deshalb in Abwägung der Erfolgschancen zu einer ganz bewußten Orientierung am Menschen mit allen damit verbundenen Konsequenzen bekenne, so geschieht dies nicht, weil Unternehmensdynamik etwa nur mit einer derartigen Grundhaltung erzeugt werden könnte. Wir müssen realistisch sein: Unternehmensdynamik kann (vorübergehend) auch mit einer Haltung realisiert werden, die alles andere als am Menschen orientiert ist. Trotzdem fordere ich eine auf den Mitarbeiter ausgerichtete Grundhaltung aus der Erkenntnis heraus, daß langfristig gesehen jedes andere Verhalten in eine Sackgasse führt. Ich möchte sogar behaupten, viele Beispiele wie etwa die ITT nach Geneen belegen dies: Je länger die autokratische Phase dauert, desto schwieriger eine erneute Dynamisierung zu realisieren sein wird. In einer langfristigen Perspektive gesehen, ist somit die Menschenorientierung eine zentrale Voraussetzung für die Unternehmensdynamik.
Damit haben wir eine erste Grundlage für die Führung im dynamischen Unternehmen erkannt: Damit nachhaltige Dynamik erzeugt werden kann, muß diese Grundhaltung im gesamten Handeln des Managements zum Ausdruck kommen. Daraus ergibt sich eine Reihe von Konsequenzen für die Führung des dynamischen Unternehmens.

Die Betonung von Humanität im Management ist mehr als ein Schlagwort. Jedes autokratisch geführte Unternehmen läuft längerfristig Gefahr zu scheitern. Die Konsequenz daraus muß ein Bekenntnis zu einem menschlichen Management sein.

Mitarbeiterführung im dynamischen Unternehmen

Dynamik durch Vertrauen

Flexibilität und weitgehende Autonomie sind wesentliche Voraussetzungen der Dynamik. Sie können sich nur in einem Umfeld entfalten, in dem zwischen den Führungskräften, aber auch zwischen Management und Mitarbeitern ein offenes Vertrauensverhältnis besteht. Deshalb kann nachhaltige Dynamik nur in einer Vertrauensorganisation erzeugt werden. Durch gegenseitiges Vertrauen werden für die Führungskräfte motivierende Freiräume geschaffen, in denen sie sich bewegen und auf allen Stufen Dynamik entfalten können.

Der Aufbau eines Vertrauensverhältnisses ist nun alles andere als leicht. Zunächst müssen konstruktive gemeinsame Werthaltungen erarbeitet werden, die von allen Unternehmensangehörigen uneingeschränkt geteilt werden sollten. Die dadurch geprägte »unité de doctrine« fördert die Identifikation mit dem Unternehmen und damit auch die Motivation. Dabei gilt die Regel, daß langfristig nur solche Werthaltungen Bestand haben, die auf einer positiven gesellschaftlichen und damit ethischen Grundhaltung basieren. Hierin kommt einmal mehr der Zusammenhang zwischen Dynamik und Ethik zum Ausdruck.

Auf Vertrauen beruhende Delegation schließt die Konsequenz ein, daß Aufgaben manchmal anders gelöst werden, als dies der ursprünglichen Intention des Vorgesetzten beim Delegieren entspricht. Es ist sogar in Kauf zu nehmen, daß sich Fehler einschleichen. Zum Wesen einer Vertrauensorganisation gehört dementsprechend, daß derartige Irrtümer, solange sie ein vertretbares Ausmaß nicht überschreiten, akzeptiert werden. Eine Leistung wird nicht anhand der etwa unterlaufenen Fehler beurteilt, sondern aufgrund der positiven Beiträge zur Dynamik-Entfaltung. Diese Ausrichtung auf das Positive bei gleichzeitigem Zurückstellen des Negativen wird zum wichtigen Kulturelement des dynamischen Unternehmens.

Die Vertrauensorganisation baut mit Hilfe der soeben geschilderten

Verhaltensweisen ein harmonisches Verhältnis zwischen allen Unternehmensangehörigen auf. In diesem Zusammenhang spielt auch das Zusammenwirken in Teams eine wichtige Rolle. Die Teamleistung ist eindeutig wichtiger als die Einzelleistung. Der »Machomanager« hat hier keine Chance mehr.

Dynamik durch Kommunikation

Ein Mittel zur Vertrauensförderung ist die offene Kommunikation, durch welche sich die dynamische Organisation auszeichnet. Die umfassende Information trägt zur Qualität der Problemlösung bei. Die erhöhte Transparenz und Durchlässigkeit der Organisation fördert zudem die Identifikation und Motivation.

Zu pflegen sind deshalb grundsätzlich alle Kommunikationsarten. Nach wie vor spielt mündliche Kommunikation im individuellen oder gruppenweisen persönlichen Gespräch, an Arbeitstagungen und Seminaren eine zentrale Rolle. Nicht minder wichtig sind jedoch die schriftliche und in jüngerer Zeit die elektronische Mitteilung.

Dynamische Unternehmen pflegen bewußt alle Möglichkeiten zur Förderung des Austausches unter den Mitarbeitern. Bekannt ist beispielsweise bei Hewlett-Packard die Kaffee-Ecke in jeder Abteilung, die bewußt als Instrument der Kommunikationsförderung eingesetzt wird. Digital Equipment hat zur Förderung der Kommunikation ein spezielles »Electronic Conferencing System« entwickelt, an das weltweit sämtliche professionellen Mitarbeiter angeschlossen sind und über welches elektronische Konferenzen größtenteils abgewickelt werden können. Jeder Teilnehmer kann ihn interessierende Fragen in dieses System einspeisen und erhält innerhalb weniger Tage Antworten, Hinweise und Erfahrungstips von Kollegen, die schon mit ähnlichen Fragen konfrontiert worden waren oder entsprechende Probleme gelöst hatten. Es liegt auf der Hand, daß dieses System zur Qualität der Problemlösungen beiträgt.

Letztlich fördert die Kommunikation die heute so ausschlaggebende Flexibilität. Die Mitarbeiter erfahren zwangsläufig mehr über andere Aufgaben und Tätigkeiten des Unternehmens. Damit werden sie viel-

Kommunikation schafft Vertrauen, fördert den Problemlösungsprozeß und erhöht die Transparenz der Organisation. Erst in einer Atmosphäre, die durch persönliche Freiräume und gemeinsame Werthaltungen bestimmt ist, entsteht Kreativität.

seitiger einsetzbar, was sowohl dem Unternehmen zugute kommt als auch zu einer umfassenderen Selbstentfaltung beiträgt. Zudem werden die Unternehmensprozesse transparenter. Die Organisation lernt.
In inhaltlicher Hinsicht kommuniziert das dynamische Unternehmen alle denkbaren Sachverhalte. Betonen möchte ich, daß die laufende Information über Vision und Mission des Unternehmens sowie über die strategischen Erfolgspositionen von großer Bedeutung ist. Damit wird die Corporate Identity gefördert und zugleich mit Inhalt ausgefüllt.

Dynamik durch Managementeinsatz

Ein brisantes Thema ist der Managementeinsatz. Dynamische Unternehmen sind mit zwei fundamentalen Problemen konfrontiert: Erstens haben sie einen überdurchschnittlichen Bedarf an hochqualifizierten Führungskräften, welche neue Aufgaben im Rahmen der Expansion übernehmen. Zweitens verlangen sie zwangsläufig höchstes Engagement von ihren Kadern – die Leistungsbereitschaft und Leistungsqualität muß jederzeit gewährleistet werden.
Der erste Aspekt betrifft die Entwicklung der Führungskräfte. Diese erfolgt zuerst in Form von inner- und überbetrieblichen Ausbildungsmaßnahmen. Viel wichtiger ist jedoch die Aneignung unternehmerischer Verhaltensweisen. Diese können nur in begrenztem Umfang formal trainiert werden. Viel bedeutsamer ist hier das Lernen im praktischen Tätigkeitsfeld. Damit also unternehmerische Verhaltensweisen verinnerlicht werden können, muß der Einsatz der (jüngeren) Führungskräfte derart geplant werden, daß sie die Chance haben, herausfordernde Managementaufgaben selbständig zu lösen. Sie müssen so früh wie möglich mit realen unternehmerischen Problemstellungen konfrontiert werden. Daß hier eine sorgfältige Begleitung durch einen beispielgebenden und kompetenten Seniormanager unerläßlich ist – man spricht hier oft von einem Mentor –, ist eine Erfahrungstatsache. Zur Förderung der Flexibilität sollte im Praxiseinsatz möglichst auch eine intensive Job-Rotation vorgesehen werden.

Wesentlich größere Schwierigkeiten wirft der zweite Problemkreis auf. Sie entstehen dann, wenn die Leistungsfähigkeit eines Managers nicht mehr den hohen Anforderungen des dynamischen Unternehmens genügt. Viele Gründe können angeführt werden wie z. B. persönliche Divergenzen mit dem Vorgesetzten, Probleme im Team, aber auch rein familiäre Konflikte oder nicht zuletzt das Alter. Im weiteren kommt es auch vor, daß der Mitarbeiter sich nicht mit den kulturellen Rahmenbedingungen des Unternehmens identifizieren und sein Verhalten auf die entsprechenden Notwendigkeiten abstimmen kann. Daß derartige Fälle relativ oft eintreten, beweist ein recht dynamisches Unternehmen, in welchem innerhalb von drei Jahren über 70 % der maßgeblichen Positionen neu besetzt wurden.
Oberstes Ziel bei der Neubesetzung von Stellen und dem damit verbundenen Outplacement der bisherigen Stelleninhaber ist die Sicherung des Vertrauensverhältnisses innerhalb der Organisation. Dies wird durch eine absolut faire Behandlung des zu ersetzenden Managers sichergestellt. Die Fairneß muß dabei sowohl in psychologischer als auch in finanzieller Hinsicht gewährleistet sein.
Psychologisch geht es darum, daß der ausscheidende Manager weiterhin sein Gesicht wahren kann und keinesfalls als Versager abgestempelt wird. Gerade in dynamischen Unternehmen mit ihrem aktiven Expansionsdrang wird es immer wieder fachlich kompetente Führungskräfte geben, die aus irgendwelchen Gründen das hohe Tempo nicht mehr mithalten können, die sich jedoch ansonsten gegenüber dem Unternehmen absolut loyal verhalten. Aus ihrer mangelnden Leistungsfähigkeit darf deshalb keinesfalls eine allgemeine Unfähigkeit abgeleitet werden. Das dynamische Unternehmen ist sich dieses Sachverhalts bewußt und findet Lösungen, daß derartige Führungskräfte einen auf ihre persönlichen Bedürfnisse ausgerichteten Weg gehen können und insbesondere keinen Imageschaden erleiden. Darum darf der Stelleninhaber erwarten, daß ihm das dynamische Unternehmen ebenfalls in finanzieller Hinsicht eine faire Lösung unterbreitet. Diese soll es ihm erlauben, seinen bisherigen Lebensstil fortzuführen und seinen persönlichen Verpflichtungen nachzukommen.

Der sinnvolle Managementeinsatz ruht auf vier Säulen: 1. die Förderung von Nachwuchskräften, 2. die Erhöhung der Flexibilität der Kader durch Job-Rotation und 3. der angemessene Einsatz von älteren Mitarbeitern sowie 4. faires Outplacement.

Im Idealfall entwickelt das dynamische Unternehmen schon frühzeitig Lösungen, welche die Notwendigkeit eines Outplacements vermeiden. Sowohl in Japan als auch in fortschrittlichen westlichen Firmen werden Spitzenkräfte in zunehmendem Maße schon einige Jahre vor der offiziellen Pensionierung von aufreibenden Linienaufgaben freigesetzt. Beispielsweise hat die Firma Hilti einen Plan entwickelt, der den Rücktritt eines Vorstandsmitglieds bei Erreichen des sechsundfünfzigsten Altersjahres vorsieht. Die Linienverantwortung wird auf eine jüngere Führungskraft übertragen, während das zurückgetretene Vorstandsmitglied Aufgaben in speziellen Projekten oder im Aufsichtsrat von Tochtergesellschaften übernimmt. Mit dieser Lösung sind zwei Vorteile verbunden: Erstens können junge, »hungrige« Führungskräfte rascher aufsteigen; sie sind nicht gezwungen, neue Stellen zu suchen, bloß weil der Weg nach oben zu lange versperrt ist. Daraus resultiert eine beachtliche Motivationswirkung für Nachwuchskader. Zweitens bleiben das Wissen und die Erfahrung der älteren Führungskräfte dem Unternehmen vollumfänglich erhalten. Diese können durchaus für neue, expansive Aufgaben eingesetzt werden. Allerdings ist die Durchsetzung einer derartigen Regelung nicht leicht, denn die Seniormanager müssen natürlich auf Macht verzichten. Gerade weil in westlichen Ländern Macht und Ansehen noch oft (zu eng) miteinander verbunden sind, können hier Probleme entstehen. Es ist höchste Zeit, daß wir diesbezüglich eine großzügigere und weniger dogmatische Kultur entwickeln!

Eine weitere Möglichkeit besteht darin, eine durch die Dynamik überforderte Führungskraft innerhalb des Unternehmens in eine Stelle mit weniger physischer und psychischer Belastung zu versetzen. Möglichkeiten ergeben sich etwa in Abteilungen für Ausbildung oder für Public Relations.

Die wohl schwierigste Aufgabe stellt die Entlassung einer Führungskraft dar. Der Grund dafür kann einerseits darin liegen, daß die erwarteten Leistungen nicht mehr erbracht werden, andererseits sind es überholte Denkmuster und Verhaltensweisen, die eine Trennung nahelegen können. Besonders bei strategischen Neuorientierungen fehlt vielen Führungskräften die geistige Spannkraft, das erforderliche Umdenken vorzunehmen. Auch hier muß der oberste Grundsatz die Fairneß sein, indem sowohl in psychologischer als auch in finanzieller Sicht korrekte Lösungen angestrebt werden. Dazu gehört insbesondere die Unterstützung, welche das Unternehmen der freigesetzten Führungskraft im gesamten Entlassungsprozeß gewährt. Eine bekannte Firma verwendet für derartige Aufgaben gleich viel Zeit wie für die Einstellung neuer Führungskräfte! Sie entwickelt teilweise äußerst kreative Methoden, die zur Folge haben, daß der freigesetzte Manager an neuen Orten wie z. B. beim Staat oder in der Politik Aufgaben übernimmt, die mit einem wesentlich höheren Prestige versehen sind, aber ungleich weniger Dynamik generieren.

Dynamik durch Ausbildung

Schon verschiedentlich wurde auf die Bedeutung der Aus- und Weiterbildung für das dynamische Unternehmen hingewiesen. Mehrere Gründe sprechen für deren konsequente Förderung:

- In der heutigen Wirtschaftsumwelt können nur noch solche Firmen erfolgreich bestehen, die über ein hohes Know-how-Potential verfügen. Dynamische Unternehmen zeichnen sich dadurch aus, daß sie wissensintensive Prozesse oder Systeme multiplizieren. Dieses Know-how muß ständig weiterentwickelt und auf die übrigen Unternehmensangehörigen übertragen werden. Die Ausbildung spielt hier eine zentrale Rolle.
- Sodann dient die Ausbildung der innerbetrieblichen Kommunikation. Im Rahmen von Ausbildungsmaßnahmen werden informale Netzwerke aufgebaut, welche die Flexibilität und Dynamik des Unternehmens unterstützen.
- Die berufstypische Ausbildung fördert die Motivation entscheidend. Die Mitarbeiter spüren, daß das Unternehmen gewillt ist, ihr Wissen und Können weiterzuentwickeln.
- Schließlich kann die Ausbildung auch zur Gestaltung kultureller Werte eingesetzt werden. Auf diesen Aspekt werde ich noch eingehend zu sprechen kommen.

Hohe Aus- und Weiterbildungschancen für Mitarbeiter im Unternehmen sichern ein überdurchschnittliches Know-how-Niveau. Sie unterstützen zudem die interne Kommunikation sowie eine hohe Akzeptanz der kulturellen Werte der Firma.

Bereits aus diesen kurzen Bemerkungen ergibt sich die Bedeutung der Ausbildung für das dynamische Unternehmen. Ein hoher Wissensstand und souveränes Können der Mitarbeiter sind wesentliche Voraussetzungen für die Dynamik.

Dynamik durch Multiplikation von Fähigkeiten

In vielen Unternehmen sind gewiß hervorragende Fähigkeiten vorhanden, diese sind jedoch sehr häufig infolge von Bürokratie, Frustration und »innerer Kündigung« blockiert. Solche internen Humanpotentiale können im Rahmen der Dynamisierung ideal ausgeschöpft werden.
Eine Konsequenz, die dadurch erreichbar ist, daß das vorhandene Know-how durch Abbau der Bürokratie und durch Motivationsprogramme freigesetzt wird. In der Folge kann es dann sukzessive auf neue Einheiten übertragen werden.
Dieses Konzept wird erfolgreich von Forbo, dem in Europa führenden Hersteller von Boden- und Wandbelägen, angewendet. Das Unternehmen hat in der Vergangenheit verschiedene bürokratisierte und unrentable Boden- und Wandbelagshersteller übernommen. Nach jeder Akquisition wird als eine der ersten Maßnahmen routinemäßig geprüft, welches Know-how vorhanden ist und wie dieses freigesetzt werden kann. Ein Hauptanliegen besteht nämlich darin, das gesamte im Konzern vorhandene Know-how auszutauschen, optimal wirksam werden zu lassen und multiplikativ einzusetzen. Dabei handelt es sich um eine Geschäftspolitik, die natürlich nicht nur bei Übernahmen, sondern bei allen Dynamisierungsmaßnahmen angewendet werden kann.

Dynamik durch Anreizsysteme

Unternehmensdynamik erfordert von allen Unternehmensangehörigen einen überdurchschnittlichen Einsatz. Damit korrespondiert die Forderung, daß dieser gesteigerte Einsatz entsprechend honoriert werden muß. Anreizsysteme sind deshalb für dynamische Unternehmen besonders wichtig. Dabei spielen nicht einmal die finanziellen

Anreize die ausschlaggebende Rolle. Prinzipiell bedeutsamer sind sogar die nichtfinanziellen Anreize, welche die Anerkennung und Wertschätzung des Unternehmens zum Ausdruck bringen und somit den hohen sozialen Status des Mitarbeiters im dynamischen Unternehmen unterstreichen.

Wie sind die Anreize im dynamischen Unternehmen zu gestalten?

- Erstens sollten sich Anreize nicht nur an der quantitativ-qualitativen Leistung orientieren. Bei der Unternehmensdynamik spielt die Zeitdimension oft eine nicht minder wichtige Rolle. Aus diesem Grunde sollte der Faktor Zeit vermehrt als Beurteilungsmaßstab Verwendung finden und als Grundlage für die Bemessung von Anreizen herangezogen werden.
- Zweitens sollten zur Förderung der Identifikation nicht nur Gratifikationen und Prämien entrichtet werden. Zunehmende Bedeutung erlangen echte Beteiligungsmöglichkeiten am Unternehmen selbst.
- Drittens müssen Anreize dauernd neu konzipiert und kreativ entwickelt werden, denn Anreizsysteme verlieren mit zunehmender Gewöhnung an Wirkung. Durch originelle Anreize, die kostenmäßig gar nicht groß ins Gewicht fallen müssen, kann übrigens oft eine überraschend starke Motivation resultieren.

Motivierungssysteme funktionieren nur dann, wenn objektive und von den Mitarbeitern akzeptierte Informationen über ihre Leistungen vorliegen. Die Entwicklung von Management Controls, welche Informationen über dynamikrelevante Sachverhalte generieren, ist deshalb eine sinnvolle Maßnahme. Personalcomputer können hier ohne großen Aufwand die entsprechenden Aufgaben übernehmen.

Dynamik durch Kultur

Daß die Unternehmenskultur das Verhalten der Führungskräfte und Mitarbeiter entscheidend beeinflußt, ist schon seit längerer Zeit bekannt.[1] Die meisten bislang veröffentlichten Untersuchungen beleuchten aber die betreffenden Zusammenhänge aus psychosozialer oder aus strategischer Sicht.

Vorhandenes Know-how kann durch den Abbau von Bürokratie und über Motivationsprogramme freigesetzt werden. Ziel ist es, schon existierende Potentiale optimal wirksam werden zu lassen und schließlich multiplikativ im Unternehmen einzusetzen.

Die Analyse dynamischer Unternehmen veranschaulicht, daß deren Kultur durch ganz spezifische Merkmale geprägt ist. Diese Charakteristika sind in den bisherigen Kulturuntersuchungen nur wenig beachtet worden. Vier wichtige Grundorientierungen[2] sind hierbei zu unterscheiden:

- In dynamischen Unternehmen existiert eine expansionsorientierte Kultur. Das bedeutet, daß bei Kadern und Mitarbeitern eine positive Grundeinstellung zum Wachstum vorhanden ist. Diese äußert sich darin, daß anspruchsvolle Wachstumsziele gesetzt und akzeptiert werden. Beispielsweise kam in den Gesprächen mit Führungskräften von Glaxo unverkennbarer Stolz auf die erreichten hohen Wachstumsraten zum Ausdruck.
- Die Kultur dynamischer Unternehmen ist zeitorientiert. Der Faktor Zeit wird als wichtige Ressource bewertet. Diese Tatsache läßt sich an mehreren Indizien erkennen: Projekttermine werden bewußt knapp berechnet. Man macht sich geradezu einen Sport daraus, neue Zeitrekorde zu erzielen. Beispielsweise hat Metro immer wieder Bestmarken für den Bau von SB-Großmärkten aufgestellt. So wurde etwa der Markt in Graz drei Monate nach Grundsteinlegung eingeweiht, und die Filiale in Hamburg konnte bereits einen Monat nach einem Großbrand wieder eröffnet werden. Die Schnelligkeit war hier so erstaunlich, daß verschiedene Kunden noch nach einem Gebäude mit Brandschäden suchten und vollkommen irritiert waren, einen völlig intakten, neuen Markt zu finden. Ein schönes Beispiel zur Zeitkultur erlebte ich anläßlich meines Interviews mit Kari Kairamo von Nokia. In verschiedenen Büros des Hauptsitzes seiner Gesellschaft waren zu meiner Überraschung riesige Gummistiefel zu sehen. Auf meine Frage, was dies zu bedeuten habe, antwortete Kairamo: »Das sind unsere Siebenmeilenstiefel, mit denen wir noch schneller rennen können« – ein Symbol für den Geist in diesem Unternehmen. Ihre ausgeprägte Zeitkultur äußert sich aber auch in vielen anderen Kleinigkeiten: Telefonrückrufe erfolgen grundsätzlich innerhalb von Minuten, Anfragen werden grundsätzlich am gleichen Tag erledigt, Entschei-

dungen werden binnen kürzester Fristen getroffen. Daß eine derartige Zeitkultur nur entstehen und gedeihen kann, wenn sie immer gepflegt wird und wenn alle für eine rasche Aufgabenabwicklung erforderlichen Voraussetzungen und Systeme geschaffen werden, versteht sich von selbst.

- Ein weiteres Merkmal der Kultur dynamischer Unternehmen ist die Produktivitätsorientierung. Sie prägt die Aktivitäten vor allem im Rahmen der Multiplikation, wo immer sehr hohe Maßstäbe gesetzt werden. Bei Hanson werden beispielsweise Akquisitionen nur von kleinen, aber sehr leistungsfähigen Teams realisiert. Mit 70 Mitarbeitern (inklusive Sekretariat und Hilfspersonal) ist der Hauptsitz des 7-Mrd.-£-Unternehmens äußerst knapp besetzt. Eine Produktivitätsorientierung, die unmittelbar auf die übernommenen Firmen durchschlägt, indem unnötige Managementebenen abgebaut und sämtliche Operationen stark gestrafft werden.
- Dynamische Firmen zeichnen sich nicht zuletzt durch eine ausgeprägte Risikoorientierung aus, denn dynamische Expansion verlangt Unternehmertum, was in einer freien Marktwirtschaft zwangsläufig mit Risiken verbunden ist. Die Bereitschaft, Risiken einzugehen und Fehlschläge zu akzeptieren, muß deshalb als ein weiteres Kulturmerkmal dynamischer Unternehmen genannt werden.

Die Betonung dieser vier Grundorientierungen in dynamischen Unternehmen hat zweifellos Konsequenzen.

Vordringlich interessiert uns jedoch das Verhältnis zwischen den soeben aufgeführten dynamikrelevanten und anderen, üblicherweise untersuchten Grundorientierungen mit Bezug auf Kunden (Wertschätzung des Kunden usw.), Mitarbeiter (Wertschätzung des Mitarbeiters, Vertrauen, Teamwork usw.), Innovation (Bereitschaft zum Testen, zu unkonventionellen Lösungen usw.), Kosten (Kostenbewußtsein, Kostenkontrolle usw.), Unternehmen (Identifikation mit dem Unternehmen, Loyalität usw.) und Technologie (Ausrichtung auf die Branchentechnologie usw.).[3]

Kein Unternehmen ist in der Lage, in allen Grundorientierungen eine

Die das Verhalten der Mitarbeiter bestimmende Unternehmenskultur ist in dynamischen Firmen durch spezifische Merkmale gekennzeichnet: Expansions-, Zeit-, Produktivitäts- und Risikoorientierung sind hier an erster Stelle zu nennen.

überlegene Profilierung zu erreichen. Dies ist deshalb nicht möglich, weil Kulturen durch kulturgestaltende Handlungen entstehen. Würden diese auf alle Grundorientierungen gleichermaßen »verteilt«, so ergäbe sich gemäß dem Gießkannenprinzip eine Nivellierung auf relativ niedrigem Niveau. Eine starke Profilierung ist eben nur möglich, wenn in bezug auf die kulturgestaltenden Handlungen klare Schwerpunkte gebildet werden.

Daraus folgt, daß dynamische Unternehmen, die in den oben skizzierten vier Grundorientierungen eine starke Ausprägung erlangt haben, häufig in anderen Grundorientierungen mehr oder weniger schwache Ausprägungen erlangen. Dies konnte bei den untersuchten Firmen eindeutig festgestellt werden. So zeichnen sich einige der analysierten Unternehmen kaum durch eine starke Kundenorientierung aus. In anderen Fällen ist die Kostenorientierung schwach ausgeprägt. Verschiedentlich fehlt es – wie wir schon gesehen haben – an der Mitarbeiter- und Unternehmensorientierung, oft ist aber auch die Technologieorientierung von nachrangiger Bedeutung.

Beachtliche Probleme ergeben sich dann, wenn statische Unternehmen dynamisiert werden sollen. Sie sind aufgrund ihrer oft jahrzehntelangen historischen Entwicklung durch starke kulturelle Ausprägungen charakterisiert. Dies kann z.B. in einem hochentwickelten Kostenbewußtsein, aber auch in einer überzüchteten Bürokratieorientierung zum Ausdruck kommen. Eine Dynamisierung bedingt in solchen Fällen zwangsläufig ein kulturelles Neuorientieren in Richtung auf die oben beschriebenen Expansions-, Zeit-, Produktivitäts- und Risikovorstellungen.

Die Erreichung des kulturellen Wandels ist ein äußerst anspruchsvolles Unterfangen, das große Anforderungen an das Management stellt, denn es muß eine ganze Reihe von kulturgestaltenden Aktivitäten wie Trainingsseminare, Workshops, kommunikative Maßnahmen und nicht zuletzt auch symbolische Handlungen eingeleitet werden.[4] Ob und in welchem Umfang dies mit einem existierenden Management möglich ist, sollte von Fall zu Fall individuell abgeklärt werden. Beispiele wie die kulturelle Neuorientierung bei Chrysler durch Iacocca oder bei der SAS durch Jan Carlzon deuten darauf hin, daß fundamentale Veränderungen oft nur durch einen neuen Direktionspräsidenten initialisiert werden können.

Motivation – Schlagwort oder Erfolgsfaktor?

Alle dargestellten mitarbeiterbezogenen Aspekte haben natürlich ihren Einfluß auf die Motivation. Im Mittelpunkt steht die Erkenntnis, daß Unternehmensdynamik nur dann langfristig und nachhaltig entwickelt werden kann, wenn sie von kompetenten und motivierten Mitarbeitern getragen wird. Deshalb ist das dynamische Unternehmen bestrebt, die Erreichung dieser Zielsetzung zu gewährleisten, indem die mentale Grundhaltung gegenüber dem Menschen im Unternehmen bewußt positiv gestaltet wird. Alle noch so großen Investitionen in Ausbildung und Mitarbeiterentwicklung verpuffen, wenn die allgemeine Grundhaltung nicht stimmt.
Die zur Verfügung stehenden Motivationsinstrumente sind umfassend anzuwenden. Das dynamische Unternehmen setzt hier bewußt eine hohe Priorität.

Wegweisungen für die Managementpraxis

Orientierung am Menschen

Voraussetzung für nachhaltige Dynamik ist eine am Menschen orientierte Grundhaltung der Führungspersönlichkeiten. Auf ihr bauen alle Führungshandlungen auf.

Mitarbeiterführung

Der unternehmerische Manager gestaltet die Mitarbeiterführung derart, daß die Dynamik gefördert wird. Zu diesem Zweck baut er eine

Da in keinem Unternehmen alle Grundorientierungen gleich stark ausgebildet sein können, müssen Schwerpunkte ausgewählt werden. Die Herbeiführung eines kulturellen Wandels ist oft nur auf die Initiative einer charismatischen Person möglich.

solide Vertrauensbasis auf. Offene Kommunikation wird laufend praktiziert. Der Managementeinsatz erfolgt zielorientiert und fair. Die Ausbildung wird konsequent vorangetrieben, und die Möglichkeiten zum multiplikativen Know-how-Transfer werden ausgeschöpft. Innovative Anreizsysteme fördern die Motivation.

Unternehmenskultur

Dynamische Unternehmen zeichnen sich durch eine spezifische Unternehmenskultur aus, die durch folgende Merkmale gekennzeichnet ist:

- Expansionsorientierung
- Zeitorientierung
- Produktivitätsorientierung
- Risikoorientierung

Der dynamische Manager fördert die entsprechenden Normen und Werthaltungen und lebt sie auch vor.

4. Die kritische Ressource: Die Zeit

Schon eingangs wurden jene Unternehmen als dynamisch bezeichnet, die den Nutzen für ihre Bezugsgruppen innerhalb relativ kurzer Zeit um ein Mehrfaches zu erhöhen in der Lage sind. Der Faktor Zeit ist somit auf das engste mit der Dynamik verbunden. Aus diesem Grunde sind wir in der vorliegenden Arbeit den Wechselbeziehungen zwischen Dynamik und Zeit schon verschiedentlich begegnet. In diesem Abschnitt geht es nun darum, die aus der Sicht der Unternehmensdynamik so wichtige Zeitdimension in einer Gesamtschau zu beleuchten und daraus wiederum Erkenntnisse für die Führung des dynamischen Unternehmens abzuleiten.

Die Wechselbeziehungen zwischen Unternehmensdynamik und Zeit sind mehrdimensionaler Natur. Auf den ersten Blick erscheint das rasche, zügige Handeln als ein Hauptmerkmal. Bei tieferer Betrachtung wird jedoch ersichtlich, daß es niemals ein vorrangiges Ziel sein kann, die bisher erfüllten Aufgaben einfach noch schneller zu erledigen. Vielmehr muß das Hauptanliegen darin bestehen, durch kluges Handeln eine angemessene Beschleunigung der unternehmerischen Prozesse zu erzielen.

Doch Beschleunigung nützt nichts, wenn sie zum falschen Zeitpunkt ansetzt. Das richtige Timing ist somit ein wichtiges Kriterium des dynamischen Unternehmens.

Dynamik muß immer von einem unternehmerischen Manager, einem Promotor, ausgelöst werden. Dieser hat auch die Aufgabe, eine kraftvolle Unternehmensführung permanent zu nähren und den Schwung aufrechtzuerhalten. Auslösung und Nähren der Dynamik sind zeit-

Dynamik läßt sich nicht durch Geschäftigkeit erzeugen. Eine angemessene Beschleunigung der unternehmerischen Prozesse ist vielmehr die Ursache des Erfolgs. Daneben kommt der Wahl des richtigen Zeitpunktes eine zentrale Bedeutung zu.

konsumierende Aufgaben. Sie können nur befriedigend gelöst werden, wenn sich Unternehmer und Führungskräfte durch ein richtiges Zeitmanagement von anderen, für die Dynamik weniger relevanten Aufgaben frei machen.

Managementzeit für expansive Aufgaben

Zeitmanagement ist in jüngster Zeit zu einer Modeerscheinung geworden. Entsprechende Seminare werden von allen möglichen Organisationen und Personen offeriert. Dabei gibt es verschiedene Ansätze: Unter dem Schlagwort »Management by wandering around« fordern Autoren wie Tom Peters, daß der Unternehmer seine wesentliche Zeit außerhalb seines Büros im direkten Kontakt mit Kunden und Mitarbeitern einzusetzen habe. Andere Autoren überlassen die Prioritätensetzung der Führungskraft selbst und vergleichen sie lediglich mit der Ist-Zeit-Verwendung. Nach welchen Kriterien eine Rangfolge aufgestellt werden soll, bleibt allerdings weitgehend im unklaren.

Wie präsentiert sich das Problem des Zeitmanagements, wenn sich ein Unternehmen dynamisch entwickeln will? In den untersuchten Unternehmen konnte leicht festgestellt werden, daß bestimmt keine rezepthaft vereinfachten Regeln wie z. B. »Verwendung der Zeit für Kundenkontakte« tatsächlich zur Anwendung gelangen, vielmehr werden ganz andere Akzente gebildet. Beispielsweise praktiziert das Topmanagement der Maschinenbaugruppe Mikron durchaus ein kundenorientiertes »wandering around«. Hanson verhält sich genau gegenteilig – in diesem nicht minder dynamischen Unternehmen ist »wandering around« verpönt.

Eine regellose Prioritätensetzung durch das Management kann nicht befriedigen. Oft werden einfach jene Tätigkeiten als vorrangig angesehen, bei denen sich die Führungskraft besonders sicher fühlt und die demnach auch mit besonderer Vorliebe ausgeführt werden.

Die richtige Methode besteht wohl darin, daß die Zeit für jene Aktivitäten eingesetzt wird, die gemäß der Unternehmensstrategie von hoher Bedeutung sind. Die Strategie wird somit Richtschnur für das Zeitmanagement.[1] Grundsätzlich ist es daher richtig, daß die unternehmerische Führungspersönlichkeit ihre Zeit primär für die multiplikative Erschließung attraktiver Nutzenpotentiale einsetzt.
Die Nutzenpotentiale eines Unternehmens können sich in recht unterschiedlichen Phasen befinden. Demgemäß ergeben sich ebenfalls unterschiedliche Zeitprioritäten: Ist das Nutzenpotential in der Entstehungs- oder Wachstumsphase, so wird sich das Schwergewicht auf die Multiplikation verlegen, in der Reife- und Niedergangsphase steht andererseits die Suche nach neuen Nutzenpotentialen im Vordergrund.
Das Zeitmanagement im dynamischen Unternehmen erfolgt somit nach ganz spezifischen Gesetzmäßigkeiten. Im Unterschied zu statischen Firmen verwenden in dynamischen Unternehmen die Promotoren bewußt den Hauptteil der zur Verfügung stehenden Zeit für Aktivitäten, die große Expansionsmöglichkeiten eröffnen. Alle anderen Aufgaben werden delegiert, und auf diese Weise kann die bereits erwähnte Hebelwirkung ausgelöst werden. Weil sich die Tätigkeit auf attraktive Nutzenpotentiale konzentriert, wird mit geringem Aufwand ein mächtiger Stein ins Rollen gebracht werden.
Umgekehrt setzen Leiter statischer Unternehmen ihre Zeit für Nutzenpotentiale ein, die bereits in der Reife- oder Niedergangsphase befindlich sind. Viele Umstände können dies verursachen: Beispielsweise wollte ein bekannter Unternehmer seine persönlichen Beziehungen zu den angestammten Kunden nicht aufgeben. Er hatte über Jahre feste Freundschaften aufgebaut, die sich u.a. auch darin äußerten, daß ein Kunde Pate eines seiner Kinder war. Es ist leicht verständlich, daß dieser Unternehmer seine Zeit mit Vorliebe für Besuche seiner alten Geschäftsfreunde einsetzte, auch wenn das betreffende Nutzenpotential schon längst in der Niedergangsphase war. Andere Faktoren, welche Statik bewirken, sind Gewohnheiten, Vertrautheit mit dem angestammten Nutzenpotential, Angst vor Neuem usw.

Erfolgreiches Zeitmanagement ist die Voraussetzung für gutes Führen. Die unterschiedlichen Prioritäten in bezug auf die Zeit werden v.a. von der Strategie bestimmt, wobei dynamische Firmen ganz bewußt der Expansion große Aufmerksamkeit schenken.

Aus dieser Sicht bedeutet Dynamisierung oft harte Eingriffe. Über Jahre aufgebaute und geschätzte Verhaltensweisen müssen aufgegeben, neue, unsichere Aufgaben in Angriff genommen werden. Es erstaunt kaum, daß Topmanager, die ihre Zukunft in angemessener Weise gesichert haben, auf eine derartige Neuorientierung verzichten und ihre Zeit bevorzugt für vielleicht weniger attraktive, aber um so angenehmere und sicherere Aufgaben einsetzen.

Timing: Eile mit Weile!

Gehen wir einmal davon aus, daß der unternehmerische Manager bereit ist, einen beachtlichen Teil seiner Zeit für die Entdeckung und Erschließung neuer Nutzenpotentiale einzusetzen, aber damit allein kann er noch keine erfolgreiche Zukunft sichern. Entscheidend kommt es nämlich darauf an, die Maßnahmen zum richtigen Zeitpunkt einzuleiten und durchzuführen.

Das Timing spielt gerade dann eine zentrale Rolle, wenn es darum geht, neue Nutzenpotentiale zu erschließen. Die AEG lancierte in den siebziger Jahren die Bildplatte eindeutig zu früh. Der Markt war für dieses revolutionäre Produkt noch nicht reif. Ähnliches gilt für die ersten Aktivitäten von Xerox im Bereiche des Desktop-Publishing, die auch bereits in den siebziger Jahren entfaltet wurden. Andererseits – und dies dürfte heute viel öfter der Fall sein – kann ein Nutzenpotential auch zu spät erschlossen werden. Das »strategische Fenster«,[2] d.h. der optimale Zeitraum für die Lancierung einer neuen Aktivität, ist somit nur für begrenzte Zeit offen; und es gilt, den richtigen Zeitpunkt zu treffen. Welche Möglichkeiten stehen hier dem Unternehmer zur Verfügung?

Einerseits spielt gewiß die Intuition eine wichtige Rolle. Leysen betrachtet das Gefühl für den rechten Augenblick als eine der drei wichtigsten Eigenschaften des Unternehmers.[3] Im gleichen Atemzug muß allerdings auch die Erfahrung erwähnt werden, die letzten Endes jeder Intuition zugrunde liegt.

Stichhaltige Informationen können allerdings konkrete Hinweise auf den richtigen Zeitpunkt geben. Bezeichnenderweise sind derartige Informationen oft leichter zugänglich als angenommen. Ein Beispiel dafür sind die Nachrichten über die Deregulierungspolitik Präsident Reagans. Sie veränderten die Nutzenpotentiale in den verschiedensten Märkten. So wurden zu Beginn der achtziger Jahre in der Presse fast täglich die Auswirkungen der Deregulierungspolitik auf die Finanzmärkte erörtert. Erstaunlicherweise haben jedoch nur wenige Unternehmen die sich bietenden Chancen genutzt.

Realisation mit Hochdruck

Dynamik ist mit einer zügigen und raschen Aufgabenerfüllung aufs engste verbunden. Dynamisieren bedeutet immer auch beschleunigen. Weshalb kommt diesem Aspekt eine so große Bedeutung zu?
Wir haben festgestellt, daß attraktive Nutzenpotentiale eine wesentliche Voraussetzung für Unternehmensdynamik darstellen. Sie werden zwangsläufig von jedem zukunftsorientierten Unternehmer gesucht. Aus diesem Grund wird das Wirtschaftsgeschehen dauernd scharf beobachtet. Die modernen Kommunikationsmittel sorgen dafür, daß neue Möglichkeiten in kürzester Zeit einem großen Publikum bekannt werden.
Aufgrund dieser Ausgangslage öffnen sich die strategischen Fenster nur für relativ kurze Zeit. Kaum werden Chancen erkennbar, werden sie schon von der einen oder anderen Firma erschlossen. Die wichtigen strategischen Positionen können schnell besetzt werden, womit sich eben das Fenster für später eintretende Firmen bald schließt. Ziel eines dynamischen Managements muß es somit sein, neue Nutzenpotentiale so rasch wie möglich auszuschöpfen und die damit verbundenen strategischen Positionen zu besetzen.
Diese Forderung kann auf mehrfache Weise begründet werden.[4] Untersuchungen auf der Basis der PIMS-Datenbank[5] beweisen, daß Pionierunternehmen, die als erste in den Markt eintreten und die rele-

Vom richtigen Timing, beispielsweise bei einer Produkteinführung, ist der Erfolg in besonderem Maße abhängig. Intuition, die nur auf einer langjährigen unternehmerischen Erfahrung basieren kann, spielt dabei häufig eine besondere Rolle.

vanten Positionen besetzen, einen höheren »Return on Investment« erzielen als ihre Nachfolger.[6] Es kann davon ausgegangen werden, daß die in bezug auf den Markteintritt festgestellten Gesetzmäßigkeiten grundsätzlich auch für alle anderen Nutzenpotentiale gelten. So begann beispielsweise Hanson bereits Mitte der sechziger Jahre als erste Firma mit der Übernahme und Restrukturierung von »undermanaged companies«. Unternehmen, die frühzeitig neue Nutzenpotentiale erschließen, erzielen wichtige aus der Erfahrungskurve ableitbare Vorteile, da sie sich relativ rasch die für das Nutzenpotential relevanten Kenntnisse aneignen und ihre Aktivitäten gründlicher als andere Firmen gestalten können. Interessant ist auch die folgende Aussage von Simon über die psychologische Bedeutung eines früheren Eintritts und der damit verbundenen raschen Besetzung strategischer Positionen: »Als den aus Wettbewerbssicht wichtigsten Grund sehen wir allerdings an, daß der Pionier einen weißen Fleck auf der kognitiven Landkarte des Verbrauchers belegt, diese Chance hat niemand außer ihm – oder wie Ries und Trout es ausdrücken: ›The easy way to get into a person's mind is to be first.‹ «[7]

Diese auf das Marktpotential ausgerichtete Erkenntnis gilt wiederum für alle Nutzenpotentiale. Das Beispiel Electrolux belegt dies sehr schön. In der Weißwarenbranche wurde schon früh bekannt, daß sich Electrolux vermehrt auf die Übernahme und Restrukturierung von Firmen konzentriert. Innerhalb kurzer Zeit hatte sich Electrolux einen entsprechenden Namen geschaffen. Dies hatte zur Folge, daß praktisch alle verkaufswilligen Eigentümer von Weißwarenfirmen ihr Verkaufsangebot zuerst Electrolux unterbreiteten.

Eine weitere Notwendigkeit zur Beschleunigung der Unternehmensprozesse ergibt sich aus der Kurzlebigkeit vieler Nutzenpotentiale. Beispielsweise nimmt die Registrierung von Medikamenten infolge erhöhter Ansprüche der Gesundheitsbehörden derart viel Zeit in Anspruch, daß der Patentschutz schon wenige Jahre nach der Markteinführung ausläuft. Darum muß der Registrationsprozeß stark beschleunigt werden, vor allem indem die Registration in den einzelnen Ländern nicht mehr sequentiell, sondern parallel angefordert wird.

Die Hauptbeschleunigung muß allerdings in der Markteinführungsphase erzielt werden. So begann 1983 die Sarna AG, ein Konzept zur Dachbegrünung zu entwickeln. Ein solches Produkt lag genau im Zeittrend und konnte das schlechte Image des Flachdachs aufpolieren. Der Baumarkt akzeptiert Innovationen jedoch erst mit einer gewissen Verzögerung: Um möglichst wenig Zeit zu verlieren, wurde daher das Produkt an Baumessen vorgestellt, bevor es in Serienreife vorlag und alle produktionstechnischen Voraussetzungen geschaffen waren. Aufgrund dieser Vorgehensweise ergaben sich für die Sarna AG weitere Vorteile: Die Stimmung und die spezifischen Wünsche des Marktes konnten aufgenommen werden, bevor umfangreiche Mittel in Sachanlagen investiert wurden.
Die nächste Notwendigkeit zur Beschleunigung ist kostenbedingt. Als Nokia den mit hohen Verlusten arbeitenden schwedischen Fernsehhersteller Luxor übernommen hatte, führte jeder Tag ohne Veränderung zu einer Fortschreibung der Verluste und somit zu nicht hinnehmbaren Aufwendungen. Aus diesem Grunde mußte die Restrukturierung mit größter Geschwindigkeit realisiert werden. Auch die hohe Geschwindigkeit, mit welcher Metro ihre SB-Großmärkte eröffnet, ist nicht zuletzt dadurch motiviert, daß die hohen Kapitalkosten für Grundstücke und Bauten so rasch wie möglich durch die nach der Markteröffnung anfallenden Einnahmen abgedeckt werden. Welche Konzepte wenden nun dynamische Unternehmen an, um Zeit zu gewinnen und um ihre Aktivitäten zu beschleunigen?
Grundlage ist sicherlich ein klares Unternehmenskonzept. Um ein solches zu etablieren, müssen die Basisentscheidungen selbstverständlich auf einem Konsens unter den maßgeblichen Führungskräften beruhen und deutliche Prioritäten definieren. Werden diese beiden Bedingungen erfüllt, so können daraus beachtliche Zeitgewinne resultieren: Die grundsätzliche Marschrichtung ist somit festgelegt und kann von allen akzeptiert werden. Mögliche Aktivitäten, die außerhalb des Konzepts liegen, sollten ohne Zeitaufwand sofort zurückgewiesen werden. Umgekehrt werden strategisch wichtige Themen sofort und intensiv behandelt.

Kaum eröffnen sich für eine Firma neue gewinnbringende Chancen, schon treten auch andere Anbieter auf den Plan. Ziel eines dynamischen Managements muß es deshalb sein, die strategischen Positionen sofort zu besetzen, nicht zuletzt um Kosten zu sparen.

Ein klares Konzept erlaubt z.B. die Anwendung der 80/20-Regel: Danach werden 80 % eines Ergebnisses von 20 % der Einflußfaktoren bestimmt. (Beispiel: 20% der Kunden erzielen 80% des Umsatzes; 20% der Produkte erzielen 80% des Umsatzes usw.) Das Konzept richtet das Unternehmen sinnvollerweise auf jene Schlüsselaktivitäten aus, welche mit einem relativ geringen Einsatz eine relativ hohe Wirkung, d.h. einen hohen Leverage, erzielen. Dies sind ganz offensichtlich all jene Tätigkeiten, die auf die Erschließung eines attraktiven Nutzenpotentials ausgerichtet sind. Die Konzentration auf die 20%-Schlüsselaktivitäten erlaubt es nun, viele nur geringen Ertrag abwerfende Aktivitäten zu streichen. Daraus können beachtliche Zeitgewinne resultieren, und die gewonnene Zeit kann wiederum für neue Schlüsselaktivitäten eingesetzt werden.

Zu diesem Zweck sollte auch ein kumulierter Mitteleinsatz mit dem Ziel der Prozeßbeschleunigung vorgenommen werden. Um die kritische Turnaround-Phase in den siebziger Jahren zu verkürzen, heuerte beispielsweise ein Konzern eine ganze Mannschaft von Unternehmensberatern an, welche die Aufgabe hatten, das Linienmanagement zu unterstützen und die erforderlichen Veränderungen so rasch wie möglich zu realisieren. Gerade in Turnaround-Situationen kann ein massiver Mitteleinsatz ganz wesentlich zu einer rapiden Gesundung beitragen.

Zeitgewinn durch richtige Prioritätensetzung ist der eine Aspekt, ein anderer zentraler Gesichtspunkt bezieht sich auf die Kreativität. Hierbei wird von der Überlegung ausgegangen, daß immer Wege zur Beschleunigung der Aufgabenerfüllung offenstehen. Diese sind oft verborgen, können jedoch durch eine kreative Lösungssuche aufgedeckt werden. Eine solche innovative und kreative Problemlösung stellte zweifellos die bereits zitierte Co-Marketingidee von Glaxo dar. Bis Ende der siebziger Jahre war es für einen Pharmakonzern praktisch unvorstellbar, die Absatzorganisation eines Konkurrenten für eine beschleunigte Markterschließung einzusetzen. Glaxo durchbrach dieses Denkmuster und realisierte auf diese Weise die schnellste und erfolgreichste Produkteinführung in der Geschichte der Pharmaindustrie. An diesem Beispiel wird ersichtlich, wie rasch derartige Innovationen kopiert werden. Innerhalb weniger Jahre wurde die Idee des Co-Marketing von verschiedenen namhaften Konkurrenten wie Merck & Co., Squibb, Rhone Poulenc, Upjohn und anderen nachgeahmt.[8]

Kreative Innovationen zur Beschleunigung unternehmerischer Prozesse können in den verschiedensten Funktionsbereichen realisiert werden. Ein plastisches Beispiel ist die Parallelschaltung von Produktentwicklungsaktivitäten, wobei Marketing, Produktion und Entwicklung von Anfang an in den Innovationsprozeß involviert werden.

Die moderne Informationstechnologie bietet viele kreative Lösungsansätze. Die damit erreichbaren Zeitverkürzungen haben dazu geführt, daß ganze Branchen wie z.B. der Commodity-Handel völlig revolutioniert wurden und daß heute in Sekundenbruchteilen Transaktionen realisiert werden können, die noch vor wenigen Jahren Stunden und Tage beanspruchten. Die in den neunziger Jahren zu erwartenden weiteren Fortschritte im Bereich der Informationstechnologie lassen darauf schließen, daß derartige Zeitverkürzungen in Zukunft in noch wesentlich markanteren Formen auftreten werden. Für engagierte Firmen bieten sich hier große Chancen.

Eine weitere Möglichkeit zur Beschleunigung besteht im Bereich von Kooperationen und Allianzen. Das zitierte Co-Marketingbeispiel von Glaxo geht bereits in diese Richtung. In vielen Branchen gehören derartige Kooperationen, oft mit erbitterten Konkurrenten, bereits zur Tagesordnung. Denken wir nur an die Automobilbranche, wo heutzutage ein enges Netzwerk von Kooperationen zwischen den Herstellern über alle Kontinente hinweg besteht. Aber auch in der Elektronikbranche sind heute Joint-Ventures, die noch vor wenigen Jahren unvorstellbar gewesen wären, absolut selbstverständlich. Philips und Siemens entwickeln beispielsweise gemeinsam 64-Megabit-Chips. Für die Einführung des Betriebssystems UNIX arbeiten Siemens und IBM zusammen. Der Zweck dieser Kooperationen besteht letzten Endes immer darin, Ressourcen zu bündeln, auf diese Weise Synergieeffekte zu erzielen und damit die Unternehmensprozesse in Anbetracht der äußerst dynamischen Umwelt- und Marktentwicklung zu

Ein konzentrierter Mitteleinsatz verkürzt die Realisierungszeit nachhaltig. Kreativität in der Problemlösung, der Einsatz von Informationstechnik sowie Kooperationen und die Etablierung von autonomen Subsystemen sind probate Instrumente.

beschleunigen. Diese zeitbezogenen Erfordernisse tragen maßgeblich dazu bei, daß die ursprünglich klaren Unternehmensgrenzen allmählich fließender werden.
Zwei weitere, die rasche Aufgabenerfüllung betreffende Möglichkeiten haben wir bereits oben besprochen. Es handelt sich erstens um dynamisierende, dezentrale Organisationsformen (autonome Subsysteme) und zweitens um eine dynamikorientierte Unternehmenskultur. Beide Faktoren können ebenfalls maßgeblich zur Beschleunigung der Unternehmensprozesse beitragen.[9]

Wegweisungen für die Managementpraxis

Zeitmanagement

Der unternehmerische Manager organisiert sich derart, daß er einen beachtlichen Anteil seiner persönlichen Arbeitszeit für expansive Tätigkeiten einsetzen kann. Er konzentriert sich auf attraktive Nutzenpotentiale und auf damit verbundene Multiplikationsaktivitäten.

Timing

Der dynamische Manager ist sich darüber im klaren, daß der Erfolg maßgeblich vom richtigen Timing der Expansionsaktivitäten abhängt. Grundlagen dafür sind Informationsanalysen, persönliche Erfahrungen und nicht zuletzt die unternehmerische Intuition.

Beschleunigung

Das dynamische Unternehmen vibriert. Tempo, Schwung und Tatendrang werden gelebt. Zur Beschleunigung ist zudem bereits eine Reihe von geschickt konzipierten, kreativen Maßnahmen in die Wege geleitet worden. Prozesse werden etwa von Grund auf unter dem Blickwinkel der Zeitoptimierung neu gestaltet, autonome Teams in vermehrtem Umfang eingesetzt.

5. Der Preis der Dynamik: Das Risiko

Dynamik ist mit Risiken behaftet

Dynamische Firmen zeichnen sich besonders dadurch aus, daß sie den Nutzen für ihre Bezugsgruppen in relativ kurzer Zeit vervielfachen. Dies bedeutet immer eine substantielle Steigerung der Anzahl von Geschäftstransaktionen oder des Geschäftsvolumens, wobei eine derartige Expansion zwangsläufig mit Risiken verbunden ist, die ein Unternehmen möglichst minimieren muß.

Weshalb ist eine dynamische Unternehmensentwicklung mit Risiken behaftet? Das dynamische Unternehmen muß attraktive Nutzenpotentiale erschließen. Solche Nutzenpotentiale befinden sich ständig in Bewegung. Nichtruhende Objekte sind von Natur aus weniger stabil als statische, und sie können das Gleichgewicht leichter verlieren, worin schon eine der wesentlichen Risikoursachen liegt, die es zu beachten gilt.

Alle Unternehmen sind im übrigen früher oder später gezwungen, wieder neue Nutzenpotentiale zu erschließen, weil die existierenden zur Reife und zum Niedergang neigen. Dieses Erfordernis ist unweigerlich risikobehaftet, da über die neuen Geschäftsaktivitäten viel weniger Wissen zur Verfügung steht als über die alten Leistungen. Die Risiken können dabei in allen unternehmerischen Aktivitätsfeldern zutage treten. Die wichtigsten sollen im nachfolgenden Abschnitt kurz beleuchtet werden, um so ein Instrumentarium bereitzustellen, mit dessen Hilfe sich Unternehmen auf Risikobereiche einstellen können.

Dynamik bringt Risiken mit sich. Die Suche nach neuen Nutzenpotentialen bedeutet, sich auf unbekanntem Terrain zu bewegen. Erfahrungen, die Entscheidungen erleichtern, fehlen weitgehend. Das müssen Unternehmen immer einkalkulieren.

Wo lauern Risiken?

Das dynamische Unternehmen wird etwa mit folgenden Unsicherheitsfaktoren konfrontiert:

- *Innovationsrisiko.* Dieses besteht darin, daß die neue Unternehmensleistung nicht immer mit dem anvisierten Nutzenpotential im Einklang steht. Als Beispiel kann die in den siebziger Jahren von einigen Unterhaltungselektronikfirmen lancierte Quadrophonie angeführt werden, die im Markt nicht akzeptiert wurde. Die mit hohen Kosten vermarkteten Quadrophonieprodukte mußten mit großen Verlusten zurückgenommen werden.
- *Umsatzrisiko.* Das Markt- oder ein anderes Nutzenpotential erweisen sich als wesentlich weniger ergiebig als erwartet. Dies kann einerseits daran liegen, daß die Anzahl an Bedarfsträgern relativ klein ist. Viel öfter bewirken jedoch Umwelt- und Marktveränderungen eine Schrumpfung. Als Beispiel können die Gesetzesverschärfungen erwähnt werden, durch welche beispielsweise die Verwendung von Asbest wegen der damit verbundenen Gesundheitsgefährdung stark eingeschränkt wurde. Dies verursachte substantielle Umsatzeinbrüche bei den Herstellern. Für viele Restrukturierer könnten die von verschiedenen Regierungen geplanten Einschränkungsmaßnahmen für Firmenübernahmen natürlich ein massives Risiko darstellen.
- *Wettbewerbsrisiko.* In der Regel besteht zwar ein attraktives Nutzenpotential, aber dieses wird nach kurzer Zeit gleichzeitig von mehreren Wettbewerbern angegriffen, womit der erzielbare Nutzen sinkt oder sogar negativ werden kann. Mit dieser Situation sahen sich 1988 viele europäische PC-Händler konfrontiert, obwohl ein sehr attraktiver und stark expandierender Markt vorhanden war. Der Kampf um Marktanteile resultierte jedoch in einem Margenzusammenbruch, der den Ruin einzelner Firmen zur Folge hatte. Ähnliche Entwicklungen können auch bei anderen Nutzenpotentialen festgestellt werden. Der intensive Wettbewerb bei Firmenakquisitionen hat die Preise derart steigen lassen, daß

der Nutzen aus Firmenzusammenschlüssen immer fragwürdiger wird.

- *Finanzierungsrisiko.* Expandiert eine Firma zu schnell, so besteht die große Gefahr, daß sie das Wachstum nicht mehr zu finanzieren vermag. Insbesondere fehlen oft die Mittel zur Finanzierung des Umlaufvermögens, vor allem der Debitoren und Lagerbestände.
- *Kostenrisiko.* Viele Expansionsstrategien gehen von der Annahme aus, daß mit zunehmendem Volumen die Kosten gemäß der Erfahrungskurve gesenkt werden können. Gleiche Annahmen liegen Firmenübernahmen zugrunde, wobei erhofft wird, daß durch die Zusammenlegung von Aktivitäten Stückkostensenkungen möglich sind. Obwohl dies an sich logisch richtig und auch in manchen praktischen Fällen zugetroffen ist, kann doch die erhoffte Kostendegression aus verschiedenen Gründen ausbleiben.
- *Organisatorisches Risiko.* Gerade bei Firmenübernahmen können oft Turbulenzen auftreten, die alle erwarteten Vorteile zunichte machen. Ursachen sind etwa zu große kulturelle Diskrepanzen (Auslösen eines »Kulturschocks«) oder mangelndes Führungspotential. Die Turbulenzen können einen solchen Umfang annehmen, daß das Gesamtsystem außer Kontrolle gerät und in sich zusammenbricht. Erschwerend kann sich zudem der Ausstieg wichtiger Führungskräfte auswirken.

Diese kurze Übersicht soll nur die wichtigsten Risiken aufzeigen. Daneben könnten noch viele andere genannt werden: Beschaffungsrisiko (Beschaffungsquellen versiegen), Informatikrisiko (die Informatik kann mit der Expansion nicht Schritt halten und bricht zusammen), Gewerkschaftsrisiko (unerwartete Einflußnahme von seiten der Gewerkschaften), das Bewertungsrisiko bei Firmenübernahmen usw. Am verhängnisvollsten ist wohl die Tatsache, daß die Risiken in der Regel dort auftreten, wo sie nicht erwartet werden, denn jedes Unternehmen versucht, die erkennbaren Risiken durch ein geeignetes Vorgehen einzuschränken oder zu vermeiden, und übersieht dabei die übrigen latent vorhandenen.

Risiken treten u. a. im Bereich der Innovation, des Umsatzes, des Wettbewerbs, der Finanzen, der Kosten sowie der Organisation auf. Jedes Unternehmen versucht, Risiken zu minimieren; oft werden jedoch latent vorhandene Gefahren übersehen.

Gerade weil dynamische Unternehmen beachtliche Risiken eingehen, müssen sie eine klare Risikopolitik verfolgen. Dabei ist eine Reihe von Grundsätzen zu beachten, die im folgenden kurz erläutert werden.

Risikogrundsätze dynamischer Unternehmen

Sicher muß jedes Unternehmen seine Risikopolitik selbständig festlegen und individuell ausgestalten. Langfristig erfolgreiche dynamische Unternehmen zeichnen sich dadurch aus, daß sie rigoros eine bestimmte Anzahl konkreter Grundsätze befolgen.

Ausgewogene Expansion

Immer wieder können vereinzelte Fälle von Firmen festgestellt werden, die in einem unvorstellbaren Tempo expandieren. Zu erwähnen ist etwa neben der ebenfalls »explodierenden« Firma Compaq die Computerfirma Sun Microsystems, die in den Jahren 1983 bis 1987 ein jährliches Umsatzwachstum von 127% erreichte. Derartige Expansionen sind naturgemäß selten. Die Gefahr ist nämlich groß, daß die erforderlichen Ressourcen nicht im nötigen Umfang bereitgestellt werden können und daß früher oder später Friktionen auftreten, die zu einem Rückschlag, ja sogar zu einem Zusammenbruch des gesamten Systems führen. Commodore und Atari waren Beispiele derartiger Entwicklungen.

Viele der untersuchten Unternehmen zeichnen sich deshalb dadurch aus, daß das Wachstum keinesfalls ihr prioritäres Ziel darstellt. Vielmehr wird eher eine ausgewogene, aber um so nachhaltigere Expansion angestrebt. So hat z. B. American Express über Jahre hinweg ein Wachstum zwischen 15 und 20% angestrebt und auch realisiert. Ein solches Wachstum erlaubt es, das Unternehmen harmonisch zu entwickeln und die Expansion optimal zu verkraften.

Cashgenerierende Nutzenpotentiale

Eng mit dem Wachstum verbunden ist die Konzentration auf cashgenerierende Nutzenpotentiale. Statische Firmen geben sich nur allzuoft mit marginalen Margen zufrieden. Sie sind zufrieden, wenn überhaupt noch ein Umsatz erzielt oder der Marktanteil gehalten werden kann, ohne daß Verluste entstehen. In anderen Fällen wird zur Legitimation von Projekten eine Finanzpolitik (z.B. im Bereiche der Abschreibungen) verfolgt, die wohl auf dem Papier zu Gewinnen führt, in Wirklichkeit jedoch über Jahre einen Cash-drain bewirkt.

Für dynamische Unternehmen sind der Netto-Cash-flow und der »Return on Capital Employed« zentrale Führungsgrößen. Es werden nur solche Nutzenpotentiale erschlossen, die innerhalb einer angemessenen Zeitspanne einen positiven Cash-flow und eine angemessene Verzinsung des eingesetzten Kapitals gewährleisten. Diese Kennziffern werden zu Schlüsselgrößen für die Beurteilung der Nutzenpotentiale.

Klare Schwergewichtsbildung

Ein permanenter Diskussionspunkt ist die Diversität der Geschäftsaktivitäten. Viele Manager vertreten die Auffassung, daß ein Unternehmen aus Risikogründen möglichst viele unterschiedliche Aktivitäten ausüben müsse. Auf diese Weise könnten Rückschläge in einem Bereich durch positive Geschäftsentwicklungen in anderen aufgefangen werden. Daß diese in vielen Konglomeraten vertretene Auffassung in dieser Ausschließlichkeit nicht haltbar ist, zeigen Untersuchungen, wonach langfristig gesehen viele Konglomerate hinsichtlich der Performance ihrer Aktien unter den Börsenindizes liegen.[1] Damit ist ein starkes Indiz gegeben, daß der innerbetriebliche Risikoausgleich durch Programmdiversität eher zu Ineffizienz führt. Das bedeutet nichts anderes, als daß eine zu starke Diversität ein beachtliches Risiko im Hinblick auf die erzielbaren Finanzergebnisse beinhaltet.

Demgegenüber ist die Konzentration auf eine relativ enge Geschäftsaktivität oft mit geringeren Risiken verbunden als die Programmdiver-

Dynamische Unternehmen gehen kalkulierbare Risiken ein. Sie streben eine überlegte Expansion an, ihre Nutzenpotentiale müssen schnell einen positiven Cash-flow erbringen, und sie beschränken sich auf einen bestimmten Sektor.

sität. Beispielsweise konnte die in der Befestigungstechnik tätige Firma Hilti sogar im Verlauf von Baumarktrezessionen jeweils Marktanteile gewinnen. Der Grund liegt darin, daß die auch in anderen Märkten tätigen Wettbewerber in solchen Phasen auf andere, weniger unter Druck stehende Märkte auswichen. Hilti mußte sich jedoch behaupten, und die erhöhte Anstrengung machte sich bezahlt: In praktisch allen Filialen konnte die Firma eine starke Marktstellung aufbauen, eine Tatsache, die zudem eine beachtliche Risikoreduktion bedeutet.

Selbstverständlich soll dieses Beispiel lediglich die Gefahr einer zu starken Diversifikation und die Vorteile einer Konzentration der Kräfte aufzeigen. In vielen Fällen ist es durchaus sinnvoll, eine angemessene Risikostreuung anzustreben. Diese darf jedoch nicht auf Kosten eines harmonischen Unternehmenskonzepts erfolgen. Vielmehr muß gesamthaft eine klare Schwergewichtsbildung angestrebt werden, die der Risikostreuung in angemessenem Umfang Rechnung trägt.

Ziel/Mittel-Abstimmung

Nur allzu viele Firmen haben in günstiger Wirtschaftslage eine starke Expansionspolitik verfolgt. Die Expansion hat zur Folge, daß die finanziellen und personellen Ressourcen immer knapper werden. Kommt die nächste, unerwartete Rezession, so resultiert eine Liquiditätskrise, oder es fehlt am erfahrenen Management, das die Rückschläge auffangen könnte. Diese unangenehme Erfahrung mußte der bekannte Skiproduzent Howard Head im Jahre 1970 machen. Durch eine aggressive Expansionspolitik in der zweiten Hälfte der sechziger Jahre waren seine Eigenmittel und insbesondere die Liquidität stark beansprucht worden. Als im Winter 1969/70 infolge Schneemangels nur bescheidene Skiumsätze erzielt wurden, blieb er auf seinen Lagerbeständen sitzen. Daraus resultierte eine Liquiditätskrise, die ihn zum Verkauf seines Unternehmens zwang.

Rhythmische Expansion

Eine weitere Methode der Risikobeschränkung besteht darin, daß ein rhythmisches Vorgehen gewählt wird, bei welchem nach Expansionsphasen bewußt Konsolidierungsphasen eingeplant werden. Die Bedeutung eines derartigen Vorgehens wird beispielsweise von Bertelsmann hervorgehoben. Dieses Unternehmen fügt nach größeren Akquisitionen jeweils eine Konsolidierung ein, die dazu dient, die übernommene Firma zu integrieren. Besonderes Gewicht wird dabei auf den Aufbau einer konstruktiven Zusammenarbeit mit den Kadern des neuen Gruppenmitglieds gelegt.

Risikolimitierung

Dynamische Firmen suchen bewußt nach Möglichkeiten zur Limitierung der Risiken. Verschiedenste Vorkehrungen können dazu getroffen werden. Hanson legt höchstes Gewicht auf die sorgfältige Abklärung des »Downside Risk«. Vor Akquisitionen wird kritisch geprüft, welche finanziellen Einbußen im schlimmsten Fall zu gewärtigen sind. Es werden nur Firmen übernommen, bei denen sich dieses Downside Risk in tragbaren Grenzen bewegt.

Eine andere Möglichkeit besteht darin, die Risiken kritischer Aktivitäten durch ein schrittweises Vorgehen zu limitieren. Das Kooperationspotential wird beispielsweise in Etappen erschlossen, wobei mit den anvisierten Firmen zu Beginn nur eine lose Zusammenarbeit eingegangen wird. Diese sollte im Zeitablauf sukzessive intensiviert werden. Analog dazu besteht bei Übernahmen die Möglichkeit, zuerst eine Kaufoption zu erwerben. Die definitive Akquisition findet erst dann statt, wenn die Firmensachverhalte eingehend geprüft worden sind.

Angemessene Reserven

Schließlich weiß jedes dynamische Unternehmen, daß es nie möglich sein wird, alle Risiken auszuschließen. Deshalb ist es unumgänglich, eine strategische Reserve an adäquaten Ressourcen bereitzuhalten. Dies bezieht sich in erster Linie auf finanzielle Ressourcen, indem auf

Weitere sinnvolle Methoden der Risikobegrenzung sind in der Ziel-Mittel-Abstimmung, der rhythmischen Expansion, im schrittweisen Vorgehen sowie in der Bildung angemessener finanzieller und personeller Ressourcen zu sehen.

der Aktivseite der Bilanz immer angemessene Mittel verfügbar sein sollten. Nicht zu unterschätzen sind jedoch die Managementressourcen. Viele Firmen sind in der Vergangenheit deshalb in Schwierigkeiten geraten, weil ihre Managementkapazität nicht ausreichend war.

Risiko gehört zur freien Marktwirtschaft

Wir leben in einer turbulenten Welt. In einer solchen kann ein Unternehmen langfristig nur dann überleben, wenn die Anpassungsprozesse mit den Turbulenzen Schritt halten. Mangelnde Dynamik führt jedoch zu einer Erstarrung, unter der die Anpassungsfähigkeit zwangsläufig leidet. Man muß nur die Wirtschaftspresse verfolgen, um Dutzende solcher Beispiele zu erfahren. Die Turbulenzen werden im Hinblick auf die wirtschaftliche Integration in Europa und in Übersee sowie infolge des nach wie vor rasanten technischen Fortschritts, der sozialpsychologischen, rechtlichen und politischen Veränderungen in Zukunft eine permanente Herausforderung für die Unternehmen darstellen. Statische Firmen laufen über kurz oder lang Gefahr, daß sie ins Abseits geraten: Übernahme, Liquidation oder Konkurs sind die unvermeidlichen Konsequenzen.
In einer derartigen Situation muß das Unternehmen bestrebt sein, neue Nutzenpotentiale zu erkennen und zu erschließen. Dies ist zwangsläufig mit Risiken verbunden.
Das moderne Unternehmen lebt somit in einem dauernden Konflikt: Unterläßt es die Anpassung, so läuft es Gefahr, daß die Veränderungen Ertragseinbrüche bewirken. Andererseits ist die Anpassung ebenfalls mit Risiken behaftet. Das dynamische Unternehmen ist sich dieses permanenten Spannungsfeldes bewußt. Es hat erkannt, daß wirtschaftliche Tätigkeit so oder so mit Risiken verbunden ist und daß eine mangelnde Anpassung oft risikoreicher zu sein scheint als die zukunftsorientierte Veränderung. Aufgrund dieser Erkenntnis hat es sich klar dazu entschlossen, die mit einer Expansion verbundenen

Risiken einzugehen, diese jedoch durch eine umsichtige Risikopolitik unter Kontrolle zu halten.

Wegweisungen für die Managementpraxis

Risiko gehört zur Dynamik

Der dynamische Manager weiß, daß Risiko und Unternehmertum untrennbar miteinander verbunden sind. Er ist bereit, Risiken einzugehen.

Risikogrundsätze

Gerade weil Risiko und Dynamik sich gegenseitig bedingen, kalkuliert der dynamische Manager die Risiken genau und verfolgt eine klar definierte Risikopolitik. Diese baut auf einer Reihe solider Grundsätze auf.

Langfristig betrachtet sind die Risiken einer Verteidigungsstrategie höher einzuschätzen als diejenigen einer dynamischen Führung, besteht doch die Gefahr, daß ein Unternehmen nicht mit den Turbulenzen der Umwelt Schritt halten kann.

Epilog: Dynamik und Managementlehre

Managementlehren: Spiegelbilder gesamtwirtschaftlicher Problemstellungen

Blicken wir auf die Entwicklung der Betriebswirtschaftslehre seit dem Zweiten Weltkrieg zurück, so können wir vereinfacht dargestellt feststellen, daß in jedem Jahrzehnt bestimmte Schwerpunktthemen im Vordergrund standen. Der Grund liegt darin, daß die jeweiligen wirtschaftlichen, technologischen, ökologischen, demographisch-sozialen Umweltbedingungen spezifische betriebswirtschaftliche Problemstellungen induzierten. Praxis und Wissenschaft entwickelten in der Folge Lösungsansätze für diese vordringlichen Probleme.
In der Zeit unmittelbar nach dem Zweiten Weltkrieg stellte die Finanzierung des Wiederaufbaus die hauptsächliche Herausforderung dar. Im Mittelpunkt des Interesses standen Fragen des Finanz- und Kostenmanagements. Im Zusammenhang mit der Wiederherstellung des Produktionsapparates waren auch betriebstechnische Problemstellungen von hoher Aktualität.
In den sechziger Jahren wandelte sich das Bild. Man entdeckte den wählerischen Kunden, der nicht mehr einfach bereit war, das zu kaufen, was produziert wurde. Das Marketing rückte in den Mittelpunkt des Interesses. Weitsichtige Unternehmen erkannten jedoch schon damals, daß die Schlagkraft des Unternehmens insgesamt gestärkt werden müsse. Verschiedene mittlere und größere Unternehmen führten deshalb die Spartenorganisation ein. Generell wurde gerade die

Verbesserung der Organisation zu einem wichtigen Anliegen, wobei allerdings damals im Vergleich zu heute völlig andere Paradigmen Pate standen. Denken wir nur an den bürokratisierenden Ansatz des Harzburger Modells.[1]

In den siebziger Jahren neigten immer mehr Märkte zur Sättigung. Die Ölkrise führte zu Turbulenzen. Eine wichtige Antwort waren Wettbewerbsstrategien, die es dem Unternehmen erlauben sollten, sich gegenüber der Konkurrenz zu behaupten. Weitblickende Betriebswirtschafter erkannten jedoch schon damals, daß die komplexen Zukunftsprobleme nur mit einer integralen Betrachtungsweise gelöst werden können. Der Systemansatz war hier eine wichtige Antwort.

Zu Beginn der achtziger Jahre wurde man sich bewußt, daß analytisch entwickelte Strategien in vielen Fällen nicht die erhofften Resultate bringen. Große Strategiestäbe hatten eine zunehmende Bürokratisierung zur Folge. Viele Hauptquartiere von Konzernen hatten den Kontakt zur Front verloren. Dazu kamen die wirtschaftlichen Probleme, mit denen auch die USA als bisher erfolgreichste Wirtschaftsnation zu kämpfen hatten. Die Zeit für einen fundamentalen Paradigmawechsel war reif. Nicht mehr große Strategien, sondern Excellence in den Operationen waren gefragt. »In Search of Excellence« wurde nicht nur die meistverkaufte Wirtschaftspublikation, sondern das höchstaufgelegte Sachbuch schlechthin. Aber auch hier zeigte es sich, daß einem betriebswirtschaftlichen Ansatz Grenzen gesetzt sind. Viele der von Peters und Waterman zitierten »excellent companies« gerieten unerwartet in Schwierigkeiten.

Unternehmensdynamik als Antwort auf die Herausforderungen der neunziger Jahre

Das hier konzipierte Dynamik-Prinzip ordnet sich logisch in diesen historischen Kontext ein. Es kann als Antwort auf die spezifischen

Die Schwerpunktthemen innerhalb der Betriebswirtschaftslehre werden von den jeweiligen Zeitströmungen entscheidend beeinflußt. So ist seit dem Zweiten Weltkrieg etwa alle zehn Jahre eine Neuorientierung festzustellen, die den Haupttrend angibt.

Problemstellungen verstanden werden, wie sie sich insbesondere in postindustriellen Gesellschaften in den letzten Jahren des 20. Jahrhunderts präsentieren. Aus dieser Sicht erscheint Unternehmensdynamik deshalb als ein Gebot der Stunde, weil infolge der (positiven und negativen) Umweltturbulenzen sich nur jene Firmen langfristige Erfolge sichern können, die in der Lage sind, sich neuen Entwicklungen rasch anzupassen, Chancen zu nützen und Gefahren abzuwenden. Die als Grundlage der vorliegenden Arbeit angestellte Untersuchung dynamischer Unternehmen hat gezeigt, daß diese teilweise Konzepte anwenden, die zu bekannten Ansätzen der Wettbewerbsstrategie und der Excellence in Widerspruch stehen. Eine Erkenntnis, die eine neue Betrachtungsweise notwendig machte. Sie kommt in erster Linie im neuen Begriff »Nutzenpotential« zum Ausdruck. Der Schlüsselgedanke besteht darin, daß Dynamik nicht allein durch die Erschließung von Marktpotentialen erzeugt werden kann, sondern daß sich daneben auch andere Potentiale wie Finanzpotentiale, Akquisitionspotentiale, Bilanzpotentiale, organisatorische Potentiale usw. dazu eignen. Diese neue und flexiblere Betrachtungsweise gewinnt ebendeshalb in postindustriellen Volkswirtschaften an Bedeutung, weil hier Absatzmärkte immer mehr zur Sättigung neigen und deshalb neue Nutzenpotentiale erschlossen werden müssen.
Die Untersuchungen haben ferner gezeigt, daß dynamische Firmen auf dem Weg sind, ein neues Unternehmensverständnis zu entwikkeln. Dies kommt in mehrfacher Hinsicht zum Ausdruck:

- Erstens wird das Überleben als oberstes Ziel nicht mehr in seiner ganzen Ausschließlichkeit akzeptiert, wie dies von der klassischen Betriebswirtschaftslehre postuliert wurde. Sicherlich soll dies nicht bedeuten, daß Unternehmen zukünftig nur noch Projektcharakter haben und nach Projektabschluß aufgelöst werden sollten. Die Entwicklungen im Bereiche von Firmenübernahmen zeigen aber doch deutlich, daß diesbezüglich ein größerer Spielraum bestehen muß.
- Zweitens wird zur Eingliederung von Unternehmensteilen ebenfalls mehr Flexibilität gefordert. Die Zweckmäßigkeit von Unter-

nehmensstrukturen muß aus dieser Sicht permanent überprüft werden. Das kann zur Folge haben, daß einerseits Unternehmensteile ausgegliedert, abgestoßen oder gar stillgelegt werden, andererseits neue Einheiten eingegliedert werden. Auf alle Fälle zeichnet sich das neue Unternehmensverständnis durch eine wesentlich höhere strukturelle Flexibilität aus.

- Drittens werden die Unternehmensgrenzen immer verschwommener, und zwar in mehrfacher Hinsicht. So können in Zukunft Joint-Ventures, Minderheitsbeteiligungen, Kooperationen und innovative Formen der Zusammenarbeit wie Verbundnetze an Bedeutung gewinnen. Die Unternehmensgrenzen werden aber auch aus funktionaler Sicht immer schwerer definierbar. Die Leveraged-Buyout-Firma Kohlberg, Kravis, Roberts (KKR) beispielsweise kann unter zwei ganz verschiedenen Blickwinkeln betrachtet werden. Einerseits erscheint KKR – und dies entspricht auch ihrer Selbstdarstellung – als eine kleine Finanzboutique mit etwa zwanzig Mitarbeitern; andererseits kann der Hauptsitz von KKR – wie dies auch das Wirtschaftsmagazin Fortune macht – als Konzernleitung des fünftgrößten US-amerikanischen Konzerns knapp hinter IBM angesehen werden, der in seinem Portefeuille Firmen wie RJR Nabisco (zirka 16 Mrd. $ Umsatz), Beatrice Companies (zirka 9 Mrd. $), Owens Illinois (3,7 Mrd. $) führt. Obwohl KKR keine konsolidierte Rechnung veröffentlicht, wird der Gesamtumsatz mit RJR 1988 auf zirka 54 Mrd. $ geschätzt.[2] Letztere Betrachtungsweise begründet Fortune damit, daß KKR die volle Kontrolle über alle akquirierten Firmen ausübe. Nebenbei gesagt: Diese Darstellung soll keinerlei Rechtfertigung der bestimmt problematischen Finanztransaktionen einer KKR darstellen. Sie soll lediglich auf eine Problematik hinweisen, die in postindustriellen Gesellschaften an Bedeutung gewinnen könnte.

  Eine ähnliche Situation kann übrigens auch bei Hanson PLC festgestellt werden. Dieses Unternehmen veröffentlicht allerdings einen konsolidierten Geschäftsbericht, in dem 1988 ein Umsatz von 7,4 Mrd. £ und ein Personalbestand von über 105 000 Mitarbei-

Viele Absatzmärkte neigen im postindustriellen Zeitalter zur Sättigung. Der Dynamik-Ansatz hebt allerdings hervor, daß fortschrittlichen Unternehmen neue und innovative Nutzenpotentiale auch in anderen Bereichen noch offenstehen.

tern ausgewiesen werden. Martin G. Taylor, Vice Chairman von Hanson PLC, wies jedoch im Gespräch mit mir darauf hin, daß man Hanson ebensogut als eine auf Restrukturierung und effizientes Management spezialisierte kleinere Beratungsfirma mit knapp 50 Professionals bezeichnen könne. Der Unterschied zu anderen Beratungsfirmen würde bei dieser Optik lediglich darin bestehen, daß Hanson die »zu beratenden« Firmen gleichzeitig kauft und auf diese Weise die Implementation der Beratungsergebnisse sicherstellt. Mancher erfahrene Berater, der die Problematik der Durchsetzung von Beratungsergebnissen kennt, wird diese Konzeption als nicht ganz unvernünftig anerkennen.

Diese Beispiele und viele andere Entwicklungen deuten darauf hin, daß sich eine neue unternehmerische Konzeption abzeichnet, die als »das fließende Unternehmen« bezeichnet werden könnte. Das Hauptmerkmal dieses Typus ist erstens die neue, flexible strukturelle Konzeption. Diese äußert sich darin, daß das Unternehmen und seine Teile nicht mehr als a priori vorgegebene Größen zu betrachten sind. Das Unternehmen hat vielmehr den Zweck, Nutzen für die Bezugsgruppen zu generieren. Nicht mehr das Unternehmen selbst, sondern die Bezugsgruppen rücken in den Mittelpunkt der neuen Konzeption.

Wird diese Prioritätenverschiebung akzeptiert, dann ergeben sich weittragende Konsequenzen. So hat etwa ein Unternehmen (oder ein Unternehmensteil) nur so lange eine Überlebensberechtigung, als es tatsächlich Nutzen für seine Bezugsgruppen generiert. Sobald ersichtlich wird, daß die Nutzenschöpfung in Frage gestellt ist, muß auch die Zweckmäßigkeit des Überlebens geprüft werden. Diese These mag auf den ersten Blick befremden. Bei Betrachtung aus einer höheren Warte wird jedoch deutlich, daß bei sämtlichen lebenden Systemen ein durch das Absterben als Endpunkt definierter Lebenszyklus akzeptiert wird. Weshalb sollte dies nicht für Unternehmen gelten?

Ein anderer Aspekt ergibt sich aus der ökologischen Betrachtungsweise. Hier wird immer mehr ein Recycling verbrauchter Güter gefordert. Hans A. Wüthrich hat deshalb vorgeschlagen, den Recyclinggedanken auch auf Unternehmen zu übertragen. Dies bedeutet, daß im

Niedergang befindliche Unternehmen durch ein gezieltes Recycling wiederum einer neuen Nutzung zuzuführen wären.
Die Bezugsgruppenbetrachtung hat aber noch weitere Konsequenzen. Sie verleiht jenen Personenkreisen mehr Gewicht, die tatsächlich einen substantiellen Beitrag zur Nutzengenerierung leisten. Heute sind dies in vermehrtem Umfang die Know-how-Träger und die Akteure des Unternehmens. Aus diesem Grunde können wir in jüngster Zeit eine Stärkung dieser Bezugsgruppen feststellen. Zu erwähnen sind etwa die Management Buyouts und die sogenannten ESOP (»Employee stock ownership plan«), bei welchen nicht nur das Management, sondern die gesamte Belegschaft die Kontrolle des Unternehmens übernimmt. Die Leveraged Buyouts sind aus der Sicht des Bezugsgruppenansatzes erklärbar, geht es doch in vielen Fällen darum, den Nutzen der Aktionäre, aber auch der Besitzer von entsprechenden Fondsanteilen zu erhöhen. Die Häufung von Firmentransaktionen im ausgehenden 20. Jahrhundert muß aus diesem Blickwinkel gesehen werden. Neue Wirtschaftspioniere sind bestrebt, die nach dem Zweiten Weltkrieg entstandenen Unternehmens- und Wirtschaftsstrukturen aufzubrechen und der Zeitströmung entsprechende, optimale Wirtschaftskonzepte zu realisieren.

Das Dynamik-Prinzip: ein »Corporate Concept«

In jüngerer Zeit wurde eine Reihe wichtiger betriebswirtschaftlicher Ansätze entwickelt. Neben dem bereits diskutierten Bezugsgruppenansatz ist der von Rappaport propagierte »Shareholder value approach« zu erwähnen. Dieser ist übrigens mit dem Bezugsgruppenansatz insofern verwandt, als eben eine spezielle Gruppe – die Aktionäre – in den Mittelpunkt des Interesses gerückt wird.[3] Als weitere wichtige betriebswirtschaftliche Ansätze der letzten Jahre können der Portersche Wettbewerbsstrategieansatz und der Excellenceansatz von Peters und Waterman angeführt werden.

Die Unternehmen der neuen Generation akzeptieren ihr Überleben nicht mehr bedingungslos als ihr vorrangiges Ziel. Sie streben eine höhere strukturelle Flexibilität an, wobei die Grenzen der einzelnen Firmen zukünftig stärker verschwimmen werden.

In der vorliegenden Arbeit habe ich versucht, diese verschiedenen betriebswirtschaftlichen Theorien zu integrieren. So hob ich immer wieder die Bedeutung der Werteschaffung für die Bezugsgruppen hervor. Auch betonte ich ganz entschieden, daß der Aktionärsnutzen nicht vernachlässigt werden darf. Selbstverständlich spielen im Rahmen der Unternehmensdynamik die bekannten Ansätze der Wettbewerbsstrategie und nicht zuletzt auch der Excellenceansatz eine wesentliche Rolle.

Ich möchte an dieser Stelle mit aller Deutlichkeit unterstreichen, daß gerade die zwei letzteren Ansätze auch in Zukunft von größter Bedeutung sein werden. In den meisten Firmen wird sich der Erfolg nach wie vor an den für die Kunden im Markt erbrachten Leistungen messen lassen.

Hier spielen Konkurrenzüberlegenheit und Excellence eine fundamentale Rolle. Der Dynamik-Ansatz zeigt jedoch darüber hinaus auf, daß es eben auch noch andere Nutzenpotentiale als Marktpotentiale gibt und daß es im Rahmen der Dynamisierung häufig vorzuziehen ist, bei diesen anderen Potentialen anzusetzen. Er hebt hervor, daß im Rahmen der Dynamisierung unkonventionell und ohne Vergangenheitsbelastung an die Aufgaben herangetreten werden muß, weshalb eine Ausweitung des Betrachtungsspektrums unerläßlich ist. Es gilt, alle Nutzenpotentiale in Betracht zu ziehen.

Aus dieser Sicht ist der Dynamik-Ansatz ein Versuch zur Entwicklung eines »Corporate Concept«. Ich verwende hier bewußt den englischen Ausdruck »Corporate Concept« in Anlehnung an das Portersche Modell der »Corporate Strategy«, die im Gegensatz zur »Competitive Strategy« zu sehen ist:

- Competitive Strategy ist primär darauf ausgerichtet, Wettbewerbsvorteile im Absatzmarkt zu erzielen.
- Corporate Strategy ist primär darauf ausgerichtet, generellen Nutzen für die Bezugsgruppen zu generieren.

Beiden Strategiekonzepten ist die langfristige Ausrichtung gemeinsam. Beim Dynamik-Ansatz wird nun auch in bezug auf die Fristigkeit eine zusätzliche Flexibilisierung eingeführt. Die als Basis der Dynamik geforderte Erschließung von Nutzenpotentialen richtet sich weniger nach der Fristigkeit (Langfristigkeit im Sinne der Unternehmensstrategie) als vielmehr nach dem Nutzen für die Bezugsgruppen. Demnach kann eben auch die kurz- bis mittelfristige multiplikative Erschließung von Nutzenpotentialen Dynamik erzeugen und somit im Sinne des Dynamik-Prinzips eine sinnvolle unternehmerische Aktivität darstellen.

Daraus erklärt sich auch, weshalb ich hier den englischen Begriff »Corporate Concept« vorziehe. Auf diese Weise können nämlich die drei Begriffe Competitive Strategy, Corporate Strategy und Corporate Concept einander gegenübergestellt werden. In diesem Zusammenhang kann der Dynamik-Ansatz als ein durch eine zusätzliche Flexibilisierung erweitertes (Portersches) Corporate-Strategy-Konzept verstanden werden. Die Abgrenzung zur Competitive Strategy wurde bereits oben vorgenommen.

Es wäre nun sicherlich reizvoll, die Unternehmensdynamik anhand der klassischen Gliederungskriterien wie Strategie, Planung, Disposition und Organisation zu beleuchten. Damit würde die Arbeit jedoch weitgehend wieder in die bisherigen formalen Denkmuster verfallen. Mit der Einführung der Nutzenpotentiale und der Multiplikation als wesentliche Elemente der Dynamik habe ich den Versuch unternommen, diese bisherigen Denkmuster zu durchbrechen. Die mit den neugeprägten Begriffen verbundenen Forderungen – Ausschöpfung attraktiver Nutzenpotentiale und Multiplikation von Geschäftsaktivitäten zur Erschließung von Nutzenpotentialen – führen die Aussagen vom überwiegend Formalen zum mehr Handlungsorientierten hin. Gerade dies ist ein wesentliches Ziel dieses Buches.

Insgesamt gesehen möchte ich mit dem Dynamik-Ansatz einige Lösungsansätze für unternehmerische Problemstellungen zur Verfügung stellen, die in den kommenden Jahren von zunehmender Bedeutung sein werden.

Als unmittelbar praxisbezogenes Ziel habe ich angestrebt, dem aufgeschlossenen unternehmerischen Manager Impulse zur Zukunftsgestaltung seines Unternehmens zu geben.

Der Dynamik-Ansatz verbindet verschiedene betriebswirtschaftliche Theorien zu einem neuen Ganzen. Darüber hinaus führen die Grundbausteine Nutzenpotentiale und Multiplikation zu einem zukunftsgerichteten Corporate Concept.

12 Thesen zur Unternehmensdynamik

Im folgenden werden die wichtigsten Erkenntnisse der vorliegenden Arbeit in Form von zwölf Thesen festgehalten. Bei deren Lektüre sind jedoch folgende Gesichtspunkte zu beachten:

- Nur in seltenen Fällen realisiert ein Unternehmen gleichzeitig alle zwölf Thesen. Dynamik kann somit durchaus erzeugt werden, wenn die mit den Thesen stipulierten Grundsätze mehrheitlich angewendet werden. Die unternehmensspezifische Ausgangslage spielt bei der Prioritätensetzung eine wichtige Rolle.
- Ich habe die Thesen bewußt so klar und markant wie möglich formuliert. Um die Aussagen zu verdeutlichen, habe ich als Gegenpol das statische Unternehmen skizziert. In der Praxis sind die Verhältnisse naturgemäß weniger prägnant ausgebildet.

These 1: Dynamische Unternehmen erschließen attraktive Nutzenpotentiale

Dies ist der Kernsatz der Unternehmensdynamik. Attraktiv sind jene Nutzenpotentiale, mit deren Erschließung für die Bezugsgruppen des Unternehmens ein bedeutender Nutzen gestiftet wird.

Dynamische Unternehmen konzentrieren sich konsequent auf attraktive Nutzenpotentiale.

Statische Unternehmen befassen sich mit Nutzenpotentialen, die ihre Attraktivität verlieren. Sie versuchen krampfhaft, aus unattraktiven Nutzenpotentialen noch das Letzte herauszuholen. Deshalb sind sie nur bedingt in der Lage, Nutzen für die Bezugsgruppen zu stiften.

These 2:
Dynamische Unternehmen suchen unvoreingenommen und kreativ nach attraktiven Nutzenpotentialen

Dynamische Unternehmen haben erkannt, daß in postindustriellen Gesellschaften immer mehr Märkte zur Sättigung neigen und daß deshalb Marktpotentiale oft unattraktiv werden. In dieser Situation suchen sie unkonventionell und kreativ in allen denkbaren externen und internen Bereichen nach neuen, attraktiven Nutzenpotentialen.
Statische Unternehmen halten am Bisherigen und damit oft am Erschließen unattraktiver Marktpotentiale fest. Neue Nutzenpotentiale werden aus dogmatischen Gründen nicht in Erwägung gezogen.

These 3:
Dynamische Unternehmen multiplizieren Geschäftsaktivitäten

Dynamische Unternehmen multiplizieren konsequent die Geschäftsaktivitäten zur Erschließung von Nutzenpotentialen, sobald die Unternehmensleistungen im Vergleich zu anderen Lösungen einen Nutzenvorteil aufweisen.
Statische Unternehmen verzichten auf Multiplikation. Sie bevorzugen es, ihre Ressourcen für eine (übertriebene) Perfektion der Leistungen einzusetzen. Damit fehlen diese Ressourcen für die Multiplikation.

These 4: Dynamische Unternehmen multiplizieren anspruchsvolle Prozesse und Systeme

Dynamische Unternehmen erbringen Leistungen mit hoher Informationsdichte, die nicht leicht zu kopieren sind. Darunter fällt die Multiplikation komplexer Prozesse. Sie schöpfen zudem bewußt alle Möglichkeiten der Systemmultiplikation aus.
Statische Unternehmen begnügen sich damit, in herkömmlicher Weise Produkte herzustellen und zu vertreiben.

These 5: Dynamische Unternehmen erzielen mit ihren Geschäftsaktivitäten eine Hebelwirkung

Dynamische Unternehmen lösen mit ihren Aktivitäten eine Hebelwirkung aus. Diese resultiert erstens daraus, daß attraktive Nutzenpotentiale eine Sogwirkung erzeugen: Infolge des hohen Nutzens der Unternehmensleistungen werden diese in wachsendem Ausmaß in Anspruch genommen. Zweitens ergibt sich die Hebelwirkung daraus, daß die mit der Multiplikation verbundenen Effekte – Kostendegressionen usw. – einen zusätzlichen Aufforderungscharakter beinhalten. Beim Dynamik-Prinzip werden beide Elemente kombiniert. Daraus resultiert eine Potenzierung, die eine bedeutende Hebelwirkung auslöst.
Statische Unternehmen sind sich der mit der Hebelwirkung verbundenen Möglichkeiten nicht bewußt. Sie unternehmen dementsprechend keinerlei Anstrengungen, derartige Wirkungen zu erzeugen und auszuschöpfen.

These 6: Dynamische Unternehmen vervielfachen den Nutzen für ihre Bezugsgruppen in kurzer Zeit

Dynamische Unternehmen schaffen Nutzen für alle Bezugsgruppen des Unternehmens. Sie fördern somit die Wohlfahrt aller mit dem Unternehmen in Berührung stehenden Personenkreise und erfüllen eine ethisch sinnvolle und wertvolle Aufgabe.
Statische Unternehmen sind dadurch gekennzeichnet, daß der Nutzen vereinzelter Bezugsgruppen – üblicherweise der Machtträger – im Vordergrund steht. Andere Bezugsgruppen werden vernachlässigt oder gar ignoriert.

These 7: Dynamische Unternehmen verfügen über einen oder mehrere Promotoren, welche die Dynamik auslösen und tragen

Dynamische Unternehmen zeichnen sich dadurch aus, daß ein oder mehrere Promotoren die multiplikative Erschließung der Nutzenpotentiale mit Tatkraft in Gang setzen und realisieren. Die Promotoren haben ein hohes Anspruchsniveau und streben überdurchschnittliche Ziele an.
Statische Unternehmen werden von Funktionären und Technokraten geleitet, die ihre Hauptaufgabe darin sehen, das Bestehende fortzuschreiben. Etwa vorhandene Dynamik-Promotoren kommen aufgrund der Machtverhältnisse nicht zum Zuge. Machterhaltung und Besitzstandwahrung sind vorrangige Ziele des Topmanagements.

These 8: Dynamische Unternehmen entwickeln und realisieren ein konsistentes Unternehmenskonzept

Dynamische Unternehmen verfügen als Leitplanken für ihre Aktivitäten über ein harmonisches und konsistentes Unternehmenskonzept. Im Rahmen dieses Konzepts werden Nutzenpotentiale optimal ausgeschöpft.
Statische Unternehmen werden mechanistisch geführt. Die schematische Optimierung bisheriger Aktivitäten steht im Vordergrund.

These 9: Dynamische Unternehmen schaffen flexible Strukturen mit Freiraum

Dynamische Unternehmen verfügen über eine Verfassung, die eine flexible Unternehmensentwicklung erlaubt und menschengerechte Strukturen ermöglicht, welche ebenfalls den Erfordernissen einer turbulenten Umweltentwicklung gerecht werden. Autonome Einheiten und flache Strukturen sind Hauptmerkmale.
Statische Unternehmen reglementieren Aufgaben, Verantwortungen und Kompetenzen in Form von Organigrammen und Stellenbeschreibungen in unnötigem Ausmaß. Ordnung kommt vor Effizienz. Umweltturbulenzen werden nicht als Chancen, sondern als Gefahren verstanden, gegen die man sich durch Vorschriften verteidigen muß.

These 10: Dynamische Unternehmen sind menschenorientiert

Dynamische Unternehmen schöpfen alle Möglichkeiten zur Motivation der Mitarbeiter aus. Die Menschenführung spielt im Rahmen der Dynamisierung eine entscheidende Rolle. Ihre Kultur ist expansionsorientiert, zeitorientiert, produktivitätsorientiert und risikoorientiert.
Statische Unternehmen sind in bezug auf Motivation und Kultur halbherzig. Das Management begnügt sich mit Lippenbekenntnissen. Im kulturellen Bereich dominieren Bürokratie- und Kostenorientierung. Der Faktor Zeit ist von untergeordneter Bedeutung.

These 11: Dynamische Unternehmen nützen die zeitlichen Ressourcen optimal aus

Dynamische Unternehmen verstehen es, die Zeit als kritische Ressource optimal zu nutzen. Das Zeitverhalten ist gekennzeichnet durch ein sorgfältiges Timing der wichtigen Geschäftsaktivitäten und zügiges, temporeiches Realisieren der Aufgaben. Die Spitzenkräfte setzen ihre persönliche Zeit primär für expansive Aufgaben ein.
Statische Unternehmen sind dadurch geprägt, daß Geschäftigkeit vor produktiver Realisierung kommt. Die Spitzenkräfte setzen ihre Zeit zur Erhaltung des Status quo oder für persönliche Interessen ein.

These 12:
Dynamische Unternehmen verfolgen eine Risikopolitik, die auf klar definierten Grundsätzen aufbaut

Dynamische Unternehmen bewältigen die Risiken, indem sie eine Reihe von Grundsätzen sorgfältig einhalten. Sie sind sich bewußt, daß jede unternehmerische Tätigkeit mit Risiken verbunden ist und daß ein Handlungsverzicht oft größere Risiken beinhaltet. Risiken werden deshalb kalkuliert eingegangen.
Statische Unternehmen sind geprägt durch Risikoaversion. Im Zweifelsfall werden risikobehaftete Handlungen bewußt unterlassen.

Fünf Praxisbeispiele dynamischer Unternehmen

Bertelsmann

Im Jahre 1946 war die Firma Bertelsmann ein zerbombtes mittelständisches Verlagshaus. Der Zweite Weltkrieg hatte das damals 111 Jahre alte »Christliche Verlagshaus Carl Bertelsmann« in Schutt und Asche gelegt. Ein Werk, welches ehemals vier Generationen der Familien Bertelsmann und Mohn erarbeitet hatten.
Während mehrerer Generationen hatte sich die mittelständische Dimension des Hauses erhalten, aber in den letzten 40 Jahren explodierte die Entwicklung buchstäblich: Erwirtschaftete Bertelsmann 1948 noch einen Umsatz von 1 Mio. DM, beträgt dieser 1988 10,5 Mrd. DM. Die durchschnittliche Wachstumsrate in den fünfziger Jahren betrug 42 %, zwischen 1960 und 1970 15 %, in den siebziger Jahren 21 % und seit 1980 immer noch 10 %. (10 % bedeuten ein Umsatzplus von 1 Mrd. DM pro Jahr!) Die Anzahl der Beschäftigten stieg von zirka 200 auf 42 000.
Wie kam es zu dieser Entwicklung?

Nutzenpotentiale

Mohn konzentrierte sich darauf, schwergewichtsmäßig drei Nutzenpotentiale zu erschließen:

Marktpotentiale
Reinhard Mohn, Firmenchef seit 1947, sah im Bedarf an Büchern ein riesiges Nutzenpotential heranwachsen. Das 19. Jahrhundert, das die

Nach dem Zweiten Weltkrieg war Bertelsmann ein mittelgroßes Verlagshaus, das national operierte. Vierzig Jahre später ist das Unternehmen ein internationaler Medienkonzern, der mit einem Umsatz von 10,5 Mrd. DM (1988) zu den größten der Welt zählt.

Gesellschaft noch in »Gebildete« und »Ungebildete« eingeteilt hatte, war vorbei. Man hatte darum im Hause Bertelsmann bereits nach dem Ersten Weltkrieg begonnen, das ursprüngliche Angebot anspruchsvoller Literatur in Richtung Breitenpublikum zu erweitern.
Mohn führte diese Linie konsequent weiter. Bertelsmann machte sich einen Namen mit »Volksausgaben« für unterhaltende Literatur, Lexika, Sach- und Fachbücher. Der eigentliche Wachstumsschub erfolgte jedoch mit der Idee des Leserings. Durch diese Vertriebsform gelang es dem Hause Bertelsmann, das Buch erstmals einer breiten Bevölkerungsschicht näherzubringen, welche vorher diesem Medium gegenüber kaufhemmende Berührungsängste hatte.
Bereits 4 Jahre nach Gründung des Leserings im Jahre 1950 hatte dieser 1 Mio., nach weiteren 3 Jahren 2 Mio. Mitglieder.[1] Heute sind es weltweit deren 22 Mio. Der Buchclub entwickelte eine enorme Sogwirkung, in dessen Kielwasser andere Bereiche, die technischen Betriebe und die Verlage, mitwuchsen.
In den sechziger, siebziger und achtziger Jahren wurden konsequent neue Marktpotentiale erschlossen. Zu erwähnen sind etwa die Märkte für Schallplatten, Zeitschriften, Taschenbücher, Audio-Vision, und dies nicht nur in der Bundesrepublik Deutschland, sondern weltweit.

Humanpotential
Die interessanten Marktpotentiale im Kommunikationsbereich wurden von vielen Wettbewerbern erkannt und erschlossen. Der Erfolg von Mohn kann deshalb nicht nur mit dem Verweis darauf erklärt werden. Eine einmalige unternehmerische Leistung bestand darin, daß Mohn – seiner Zeit weit voraus – die zentrale Bedeutung des Humanpotentials erkannte. Vorstandsvorsitzender Dr. Wössner: »Sicher sind die brachliegenden, weithin noch ungenutzten kreativen Ressourcen einer Vielzahl von Mitarbeitern das eigentliche Potential, das bei erfolgreicher Mobilisierung entscheidende Wettbewerbsvorteile bringt. Die nachhaltige Mobilisierung dieser Ressourcen scheint uns nur durch Motivation und die Identifikation des einzelnen mit seiner Aufgabe erreichbar zu sein.«

Mohn unternahm revolutionäre Anstrengungen, um das Humanpotential zu erschließen. Er schaffte eine Unternehmensverfassung, die für den Mitarbeiter große Freiräume schuf und somit die kreative Entfaltung ermöglichte.
Im Mittelpunkt der Aktivitäten zur Erschließung des Humanpotentials stand das Beteiligungsmodell von Bertelsmann. Schon in den fünfziger Jahren konnten die Mitarbeiter auf breiter Basis am Erfolg des Unternehmens partizipieren. Dadurch entstanden eine hohe Identifikation und Motivation. Das Mitbeteiligungsmodell bewirkte vor allem auf dem Arbeitsmarkt eine starke Profilierung von Bertelsmann. Dank des hervorragenden Rufes als innovativer Arbeitgeber bewarben sich viele hochqualifizierte Führungskräfte und Mitarbeiter. Auf diese Weise konnte das Unternehmen seine Leistungsfähigkeit über das Humanpotential bedeutend verstärken. Nicht minder wichtig war jedoch die Tatsache, daß über die Mitbeteiligung dem Unternehmen die für die Expansion dringend benötigten Finanzmittel zugeführt wurden.

Technologie
Der Technologieschub, der dem Medienwesen nach dem Zweiten Weltkrieg bevorstand, bot schließlich ein drittes Nutzenpotential. Bertelsmann konnte sich die dramatischen Entwicklungen im Elektronikbereich zunutze machen. Heute sieht man infolge des unaufhaltsamen technologischen Fortschritts in der Kommunikation enorme Möglichkeiten.

Parallelerschließung von Nutzenpotentialen
Am Beispiel Bertelsmann ist deutlich ersichtlich, daß diejenigen Unternehmen eine enorme Dynamik entwickeln können, denen es gelingt, mehrere Nutzenpotentiale gleichzeitig und synergetisch auszuschöpfen. Bertelsmann hatte sich nicht nur auf das Marktpotential beschränkt, sondern konnte durch die Bündelung der Nutzenpotentiale eine ungleich höhere Dynamik entfalten als alle Konkurrenten.

Reinhard Mohn erkannte in der Vermarktung des Buches an breite Bevölkerungsschichten sein Nutzenpotential.

Aktivitäten in den neuen Medien und motivierende Mitarbeiterbeteiligungsformen unterstützen die Expansion.

Multiplikation
Ein weiterer Erfolgsfaktor von Bertelsmann war die äußerst konsequente Multiplikation der Geschäftsaktivitäten. Diese erfolgte auf verschiedenen Ebenen:

Internationalisierung
Erstens internationalisierte Bertelsmann das Stammgeschäft. Die Firma übertrug z. B. die Idee der Buchclubs auf Länder wie Frankreich und Spanien. Das spezielle Vertriebs-Know-how konnte – wenn auch mit gewissen Modifikationen – leicht in anderen Ländern angewendet werden. Frankreich hat zur Zeit den weltweit größten Buchclub mit zirka 5 Mio. Mitgliedern. Der spanische Club ist nicht nur ein wirtschaftlicher, sondern auch ein kultureller Erfolg, stellt er doch zugleich ein Forum für Autoren dar, welches es in dieser Form vorher nicht gab.

Multiplikation des Markteinführungsprozesses
Bertelsmann übertrug das Know-how im Zeitschriftengeschäft erfolgreich auf die Absatzorganisationen in Spanien, Frankreich, England und den USA. Insbesondere wurde der Prozeß zur Einführung neuer Zeitschriften geschickt multipliziert, indem die Marktstellung in diesen Ländern maßgeblich durch Übertragung von Zeitschriften aus existierenden Märkten gestärkt wurde.

Multiplikation der Idee der »Special-Interest-Zeitschriften«
Bertelsmann brachte in Deutschland in kurzer Folge Titel heraus wie Sports, Prima, Flora, Schöner wohnen und zahlreiche GEO-Spezialtitel und war damit ein Pionier im Bereich Spezialzeitschriften. Das entsprechende Know-how wurde konsequent multipliziert.

Promotor
Reinhard Mohn war ein hervorragender Dynamik-Promotor. Er war es, der mit seinen Ideen, Überzeugungen und Visionen entscheidend zur Entwicklung des Verlagshauses zum heutigen Medienkonzern bei-

trug. Vor allem entdeckte und erschloß er bedeutende Nutzenpotentiale im Markt, im Human- und im Technologiebereich, was dem Unternehmen entscheidende Impulse gab.
Sein Dynamisierungsstil war dabei derjenige eines Beschleunigers:

- Die Nutzenpotentiale waren vorhanden. Es ging darum, diese zügig, synergetisch und multiplikativ zu erschließen.
- Mohn nahm als Vorstandsvorsitzender direkten Einfluß auf das unternehmerische Geschehen.
- Er setzte anspruchsvolle Ziele.
- Er suchte ausgesprochen junge Führungspersönlichkeiten und ließ ihnen entsprechende Freiräume.
- Er setzte innovative Motivationsmittel ein.

Unternehmenskonzept

Wir haben gesehen, daß Bertelsmann das Dynamik-Prinzip konsequent angewendet hat: Ein dynamischer Promotor hat verschiedene Nutzenpotentiale erkannt und sie multiplikativ erschlossen.
Absolut zentral ist in diesem Zusammenhang das Unternehmenskonzept von Bertelsmann. Es ist, so Dr. Wössner, das zentrale Element der Dynamik-Entwicklung des Unternehmens.
Unter den Überschriften

- Die Unternehmensziele
- Verantwortung gegenüber der Gesellschaft
- Unternehmerische Führung und Organisation
- Partnerschaft im Unternehmen

gibt das Unternehmenskonzept eine klare inhaltliche und formale Ausrichtung.
Basis des Unternehmenskonzepts ist die Leitidee: »Kommunikation ist unsere Aufgabe.« Sie bringt die Vision des Unternehmers, Leistungsbeiträge für die Gesellschaft bereitzustellen, zum Ausdruck. Sie wird konkretisiert in einigen wenigen, aber um so stichhaltigeren Unternehmenszielen. Sie bilden zusammen mit der Leitidee ein harmonisches Ganzes und damit solides Fundament für eine dynamische Unternehmensentwicklung. Aussagen wie

Bertelsmann multiplizierte sein Stammgeschäft gewinnbringend, insbesondere die Buchclubs, das Know-how der Markteinführung und die Spezialzeitschriften. In Reinhard Mohn steht dem Unternehmen ein ausgezeichneter Promotor vor.

»Wir sind:
- auf Medienarbeit konzentriert
- international tätig
- dezentral organisiert
- pluralistisch in unserer Programmarbeit
- mitarbeiterbezogen
- gesellschaftspolitisch engagiert
- kulturell orientiert«

schaffen die Basis für eine klare strategische Ausrichtung. Darüber hinaus sind sie Grundstein für Motivation und Sinngebung in einer heute immer unüberblickbarer werdenden Welt.

Strukturen

Bertelsmann löste das Problem der zunehmenden Größe durch weitestgehende Dezentralisation. Im Zentrum steht das sogenannte »Führen aus der Mitte«. Danach legt der Vorstand die Grundsätze der Unternehmenspolitik sowie die Leitlinien für die operative Arbeit fest und steuert die Unternehmensentwicklung. Die operative Verantwortung für einzelne Geschäfte verbleibt jedoch vollständig auf der Ebene der Geschäftsführer.

Mohn sagt dazu: »Mit dieser Dezentralisierung haben wir den unternehmerischen Freiraum für die Verantwortlichen an der Spitze der einzelnen Profit-Center geschaffen, der beim kreativen und unternehmerisch denkenden Menschen die Antriebskräfte freisetzt, die für die Fortentwicklung und Wettbewerbsfähigkeit des Unternehmens unerläßlich sind.«[2] Oder an anderer Stelle Dr. Wössner: »Das Delegationsprinzip hat dem Unternehmen Schubkraft gebracht; die am Markt selbständig handelnden Profit-Center waren und sind die Motoren und Träger der dynamischen Entwicklung unseres Hauses.«[3]

Für diese Führungsaufgabe versuchte Bertelsmann, wo immer möglich, jungen Führungsnachwuchs heranzuziehen. Die gebotene Chance, bereits in jungen Jahren Verantwortung übernehmen zu können, hat dem Unternehmen neue Möglichkeiten bei der Beschaffung hochqualifizierter Führungskräfte eröffnet.

Motivation

Motivation erreichte Bertelsmann durch verschiedene Vorgehensweisen:

1. durch die weitreichende Aufgaben- und Verantwortungsdelegation,
2. durch unkonventionelle Mitbestimmungsmöglichkeiten,
3. durch Gewinnpartizipation und weitreichende Incentives und schließlich
4. durch das Bewußtsein, zum führenden und entwicklungsträchtigsten Medienunternehmen der Welt zu gehören.

Eine wichtige Rolle spielt in diesem Zusammenhang auch die Unternehmenskultur, die bei Bertelsmann als wesentliches Instrument zur Förderung der Dynamik eingesetzt wird.

Zeit

Das Zeitverständnis von Bertelsmann ist als besonders interessant hervorzuheben. Grundsätzlich werden neu erkannte Nutzenpotentiale äußerst zügig erschlossen. Dies gilt beispielsweise für den Aufbau des Buchclubs in den fünfziger Jahren, als es darum ging, die strategischen Positionen möglichst rasch zu besetzen. Ebenfalls werden neuakquirierte Firmen sehr rasch integriert. Beispielsweise wurde die kürzlich übernommene Firma Doubleday innerhalb von sechs Monaten entflochten und den einzelnen Bertelsmann-Divisionen zugeteilt. Bertelsmann kann somit als Unternehmen bezeichnet werden, das in der Exekution sehr rasch handelt.
Ein anderes Bild ergibt sich in bezug auf das Timing von bedeutenden Expansionsschritten. Diese werden in rhythmischen Phasen abgewikkelt: Auf bedeutende Akquisitionen folgen Konsolidierungsphasen. Zudem werden wichtige Expansionen sehr sorgfältig vorbereitet, und es wird insbesondere genügend Zeit für die Analysen und den Aufbau des erforderlichen Managementpotentials angesetzt.

Durch konsequente Dezentralisation wurde die zunehmende Unternehmensgröße für Bertelsmann nicht zu einem Problem. Die schnelle Umsetzung von Zielen, das richtige Timing bei der Expansion und kalkuliertes Risiko rundeten das Konzept ab.

Risiko
Bertelsmann versucht, Risiken mit den verschiedensten Maßnahmen zu reduzieren. Drei Aspekte sollen kurz erwähnt werden. Erstens werden ausschließlich Nutzenpotentiale erschlossen, für die das notwendige Know-how vorhanden ist, und zweitens neue Nutzenpotentiale nur schrittweise angegangen. Beispielsweise erfolgt der Einstieg in einen neuen Markt über relativ kleine Vorhaben. Diese dienen dazu, die Kultur und die Besonderheiten des Landes kennenzulernen. Eine dritte Vorgehensweise besteht darin, daß erfahrene Führungskräfte von Bertelsmann zusammen mit neuen Managern eingesetzt werden. Auf diese Weise kann die Kultur umfassender entwickelt werden, was ebenfalls zur Risikoreduktion beiträgt.

Cartier

Drei Generationen schufen den internationalen Ruhm des Hauses Cartier. Louis François legte 1847 den Grundstein des Unternehmens, wurde durch Prinzessin Mathilde, Cousine Napoleons II., bei Hofe eingeführt und feierte erste Erfolge mit seiner hochwertigen Kollektion. Sein Sohn Albert gründete das heutige Stammhaus an der Rue de la Paix 13, das 1900 von seinem Enkel Louis übernommen wurde. Gleichzeitig eröffneten seine Brüder Jacques und Pierre Filialen in London und New York. Louis festigte den Ruhm des Hauses Cartier durch seinen Erfindergeist und seinen sicheren Geschmack. Seine zeitlosen Entwürfe für Schmuckstücke, Uhren und Accessoires hielt er im »Skizzenbuch« fest – Schatztruhe und Grundlage des Erfolges des heutigen Cartier-Konzerns. Vom Prince of Wales, dem späteren König Eduard VII., wurde er »Juwelier der Könige und König der Juweliere« genannt. Er hatte als Hoflieferant freien Zugang zu fünfzehn Königshäusern, wodurch Cartier zum Inbegriff für wertvollste Juwelierskunst wurde. Nach dem Tode von Louis 1942 zehrte die Cartier-Gruppe noch lange Zeit vom Ruhm der vergangenen Tage. Die drei Filialen betrieben ihr Geschäft auf eigenen Gleisen.

Im Jahre 1969 begann die Entwicklung von Cartier zu einer weltweit tätigen Gruppe. Die Geschäfte in Paris, London und New York wurden finanziell zusammengefaßt und unter eine einheitliche Leitung gestellt, und der Industrielle Robert Hocq, einer der führenden Hersteller von Luxusfeuerzeugen, erhielt eine Lizenz zur Verwendung und Kommerzialisierung der Marke Cartier. Als Cartier Paris 1972 von einer internationalen Investorengruppe übernommen wurde, übertrug man Hocq die Leitung der Gruppe.

Hocq engagierte den erst 26jährigen Alain-Dominique Perrin für den Verkauf des »Briquet«, des ovalen Cartier-Feuerzeuges. Gemeinsam formten sie aus dem Juwelierladen einen der bedeutendsten Luxuskonzerne der Welt für Bijouterie und verwandte Produkte. Der Erfolg ist erstaunlich: Cartier realisiert ein jährliches Wachstum von 20 bis 25%. 1970 betrug der Umsatz 8,3 Mio $, 1988 710 Mio $.

Nutzenpotential

Nutzenpotential Image

Mit Cartier, einem der renommiertesten Namen im Schmuckgeschäft überhaupt, war ein vorzügliches Image verbunden. Hocq und Perrin erkannten die ungeheure Kraft, die im Image und damit im Namen Cartier verborgen lag. Sie setzten es sich deshalb zum Ziel, Cartier von einem Juweliernamen zu einer Luxusmarke aufzubauen.

Das Imagepotential des altehrwürdigen Hauses Cartier schöpften sie mittels der traditionellen, bestens bekannten, aber konsequent verfolgten Mittel des Marketing und der Markenpflege aus. Da das Markenimage auf keinen Fall Schaden nehmen durfte, mußte zuerst die Distribution der Produkte unter Kontrolle gebracht werden. Dies erreichte Hocq mit einer konsequenten Vorgehensweise:

- Der erste Schritt dazu war, daß die drei Häuser in Paris, London und New York wieder unter gemeinsamer Führung zusammengefaßt wurden. Das Sortiment konnte vereinheitlicht werden.
- Zum zweiten kreierte Perrin »Les Must de Cartier«, und es gelang

Cartier, einstmals der traditionsreiche Pariser Juwelier, ist heute ein bedeutender internationaler Luxuskonzern. Cartier nutzte in geschickter Weise sein hervorragendes Image als Nutzenpotential und machte die Markenpflege zu seiner wichtigsten Aufgabe.

ihm, sein Publikum davon zu überzeugen, daß diese zu jenen Gegenständen gehören, die man zwar wie jeden Luxus eigentlich nicht braucht, aber trotzdem haben »muß«. Die Musts sind ausschließlich Produkte, die bereits von Louis Cartier selbst entworfen wurden und in seinem Skizzenbuch festgehalten sind. Heute umfaßt das umfangreiche Sortiment edle Dinge wie Schmuck, Uhren, Parfüms, Briquets, Schreibwaren, Brillen, Lederwaren, Foulards und Tischgedecke. Die Innovation bestand weniger in der Schaffung neuer Produkte, sondern in der andersartigen Vermarktung bestehender.

- Drittens realisierte man ein Marketing, das sich durch Präzision bis ins Detail auszeichnet. Dieses erfolgreiche Marketingkonzept wird bei Cartier als eine eigene Erfindung betrachtet. Auch der Distributionspolitik wurde höchste Aufmerksamkeit geschenkt. Man installierte ein Vertriebsnetz, das aus Boutiquen und Konzessionären besteht. Die Boutiquen verkaufen das gesamte Must-Programm sowie – exklusiv – die Bijouterieartikel. Die Konzessionäre dürfen jeweils die Musts verkaufen, die zu ihrem Grundgeschäft gehören. So finden sich die Feuerzeuge bei Tabakhändlern, Brillen bei Optikern, Parfüms in Parfümerien usw.
- Unterstützend kontrolliert Cartier wachsam die Preise: Man gewährte zwar seinen Händlern zumindest anfangs eine sehr großzügige Handelsspanne, die Verkaufspreise an die Kunden werden jedoch vom Konzern festgelegt, so daß ein Käufer für ein Must in Rio gleich viel bezahlen muß wie in London oder Paris (ohne Berücksichtigung der lokalen Steuern). Rabatte sind unzulässig. Dieser Kampf kostete zwar sehr viel Kraft, schützte aber den Wert der Marke. Aus demselben Grund läßt Cartier nur in Auftragsfertigung produzieren und vergibt keine Lizenzen.

Doch Cartier begnügt sich nicht nur damit, das Imagepotential auszuschöpfen. Das Unternehmen arbeitet bewußt daran, es auch zu entwickeln: Seit längerer Zeit sponsert Cartier den exklusiven Polosport. Sportsponsoring gehört zu den bekanntesten Marketingmitteln, wobei Cartier es versteht, auch dies zur Kunst zu erheben. Zudem

wurde eine ganz neue Art des Sponsorings entwickelt: das Kunstmäzenatentum.
In einer Denkschrift an den Kulturminister Frankreichs legte Cartier die Gedanken zu einer Generation ganz neuer Mäzene dar. In Jouyen-Josas, unweit von Paris, rief die Firma die »Fondation Cartier pour l'art contemporain« ins Leben. Auf 15 Hektar zeigt diese zeitgenössische Kunstwerke von über 170 Künstlern. Zudem stellt die Fondation Künstlern Räume und Geldmittel zur Verfügung, um an ihrem Schaffen zu arbeiten. Die Effekte für das Image von Cartier sind durchwegs positiv: Mit diesem Mäzenatentum erreicht man vorerst meist junge Menschen, die aber später mögliche Kunden werden. Zusätzlich gewann sich der Luxushersteller mit seinem Engagement für die moderne Kunst eine geneigte Presse, von der er früher allzugern attackiert worden war.

Nutzenpotential Markt
Hocq und Perrin erkannten vor allen anderen, daß Luxusartikel gegen Ende unseres Jahrhunderts eines der großen Nutzenpotentiale werden würden. Nach Schätzungen gab es 1969 sicher 6 000 gute Juweliere auf der Welt.
Es fehlten jedoch eigentliche Bijouteriemarken, während Markenartikel in anderen Branchen bestens bekannt waren. Seit dem Zweiten Weltkrieg erlebte die industrialisierte Welt einen noch nie dagewesenen Aufschwung. Schmuck und andere Luxusgegenstände konnte sich nicht mehr nur eine kleine Schicht Adliger und Reicher leisten, sondern auch eine bedeutende Klasse von Aufsteigern verfügte über die nötigen Mittel.
Die Musts von Cartier sind zudem echte Wertanlagen. Ihr Design ist zeitlos und die Materialien von erster Qualität, was sie zu wertvollen Erbstücken macht. Cartier wehrt sich dagegen, Musts herzustellen, die von der Mode abhängig werden oder geringe Kreativität beinhalten. Die Uhr »Santos« beispielsweise entspricht in ihrem Erscheinungsbild heute noch ihrem von Louis Cartier entworfenen Vorbild von 1907. Für Cartier würde demgegenüber der Verkauf von Krawat-

Noch vor wenigen Jahren erkannte kaum jemand die Kapazitäten des Marktes für Luxusgüter. Heute besetzt Cartier als führender Anbieter dieses Segment. Sponsoring exklusiver, sportlicher oder kultureller Veranstaltungen hebt außerdem das Image.

ten oder ähnlichen modeabhängigen Produkten nie in Frage kommen. Die Zigarette bildet in dieser Philosophie eine Ausnahme, die auf die Verflechtung mit der Rothmans-Gruppe zurückzuführen ist.

Multiplikation

Um die Briquets unter die Tabakhändler zu bringen, reiste Perrin noch persönlich mit einem Musterkoffer durch Europa und gewann so die ersten Konzessionäre. Das Briquet wurde zu einem Verkaufsschlager. Nachdem die drei Stammhäuser wieder unter einer Führung vereinigt waren, setzte Perrin eine klar definierte Distributionspolitik durch. Dazu waren eine Systemmultiplikation von Filialen und Boutiquen und eine Prozeßmultiplikation von Vertragsverhandlungen mit Konzessionären notwendig. Er gründete neue Filialen und Boutiquen in der ganzen Welt, teils als Eigenbesitz, teils im Franchisesystem. Heute verfügt Cartier über 31 Filialen und 127 Boutiquen, die mehrheitlich von der Firma beherrscht werden. Zudem vertreiben 7000 konzessionierte Händler Cartier-Produkte.

Doch Cartier kontrolliert selbst das Wachstum: Die Produktionskapazitäten würden heute ausreichen, den Umsatz zu verdoppeln. Bei Cartier ist man sich jedoch sehr bewußt, daß für ein gesundes Wachstum die Organisation, die Kommunikation, die Logistik und besonders die Personalkapazitäten mit der Firmenentwicklung Schritt halten müssen. Wachstum strebt man bei Cartier an, um Gewinne zu erwirtschaften, die es erlauben, die Firmenstrategie umzusetzen und letztlich das Markenprofil zu konsolidieren. Heute hat man die durchschnittliche Wachstumsrate auf 20 bis 25% festgelegt. »Weniger Wachstum wäre selbstgerecht, mehr Wachstum zu riskant.«

Cartier multipliziert zudem das Know-how im Management von Markenartikeln. Mit dem Konzern sind Marken wie Yves Saint Laurent, Ferrari und John Sterling verbunden. Dank der Akquisition von Piaget und Baume & Mercier schob sich Cartier an die Spitze der Luxusuhrenhersteller mit einem gesamten Marktanteil von 40%. Cartier bezeichnet sich heute als erster Bijouterist, zweiter im Feuerzeug- und Luxusschreibwarengeschäft und erster Hersteller von Luxuslederartikeln. Perrin integriert allerdings die akquirierten Marken nicht in sein Unternehmen, sondern führt sie als selbständige Firmen weiter und begleitet sie im Know-how-Transfer.

Promotor

Bei Cartier waren zwei verschiedene Promotoren ausschlaggebend. Robert Hocq hatte die Dynamik ausgelöst. Durch einen tragischen Autounfall verlor er 1979 sein Leben. Seither führt Alain-Dominique Perrin die Operationen und das Marketing der Cartier-Gruppe (Cartier International).

Hocq bediente sich eines Dynamisierungsstils, der vorwiegend von Coaching, aber auch durch Ausschöpfen gekennzeichnet war. Nach einer Restrukturierung der Gruppe fand er in Perrin den »Mann mit Ideen«, der das erste Produkt, das Briquet, vermarkten konnte. Er protegierte ihn und baute ihn systematisch vom Product Manager über den PC-Leiter zum Chef der Gruppe auf.

Perrin schöpfte das Imagepotential konsequent weiter aus. Noch weitaus bedeutender ist aber die Art, wie Cartier den Promotor Perrin betrachtet. Die Dynamik erzielt das gesamte Führungsteam, während Perrin diese Dynamik nach außen vertritt und repräsentiert, getragen von der Überzeugung aller, der beste Mann solle an der Spitze stehen, denn Dynamik sei nur mit einer Führungspersönlichkeit zu erreichen, die Zement und Dynamit des Unternehmens zugleich ist. »Nur ein verschweißtes Management, das die Qualitäten des Leaders anerkennt, kann ein Unternehmen sehr weit bringen.« Perrin dynamisiert Cartier bereits durch seinen Arbeitsstil: Obwohl er seine Arbeiten und Entscheidungen äußerst rasch und zügig durchzieht, kennt er sich bis ins Detail in seinem Unternehmen aus.

Perrin schreckt auch nicht vor symbolischen Handlungen zurück. Zum Schutze des Markenimages unterhält Cartier einen Stab von Detektiven und Juristen, der in der ganzen Welt Cartier-Duplikaten auf der Spur ist. Zum Abschluß eines solchen beinahe persönlichen Kampfes gegen Fälschungen sitzt der Konzernleiter Perrin gerne am Steuer einer Dampfwalze, um mit einem großen Medienspektakel die

Die Multiplikation ist für Cartier verbunden mit strikter Preispolitik und kontrolliertem Wachstum ein wichtiges Instrument. In Robert Hocq und später in Alain-Dominique Perrin fand man Promotoren mit einem richtigen Unternehmenskonzept.

entdeckten gefälschten Cartier-Uhren zu Altblech zusammenzuquetschen. Einige Resultate solcher Aktionen ließ er durch den Künstler César zu Bildern umarbeiten, die heute in seinem Büro hängen.

Unternehmenskonzept

Cartier verfügt über ein klares und einfaches Unternehmenskonzept nach dem Motto: »Die einfachsten Strategien sind die besten.« Das Unternehmen ist vollständig darauf ausgerichtet, das Markenimage zu kontrollieren und die Marke zu schützen. Bei Cartier wird die Vision des Topmanagements als zentral betrachtet. Dies bedeutet konsequente Ausrichtung auf den Markt. Das Management muß eine totale Kenntnis aller Bewegungen auf dem Markt haben und wie ein Arzt auf seinen Patienten hören. Es ist ständig in Bewegung und überall präsent. Das Ziel, im Bijouteriegeschäft auf die erste Stelle vorzurücken, die Kraft des Namens zu halten und zu verstärken, wurde schon immer angestrebt, doch erst Perrin gelang es mit Erfolg. Nebenbei bemerkt: Er hat noch eine Menge Ideen in seiner Schublade.

Mitarbeiterführung bei Cartier

Perrin versteht es ausgezeichnet, die Motivation zu einem tragenden Element Cartiers zu verwenden. Führungskräfte werden aus den eigenen Reihen aufgebaut. Konsequent besetzt man die frei werdenden Kaderstellen mit eigenen Leuten, ungeachtet des Alters oder anderer bürokratischer Vorbedingungen. Perrin selbst ist das beste Beispiel: Robert Hocq zog ihn 26jährig zusammen mit anderen jungen Kadern in die Cartier-Führung nach.

Zeit

Die Zeit wird von Cartier nicht explizit als kritischer Faktor betrachtet. Produkte müssen perfekt sein, bevor sie lanciert werden. Eine besondere Beziehung zur Zeit ist aber inhärent im Unternehmenssystem gegeben: Cartier ist Meister im Timing. Sobald eine Entscheidung gefällt ist, wird sie rasch umgesetzt. Bei der Akquisition von Piaget und Baume & Mercier genügten 48 Stunden, um alle Filialmanager in Paris zu versammeln, und zwei Tage, um den Satelliten Eutelsat 1 zu mieten, alle Bewilligungen einzuholen und Empfangsstationen aufzuspüren, so daß Perrin vom Place Vendôme aus der in Paris, Brüssel, Genf, London, Madrid, Mailand und München zugleich versammelten Presse Rede und Antwort stehen konnte.

Crossair

Im Jahre 1974 wurde Moritz Suter, zu dieser Zeit noch DC-9-Pilot, von Bekannten gefragt, ob er sie in einem gemieteten Taxiflugzeug chauffieren könne. Als derartige Anfragen immer häufiger vorkamen, gründete er 1975 zusammen mit seinem Freund Peter Kalt mit einem Aktienkapital von 65 000 sfr ein eigenes Flugunternehmen, die »Business Flyers Basel AG«.
Die »Flotte« bestand aus einer zweimotorigen Cessna und einer einmotorigen Piper, die Kalt und Suter im Sommer 1974 der Fluggruppe Sion des Aero-Clubs der Schweiz abgekauft hatten. Die Tätigkeit der Business Flyers Basel AG beschränkte sich auf die Vermietung der Flugzeuge sowie auf gelegentliche Pilotenumschulungen.
Aus diesem »Hobbybetrieb« (Suter) wuchs innerhalb weniger Jahre die renommierte »Crossair« heran, ein Unternehmen, welches 1988 133 Mio. sfr Umsatz erwirtschaftete bei einem durchschnittlichen Wachstum von 25 % jährlich. »An economic fairy tale«, wie eine amerikanische Zeitung es nannte.
Doch wie kam das Dynamik-Prinzip bei Crossair zum Tragen?

Nutzenpotential

Nutzenpotential Regionalflugverkehr
Auf der Suche nach Nutzenpotentialen hat sich Suter intensiv mit Marktstudien für den Regionalflugverkehr befaßt. Die Klärung der Situation war nicht einfach. Er glaubte jedoch nachweisen zu können, daß tatsächlich ein genügend großes Marktpotential für eine Regio-

Einfache, klare Strategien, Motivation durch Erfolg und Förderungsmaßnahmen sowie ein gutes Timing prägen die unternehmerische Strategie von Cartier. Im hart umkämpften Markt der Fluglinien fand Crossair sein Nutzenpotential im Regionalflugverkehr.

nalfluggesellschaft vorhanden war. Beispielsweise wußte man, daß 7000 Passagiere jährlich von Zürich über Frankfurt nach Nürnberg flogen.
In den USA hatten Regionalfluggesellschaften seit 1970 ein enormes Wachstum zu verzeichnen und entwickelten sich immer mehr zu einem integralen Bestandteil des nationalen Verkehrssystems. Moritz Suter verfolgte diese amerikanische Entwicklung mit großer Aufmerksamkeit, und verschiedene Marktuntersuchungen zeigten daraufhin, daß auch in Europa ein Bedarf an regionalen Flugleistungen besteht. Die größeren Fluggesellschaften nahmen die Chancen bisher jedoch kaum wahr.
Im Gegensatz zu den USA war in Europa die Konkurrenz durch Auto und Bahn ungleich größer, trotzdem zeigten bereits 1971 Untersuchungen, daß für Distanzen um 600 km etwa 80% der Geschäftsreisenden das Flugzeug benutzen würden.
Suter sah im Zusammenspiel von nationaler und regionaler Fluggesellschaft durchaus eine realistische Symbiose. Die regionalen Marktnischen würden einer nationalen Fluggesellschaft dank dieser Zubringerflüge Anschlußverkehr bringen und den regionalen Gesellschaften wieder einen Mehrumsatz ermöglichen.
Der Erfolg von Crossair gab ihm recht.

Nutzenpotential Finanzen

Crossair hat in den vergangenen Jahren achtmal ihr Aktienkapital erhöht. Im Jahre 1978 auf 1 Mio., 1979 auf 4 Mio., 1980 auf 8 Mio., 1981 auf 16 Mio., 1982 auf 25 Mio., 1983 auf 50 Mio., 1985 auf 80 Mio. und schließlich auf 160 Mio. sfr im Jahre 1988. Es zeigt sich, daß sie auch im Finanzbereich ein Nutzenpotential erschließen konnte, hatte sie doch keinerlei Probleme, diese Kapitalerhöhungen zu günstigen Bedingungen durchzuführen. (Bereits im Jahre 1983 wurden die neu auszugebenden Aktien von den Schweizer Banken vollständig übernommen.)

Nutzenpotential Personal
Schließlich ist das Humanpotential zu erwähnen. Nicht zuletzt durch die überblickbare Größe des Unternehmens wirkten Suters Dynamik, sein Charisma und sein Wille, Großes zu leisten, unmittelbar auf alle Mitarbeiter. Das Wissen, in einem Pionierunternehmen gegen »all die Großen« zu kämpfen, motivierte. Gilt es sonst schon als etwas Besonderes, bei einer Luftfahrtgesellschaft zu arbeiten, so kamen hier noch zusätzlich der viel direktere Kontakt mit dem Geschäft, die vielfältigeren und ganzheitlicheren Aufgaben und die spürbare Arbeitsfreude der Crossair-»Familie« dazu.
Das Nutzenpotential im Personalbereich kommt bei diesem Unternehmen nicht nur in der hohen Motivation zum Tragen. Zu erwähnen ist die hohe Flexibilität der Mitarbeiter, die sich nicht scheuen, alle möglichen Aufgaben zu erfüllen. Nicht zuletzt fällt die Kostenseite ins Gewicht. Die Crossair-Piloten sind bereit, ihre Leistungen zu einem wesentlich bescheideneren Salär zu erbringen als ihre Kollegen bei den Linienfluggesellschaften.

Multiplikation

Ihr Erfolg ist weitgehend darauf zurückzuführen, daß Suter das Streckennetz geschickt multiplizieren konnte. Waren es am Anfang gerade drei Destinationen, welche die Crossair von Zürich aus bediente (Nürnberg, Innsbruck, Klagenfurt), so wurden drei Jahre später bereits vierzehn Ziele angeflogen. Suter war sich bewußt, daß der raschen Besetzung der strategisch wichtigen Linien und Flugbasen höchste Priorität zukommt. Nur so konnte er sich auf dem europäischen Markt etablieren.
Im Rahmen der Multiplikation mußte die Crossair eine Vielzahl von Hindernissen überwinden. Die etablierten Fluggesellschaften schätzten es kaum, daß eine junge, unbürokratische Pionierfirma in den Flugreisemarkt einbrach. Besonders in Italien befürchtete die Alitalia Einbußen. Verschiedene wichtige Strecken konnte die Fluggesellschaft deshalb erst nach langwierigen und sehr kreativ geführten Verhandlungen eröffnen.

Moritz Suter orientierte sich am Beispiel amerikanischer Regional-Fluggesellschaften. Unter Ausnützung der günstigen Finanzsituation gelang es ihm, sein Streckennetz zu multiplizieren. Pioniergeist und Flexibilität der Mitarbeiter trugen zum Erfolg bei.

Promotor

Obwohl das Start-up mit den Business Flyers nicht eben bahnbrechend war und auch ein zweiter Anlauf mit Flugzeugleasing nicht den erhofften Durchbruch brachte, gab der Dynamik-Promotor Moritz Suter nicht auf. Wohl hätte er sich einfach auf seinen angestammten Beruf als Swissair-Pilot zurückbesinnen können, er versuchte es aber mit dem Aufbau einer Regionallinienfluggesellschaft ein drittes Mal und hatte damit auch einen durchschlagenden Erfolg. Innerhalb von zehn Jahren schwang sich die Crossair aus dem Nichts zur bedeutendsten Regionalfluggesellschaft Europas auf.

Wie hatte Suter dies geschafft? Erstens ist sein unbeugsamer Wille, »etwas zu machen«, zu erwähnen. Er resignierte nicht, als seine ersten zwei Versuche, ein Unternehmen aufzubauen, noch nicht die gewünschten Ergebnisse brachten, sondern sah sich weiter nach attraktiveren Nutzenpotentialen um. Suter führte die Crossair in der Promotorrolle eines Beschleunigers. Er sorgte dafür, daß in kurzer Zeit ein beachtlicher Nutzen für alle Bezugsgruppen hervorgebracht werden konnte.

Aufgrund der bisherigen Ausführungen erkennen wir, daß bei der Crossair das Dynamik-Prinzip in jeder Hinsicht konsequent angewendet wurde: In der Person von Moritz Suter entdeckte ein willensstarker Dynamik-Promotor attraktive Nutzenpotentiale im Betrieb und Ausbau einer Regionalfluggesellschaft sowie in der Finanzierung und im Humanbereich. Zudem multiplizierte er den Prozeß zur Erschließung neuer Flugstrecken mit höchster Intensität.

Unternehmenskonzept

Wesentlich zum Erfolg trug das Crossair-Unternehmenskonzept bei. Zwar war es im Vergleich zu anderen Vorhaben – etwa demjenigen von Bertelsmann – wohl weniger explizit und dokumentiert vorhanden, jedoch um so mehr in den Gedanken des Promotors Suter und bald auch seiner Mitarbeiter. Seine Vision »Wir wollen zur größten Regionalfluggesellschaft Europas werden« war die Basis der Dynamik, die Crossair entfaltete.

Auf die Verwirklichung dieser Vision konzentrierte er alle seine Kräfte. Dies äußerte sich, wie bereits erwähnt, in der starken Betonung des Faktors Zeit, aber auch in der Gestaltung der Organisationsstruktur und der Motivation.

Strukturen

Durch die Kleinheit und Überschaubarkeit der Gesellschaft bekam jeder Mitarbeiter die Chance, weitgehend in das Unternehmensgeschehen involviert zu sein. Dieses Pionierunternehmen kannte keine feststrukturierten Aufgabenabläufe, keine institutionalisierten Dienstwege. Auch konnte jeder Mitarbeiter unmittelbar seinen Beitrag zum Ganzen erkennen und war zugleich Spezialist wie auch Generalist. So war bei Crossair etwas gang und gäbe, was man sich bei anderen Fluggesellschaften wohl kaum vorstellen könnte: Die Piloten servierten während des Fluges auch gleich selbst den Kaffee.
Dieses vielseitige, herausfordernde und spannende Arbeitsfeld trug entscheidend dazu bei, daß schon bald und ohne große Corporate-Identity-Überlegungen so etwas wie eine Crossair-Familie heranwuchs und eine starke Crossair-Kultur entstand.

Motivation

Die Begeisterung, die Freude und der Elan, welche Moritz Suter versprühte, konnten so unmittelbar auch auf die Mitarbeiter überspringen. Zwar verlangte Suter nicht nur von sich, sondern auch von seinen Mitarbeitern viel. Ein niedrigeres Salär als bei der Swissair, die notwendige Bereitschaft, auch am Sonntag unaufgefordert (und unbezahlt, wie es im Arbeitsvertrag steht) noch Überstunden zu leisten, die Reinigung der Flugzeuge durch die Mitarbeiter in der Freizeit waren Dinge, die sich eine etablierte Fuggesellschaft wohl kaum vorstellen kann und will.
Im weiteren ist auch die Möglichkeit der Beteiligung am Unternehmen zu erwähnen, die sehr rege genutzt wurde. So sind eine beträchtliche Anzahl der Crossair-Mitarbeiter auch Aktionäre des Unternehmens.

Durch die Beharrlichkeit des Promotors konnte letztlich ein wirklich gewinnträchtiges Nutzenpotential gefunden werden. Seine Vision war auch die der Mitarbeiter, was zu einem starken Zusammenhalt führte und für eine höchstmögliche Motivation sorgte.

Zeit
Von der zeitbezogenen Dynamik, welche die Crossair seit der ersten Minute ihres Bestehens an den Tag legt, mögen folgende Angaben einen Eindruck geben:
Am 2. Juli 1979 erfolgte der erste Linienflug der Crossair nach Nürnberg. Bereits am 9. Juli konnte sie mit der Swissair Zusammenarbeitsverträge abschließen, die – unter Wahrung der Unabhängigkeit – die Integration des Angebotes in das weltweite Reservationssystem der Swissair und die Abfertigung der Flüge durch die Swissair beinhalteten. Am 1. August wurde sie Mitglied der IATA. Anfang Dezember reichte sie beim Bundesamt für Zivilluftfahrt das Gesuch zur Erteilung neuer Linienkonzessionen ein, nämlich von Zürich nach Turin, Venedig, Lugano und Hannover, von Genf nach Turin, Lugano und Lyon, von Basel nach Mailand und Düsseldorf und von Bern nach Paris. Im Februar darauf folgte die schon erwähnte Flugzeugbestellung. Im Mai wurde das Aktienkapital von den bisherigen 4 Mio. auf 8 Mio. sfr erhöht.

Hanson

Die Gründung von Hanson PLC geht auf das Jahr 1964 zurück, als die beiden englischen Transportunternehmen Oswald Tillotson mit ihrem Chairman James Edward Hanson, heute Lord Hanson, und Chief Executive Officer (Vorstandsvorsitzender) Gordon White, heute Sir Gordon White, mit der Wiles Group fusionierte. Lord Hanson wie auch Sir Gordon wurden in die Geschäftsleitung der Wiles Group berufen, und ein Jahr später ernannte man Lord Hanson zum Chairman. Da der traditionelle Geschäftsbereich wenig Entwicklungsmöglichkeiten bot, waren sich beide einig, die Wiles Group in eine Industrieholding zu verwandeln. 1965 wurde Sir Gordon Whites Familienunternehmen Welbecson, ein Verlags- und Druckereigeschäft, übernommen und 1969 der Name der Holding in Hanson Trust geändert. Nach dem Verkauf der Transportunternehmen folgten weitere Akquisitionen, so daß die Gesellschaft 1970 in folgenden Geschäftsbereichen aktiv war: Agroprodukte, Baumaterialien/-ausrüstung, Verlag/Druck. 1973 vollzog Hanson Trusts national ausgerichtete Akquisitionspolitik eine Wende. Eine Gruppe von Hanson-Managern unter der Leitung von Sir Gordon White baute in den USA nach britischem Vorbild eine Industriegruppe auf, die im Jahre 1988 über 40% zum Gruppengewinn beisteuerte. Heute erzielt das Unternehmen, das sich nun Hanson PLC nennt, einen Gesamtumsatz von 7,4 Mrd. £ und führt bekannte Firmen wie Imperial Tobacco, Kaiser Cement, Kidde Inc., Smith Corona Corporation, Allders Limited, London Brick Comp. und SCM Chemicals in ihrem Portefeuille.

Nutzenpotential

Undermanaged companies

Die Basisindustrien kämpften im Großbritannien der fünfziger und sechziger Jahre mit verschiedenen Schwierigkeiten. Im internationalen Wettbewerb verfügten die Unternehmen über eine schwache Position und wiesen eine ungenügende Produktivität aus. Für junge Nachwuchskader boten die Basisindustrien wenig Anreize, und da sich zahlreiche Unternehmen in Familienbesitz befanden, verschärfte sich das Führungsproblem zusätzlich. Obwohl diese Unternehmen zumeist über umfangreiche Vermögenswerte verfügten, lag der Buchwert normalerweise – unter anderem inflationsbedingt – weit unter dem Substanzwert. Diese Konstellation machten sich Lord Hanson und Sir Gordon White zunutze, indem sie in rascher Folge eine Vielzahl von »undermanaged companies« akquirierten. Durch rigorose Restrukturierungsmaßnahmen gewannen diese Unternehmen sehr schnell an Wert, so daß sie komplett oder in Teilen mit Gewinn wieder veräußert werden konnten. Das Nutzenpotential »Restrukturierung von ›undermanaged companies‹« konnte allerdings nur in Verbindung mit einem hochentwickelten Akquisitions- und Restrukturierungs-Know-how und innovativen Finanzierungsformen erschlossen werden. Das folgende Beispiel soll dieses Wechselspiel veranschaulichen.

Hanson PLC operiert in gesättigten Absatzmärkten. Die Akquisition und Restrukturierung von »undermanaged companies« vorwiegend sowohl in Großbritannien als auch in den USA ermöglicht gleichwohl eine dynamische Unternehmensentwicklung.

Der Fall Imperial Tobacco
Am 9. 12. 1985 meldeten die Zeitungen, daß die britische Industrieholding Hanson Trust ein aus Eigenmitteln finanziertes Übernahmeangebot von 1,9 Mrd. £ für den Zigaretten- und Konsumgüterproduzenten Imperial Group unterbreitet hatte. Hanson geriet aber mit seinem »competitive bid« in Konkurrenz zu einer von der Imperial-Geschäftsleitung bevorzugten Offerte der Nahrungsmittelgruppe United Bisquits und erhöhte daher das Angebot und zahlte nach gewonnenem Übernahmekampf 2,5 Mrd. £.
Nach der Akquisition konzentrierten sich die Restrukturierungsmaßnahmen auf die drastische Reduktion der Verwaltungskosten, die Aufteilung der zentralen Administration und den Ersatz des zentralen Topmanagements durch eine dezentrale Führung mit Erfolgsverantwortung. Die Financial Times vom 5. 8. 1988 konnte mitteilen, daß von den 1 060 Arbeitsplätzen nach der Restrukturierung im Head-Office nur noch 260 existierten. Diese Aufteilung der zentralen Führung brachte Ersparnisse im Betrag von 25 Mio. £. Das repräsentative Verwaltungsgebäude an bester Lage im Zentrum Londons wurde aufgegeben, und auch im Sortiment und in der Absatzorganisation wurden Bereinigungen durchgeführt, so daß die Schlagkraft von Imperial Tobacco markant gesteigert werden konnte. Bis 1988 wurden Unternehmensteile im Gesamtwert von rund 2,2 Mrd. £ veräußert.

Multiplikation

Die Firma Hanson sieht in der Akquisition von Unternehmen keinen Sonderanlaß, sondern betrachtet sie als Kernpunkt ihrer Geschäftsaktivität.
Hanson PLC multipliziert den Prozeß der Akquisition und Restrukturierung konsequent. Um eine reibungslose Multiplikation zu erreichen, wird dieser Prozeß weitgehend standardisiert. Ein Akquisitions- und Restrukturierungsprojekt läuft grundsätzlich in folgenden Phasen ab:

- *Evaluation/Analyse:* Das Interesse Hansons an einem potentiellen Übernahmekandidaten wird in der Regel durch Übernahmeofferten an die Aktionäre, Fusionsvereinbarungen, Verkaufsofferten oder Presseberichte geweckt. Bei einer freundlichen Übernahme kann der Übernahmekandidat unter Umständen durch eine Gruppe externer Berater auf Substanzwert, Cash-flow, Organisationsstruktur und Entflechtungsmöglichkeiten analysiert werden.

- *Entscheid:* Bei Übereinstimmung mit den Anforderungskriterien für potentielle Hanson-Gesellschaften fällt Hanson den Akquisitionsentscheid.
- *Kauf/Finanzierung:* In den USA zählt Hanson zu den Pionieren der »Leveraged-Buyout«-Finanzierung. In England erfolgt die Finanzierung neben der traditionellen Aufnahme von Fremdkapital vor allem durch Aktientausch.
- *Unternehmensanalyse:* Bei einer »unfreundlichen Übernahme« wird in Zusammenarbeit mit externen Beratern das akquirierte Unternehmen auf sein Restrukturierungspotential hin untersucht.
- *Restrukturierungsmaßnahmen:* In der Regel sind die Restrukturierungsmaßnahmen wie z. B. Reorganisation der Führungsstrukturen oder Entflechtungen innerhalb von sechs Monaten nach erfolgter Akquisition abgeschlossen.

Dieser Akquisitions- und Restrukturierungsprozeß wurde in Großbritannien bis Anfang 1988 in 19 Transaktionen und 11 Sell-offs und in den USA in 10 Transaktionen mit 28 Sell-offs multipliziert.

Promotor

Die überaus erfolgreiche Entwicklung Hansons ist eng mit den Persönlichkeiten der beiden Firmengründer Lord Hanson und Sir Gordon White verbunden. Lord Hanson entstammt einer Familie aus Yorkshire, der verschiedene Transportunternehmen gehörten, die jedoch zum größten Teil nach dem Zweiten Weltkrieg verstaatlicht wurden. In den fünfziger und sechziger Jahren sah er sich einer weitgehend leistungsschwachen englischen Industrielandschaft gegenüber. Lord Hanson versuchte aktiv, einen Beitrag zu ihrer Gesundung zu leisten, ohne aber von der Vision getrieben zu sein, ein Industrieimperium aufzubauen. Als er Mitte der sechziger Jahre sah, daß in der

Eine Vereinheitlichung zahlreicher Bereiche und Prozesse gibt Hanson PLC die Möglichkeit zur Multiplikation. Das Akquisitions- und Restrukturierungsgeschäft wird als Stammgeschäft angesehen und nicht unter »Sonderanlässe« verbucht.

Übernahme und Restrukturierung ein riesiges Wertschöpfungspotential lag, konzentrierte er seine Geschäftsaktivitäten auf diesen Bereich. Lord Hanson verfügt zweifelsohne über eine besonders charismatische Ausstrahlung. Diese glückliche Gabe zusammen mit dem großen Vertrauen in seine Mitarbeiter und der damit verbundenen Delegations- und Motivationsfähigkeit halfen ihm, Hanson PLC zum heute fünftgrößten Unternehmen Großbritanniens aufsteigen zu lassen. Sir Gordon White, der langjährige Freund Lord Hansons, baute innerhalb nur weniger Jahre die US-Aktivitäten der Hanson-Gruppe, Hanson Industries, auf. Resigniert von der politischen Situation Englands, dem Sozialismus und der Gewerkschaftsmacht, hatte Sir Gordon nach einem neuen Betätigungsfeld gesucht. 1973 verlegte er seinen Wohnsitz nach New York und baute mit einem Startkapital von 3 000 $ (mehr Devisen durften zu jener Zeit nicht eingeführt werden) durch Leveraged-Buyout-Finanzierung einen Konzern mit einem Umsatz von über 5,4 Mrd. $ im Jahre 1988 auf. Das Führungsteam Hanson/White ergänzt sich auf ideale Weise. Während Sir Gordon White ein brillanter Verhandlungstaktiker mit einer ausgeprägten Überzeugungsgabe ist, schreibt man Lord Hanson vor allem die visionäre Kraft zu. Zusätzlich verfügt er erwiesenermaßen über ein ausgesprochenes Organisationstalent. Lord Hanson ist heute 67 und Sir Gordon White 66 Jahre alt. Ihr Managerteam muß nach deren Ausscheiden aus der Führung den Beweis erbringen, daß es die dynamische Entwicklung der letzten 25 Jahre fortsetzen kann.

Unternehmenskonzept

Obwohl Hanson PLC von manchem Betrachter auf den ersten Blick als ein unübersichtliches Industriekonglomerat angesehen wird, verfügt das Unternehmen über ein klar definiertes Konzept, dessen Richtlinien konsequent angewendet werden. Jedes potentielle Akquisitionsobjekt muß folgende Anforderungen erfüllen, bevor Hanson mit einer Offerte die Übernahme einleitet:

- Engagement in einer Basisindustrie
- Kein Engagement in Hochtechnologie

- Kein Engagement im Dienstleistungssektor
- Mit Vermögenswerten gut ausgestattet
- Voraussehbare Cash-flow-Entwicklung
- Möglichkeit zur zügigen Restrukturierung

Die meisten Hanson-Gesellschaften sind in reifen und stagnierenden Märkten aktiv. Damit wird es möglich, die Restrukturierungsmöglichkeiten und -risiken genau abzuschätzen.

Strukturen

Flache Organisationspyramide

Hanson verfügt über eine sehr flache Organisationsstruktur. Sir Gordon White steht in den USA als Chairman Hanson Industries vor, während Lord Hanson als Chairman die Geschicke von Hanson PLC in Großbritannien leitet. Bereits auf der zweiten Managementebene tragen die Directors Erfolgsverantwortung. Hanson verfügt nur über sehr kleine Stäbe.

Die Restrukturierungsmaßnahmen zielen unter anderem darauf ab, die Hanson-Gesellschaften in ihren Organisationen flacher zu gestalten und die operationelle Verantwortung auf die oberste Managementebene zu verlegen.

Führungsstruktur

Hanson läßt den einzelnen Gesellschaften weite Freiräume, was Unternehmensstrategie und funktionale Operationen anbetrifft. Die Holding erfüllt folgende zentrale Aufgaben: Firmenübernahmen, Cash-Management und Finanzierung, finanzielle Überwachung der Tochtergesellschaften und strikte Ausgabenkontrolle. Die Vorstandsvorsitzenden rapportieren wöchentlich, wobei sich das Kennzahlensystem auf Gewinn vor Steuern und Budgetabweichungen konzentriert. So konsequent operationale Verantwortung und Kompetenz delegiert werden, so straff und unnachgiebig ist dagegen die finanzielle Überwachung der Gesellschaften; beispielsweise kann der Vorstandsvorsitzende einer Hanson-Tochtergesellschaft außerhalb des Budgets lediglich Ausgaben bis zu 2 000 £ tätigen.

Lord Hanson und Sir Gordon White ergänzten sich in ihren Fähigkeiten und ihrer Persönlichkeit nahezu ideal. Eine klare Konzeptionierung, flache Organisation und weitgehende Autonomie der einzelnen Gesellschaften sind für Hanson charakteristisch.

Mitarbeiterführung

Erfolg motiviert. Dieser selbstverstärkende Prozeß trifft bei Hanson in besonderem Maße zu. Der Stolz auf die eigenen Leistungen war in allen Gesprächen herauszuhören. Daneben fördert Hanson die Motivation der Mitarbeiter durch:

- *Weitgehende Delegation von Kompetenzen.* Nach der Restrukturierung fanden es zahlreiche Spitzenkräfte von Tochtergesellschaften übernommener Konzerne befreiend, ihr Unternehmen ohne restriktive Einflußnahme zentraler Konzernstäbe zu führen.
- *Anreize und finanzielle Beteiligung am Unternehmen.* Die Vergütung eines Hanson-Managers setzt sich aus drei Komponenten zusammen. Neben einem Grundsalär, das den marktüblichen Gehaltszahlungen entspricht, erhält er einen Bonus entsprechend der Rentabilität des in seiner Gesellschaft eingesetzten Kapitals. Dieser Anteil übersteigt nicht selten das Grundsalär. Die dritte Komponente besteht aus Aktienoptionen der Muttergesellschaft Hanson PLC. Auf die über 700 Spitzenmanager der Gruppe sind 50,3 Mio. Aktien verteilt.
- *Kurze Kommunikationswege.* Probleme werden rasch innerhalb der beteiligten Parteien erörtert. Informationen werden quer ausgetauscht. Diese offenen Kommunikationswege sind möglich, da das Hierarchiesystem bewußt reduziert ist.

Zeit

Der Erfolg eines Akquisitionsprojekts hängt maßgeblich von der raschen Reaktionszeit und der Flexibilität des Offertstellers ab. Beispielsweise konnte Hanson für die Finanzierung der Übernahme von Kidde in nur 4 Tagen über 7 Mrd. $ beschaffen. Hanson erreicht dieses rasche Handlungsvermögen durch die bereits erwähnten flachen Strukturen und die informellen Kommunikationswege. Dadurch ist es Hanson auch möglich, in aller Regel den Zeitraum von der ersten Analyse eines Akquisitionsobjekts bis zur erfolgten Restrukturierung auf 6 Monate zu beschränken.

Risiko
Lord Hanson und Sir Gordon White haben in der Vergangenheit mehrfach bewiesen, daß sie bereit sind, Risiken einzugehen. Die Unsicherheiten werden aber genauestens kalkuliert. Klare Zielsetzungen und strikte Handlungskriterien bei der Auswahl von Übernahmekandidaten reduzieren das Risiko erheblich. Ausschlaggebend für die definitive Entscheidung ist stets das Ergebnis einer »Downside-Risk«-Analyse. Der Erfolg liegt also keineswegs in einer Hasardeurstrategie begründet, sondern vielmehr in einem pragmatischen Eingehen kalkulierter Risiken.
Zusammenfassend können wir feststellen, daß Hanson das Dynamik-Prinzip in mehrfacher Hinsicht anwendet: Zwei starke Promotoren erschließen aktiv und multiplikativ ein attraktives Nutzenpotential, das sie in der Form der Restrukturierung von »undermanaged companies« gefunden haben.

IKEA

Der Name IKEA ist zusammengesetzt aus den Anfangsbuchstaben von Ingvar Kamprad, der auf dem Hof Elmataryd im südschwedischen Agunnaryd lebt. Dieses Unternehmen nahm seinen Anfang als Handelsfirma mit Gemischtwarencharakter im Småland. Die Firma entwickelte sich im Verlaufe der Zeit zum Versandhaus, bis Kamprad 1950 in Älmhult eine stillgelegte Tischlerei übernahm. 1953 öffnete das erste Ausstellungslokal seine Tore. Vier Jahre später erfand Kamprad die in handliche Pakete verpackten montierbaren Möbel. Diese Idee legte den Grundstein seines außergewöhnlichen Erfolges. Im Jahre 1958 eröffnete Kamprad das erste Einrichtungshaus mit einer Fläche von 13 000 Quadratmetern.
Dreißig Jahre später, 1988, ist IKEA ein Möbelkonzern mit 83 Verkaufshäusern, vertreten in 20 Ländern. 13 500 Mitarbeiter erwirtschaften einen Umsatz von 14,5 Mrd. skr.
IKEA schafft heute einen bedeutenden Nutzen für seine Bezugsgrup-

Durch den Erfolg des Unternehmens, sinnvolle Kompetenzdelegation, Mitarbeiterbeteiligung und gut funktionierenden Kommunikationsfluß ist die Motivation garantiert. Eine »Downside-risk«-Analyse sichert die notwendige Risikobereitschaft ab.

pen. Dies zeigt einer der Leitsätze: »IKEA soll ein breites Sortiment formschöner und funktionsgerechter Einrichtungsgegenstände zu Preisen anbieten, die so günstig sind, daß möglichst viele Menschen sie sich leisten können.« Die Käufer profitieren von über 11 000 günstig angebotenen Produkten im Sortiment des »verrückten Möbelhauses aus Schweden«. Mit IKEA-Möbeln kann man sich bei jedem Einkommen einrichten. Lieferanten in der ganzen Welt profitieren von ihren Abnahmeverträgen. Nicht zuletzt ist IKEA infolge des ganz anderen Arbeitsstils für die Mitarbeiter hoch attraktiv.

Nutzenpotential

Nutzenpotential Möbelmarkt

Kamprad erkannte das Potential für günstige und dennoch formschöne, qualitativ hochwertige Möbel, das durch die traditionellen Möbelhersteller mit ihren relativ hohen Preisen nicht erschlossen wurde. Er sah den Nutzen, den er seinen Kunden mit günstigen Einrichtungsgegenständen stiften konnte. Mit dem abgerundeten System des Möbelhauses, aufgebaut auf einer Vielzahl von zündenden Ideen, erschloß er dieses Nutzenpotential.

IKEA-Möbel sind geprägt durch Einfachheit und Funktionalität. Ihr fröhlicher schwedischer Stil mit bunten jugendlichen Farben spricht nicht nur die junge Generation an. Zudem erbringt das Unternehmen gute qualitative Leistungen zu niedrigen Preisen. »Wir haben keinen Respekt vor einer Lösung, bevor wir wissen, was sie kostet.«

IKEA nutzte alle Vorteile gegenüber der Konkurrenz. In der Schweizer Möbelbranche beispielsweise vertraute man dem individuellen Geschmack des Kunden und nahm den gleichmacherischen Schweden nicht ernst. Doch auch der sehr konservative schweizerische Kunde fand Gefallen an den günstigen Preisen und akzeptierte den neuen schwedischen Möbelstil. Der Elch, das Firmenlabel, revolutionierte den Markt.

Eine ganz entscheidende Idee war die Umkehrung des Versandhauskonzeptes. Kamprad hatte von Anfang an einen Katalog seiner Produkte herausgegeben. Damals lieferte er Bestellungen mit dem Milchwagen der Dorfmolkerei von Agunnaryd aus. Als dieser seine Route änderte, mußte Kamprad ein neues Vertriebsmittel finden. Er entdeckte es auch: nämlich den Kunden selbst. Er lieferte nicht mehr aus, sondern ließ den Kunden seine Möbel im Ausstellungslokal abholen. Den absolut durchschlagenden Erfolg erhielt dieses einfache Konzept, als Kamprad begann, montierbare Möbel in flachen Paketen zu verkaufen. Bei der Einführung 1956 erbrachte das sofort eine Verdoppelung des Umsatzes auf 17 Mio. skr. Diese revolutionäre Idee der platzsparend verpackten und deshalb gut zu transportierenden Möbel wurde eines der wichtigsten Elemente im System der IKEA.

Nutzenpotential Beschaffung
Um günstige Möbel verkaufen zu können, suchte Kamprad neue Möglichkeiten. Er kaufte anfangs überwiegend Möbel von schwedischen Fabrikanten. Nicht zuletzt aufgrund eines Boykotts durch diese suchte er nach neuen Beschaffungsalternativen. Er wechselte vom Kauf angebotener Möbelserien zur selbstbestimmten Auftragsfertigung. Dabei erschloß er ein wichtiges Beschaffungspotential: Er vergab Bestellungen nach Dänemark, in die ČSSR, die DDR, nach Polen und sogar nach Taiwan und schaffte es, besonders im Ostblock sehr günstige Lieferanten zu finden.
Heute unterhält IKEA Kontakt mit 1500 Lieferanten in 40 Ländern. Die Hälfte der Einkäufe stammt aus Skandinavien, je ein Fünftel aus dem Ostblock und dem übrigen Europa.

Nutzenpotential Mitarbeiter
Kamprad fand einen sehr von seiner Persönlichkeit geprägten Stil, mit seinen Mitarbeitern umzugehen. Das Arbeiten bei IKEA ist völlig andersartig als in anderen Unternehmen. So hat Kamprad als erster in Schweden das Duzen im Betrieb eingeführt. Jeder spricht jeden im Konzern wie einen Freund an. Auch der Gründer selbst hat sich davon nicht ausgeklammert. Es besteht kein Krawattenzwang, und jeder kleidet sich so, wie es ihm bequem ist. Freiheit wird also als ein Teil des

Schöne, der Funktion entsprechende und zugleich preiswerte Möbel, daneben ein neues Beschaffungskonzept sowie die Umkehrung des Versandhausprinzips und eine neuartige Verpakkung bilden die Eckpfeiler der Firmenstrategie von IKEA.

Mitarbeiterkonzeptes verstanden. Ebenso verzichtet man bei IKEA grundsätzlich auf Titel. Die Personalkantinen werden von allen Mitarbeitern genutzt, es gibt keine Direktionsmessen. Das Arbeitsklima bleibt frei von harten Instruktionen und Disziplinierungsmaßnahmen.
Für Kamprad ist es sehr wichtig, daß die Führung nicht den Kontakt zum eigentlichen Geschäft verliert. Daß er selbst häufig im Möbelhaus nach dem Rechten sieht, wird nach den obigen Schilderungen verständlich. Zusätzlich gibt es für alle Manager bis an die Direktionsspitze die »Bürolistenwoche«. Direktoren und Sachbearbeiter haben während dieser Zeit im Lager und im Verkauf der Möbelhäuser zu arbeiten und führen dort die normalen Tätigkeiten eines Lageristen oder Verkäufers aus.

Multiplikation

Das Wachstum von IKEA beschränkte sich anfangs nur auf Skandinavien. Nach der Gründung dauerte es vorerst 15 Jahre, bis das erste Einrichtungshaus als Systemprototyp stand. Erst nach weiteren 7 Jahren, 1965, folgte das zweite, heute noch größte Haus in Stockholm. Nun setzte in rascher Folge der Multiplikationsprozeß in Skandinavien ein, so daß man 1972 bereits über 8 Filialen verfügte.
Mit der Ausweitung des Geschäftes auf andere Länder in Europa setzte die Dynamik dann erst richtig ein. Der Entscheid, außerhalb Skandinaviens zu multiplizieren, wurde sehr pragmatisch gefällt. Kamprad lehnte eine lange und komplizierte Marktanalyse ab. Statt dessen reiste er eine Woche nach Österreich und sein Stellvertreter in die Schweiz. Mit persönlichen Umfragen vor Ort versuchten sie, die Bedürfnisse abzuklären und einen idealen Standort zu finden. Beide kehrten mit genauen Vorstellungen nach Hause zurück. In der Schweiz entschied man sich für Spreitenbach in der Nähe von Zürich. Sollte es gelingen, in einem zurückhaltenden Markt wie der Schweiz Fuß zu fassen, sollte auch das übrige Europa für die IKEA-Idee zugänglich sein. Spreitenbach wurde ein durchschlagender Erfolg. Ganz Europa stand damit für IKEA offen!

Zwischen 1974 und 1984 weitete Kamprad das Verkaufsnetz um 56 Möbelhäuser in insgesamt 17 Ländern aus. Der Umsatz vervielfachte sich auf 6,77 Mrd. skr. Im Jahre 1988 erwirtschaftete man schließlich in 75 Niederlassungen in 20 Ländern einen Umsatz von 14,5 Mrd. skr. Die weitere Entwicklung ist heute noch nicht absehbar. IKEA setzt weit über 80% in Europa um, allerdings gut 57% in Skandinavien und der Bundesrepublik Deutschland, wobei das Unternehmen nicht einmal in allen europäischen Ländern vertreten ist. Es hat sich aber bereits auf 5 Kontinenten etablieren können, und die Expansionsmöglichkeiten scheinen weiterhin unbegrenzt zu sein. Kamprad steht zur Zeit sogar in Verhandlungen, ein IKEA-Haus in Moskau zu bauen.

Der Promotor

Ingvar Kamprad, der große Selfmademan, verfügt über eine ganz eigene Ausstrahlung. Er arbeitet gemeinsam mit seinen Mitarbeitern in einem einfachen Großraumbüro in Aubonne in der Westschweiz. Sein Arbeitsplatz ist von einem anderen nicht zu unterscheiden, denn diese Art zu arbeiten entspricht völlig der Philosophie Kamprads, die sich in seiner Haltung widerspiegelt: »Ich bin ja auch nicht mehr als ein Angestellter.«

Er verkörpert echt gelebte Bescheidenheit. Und Demut verknüpft Kamprad mit der Idee des Mangels. Mangel sei äußerst wichtig, so meint er. Mangel schafft den Drang, etwas zu leisten, läßt es nie so weit kommen, daß man sich mit dem Erreichten zufriedengibt. »Verschwendung ist Todsünde.« Deshalb sorgt Kamprad auch immer dafür, daß Mangelsituationen entstehen, die zur Kreativität anregen. Er selbst fuhr beispielsweise jahrelang einen alten Volvo, obwohl er über genügend Mittel verfügt hätte, sich ein ganz anderes Fahrzeug zu leisten.

Im Jahre 1986 trat Ingvar Kamprad als Konzernchef zurück und überließ die Führung dem jungen Anders Moberg. Seither ist er pro forma pensioniert, arbeitet aber trotzdem weiter und kümmert sich nebst seinem Mandat als Verwaltungsrat um die Produktentwicklung und den Einkauf.

Eine offene, vertrauensvolle Atmosphäre, in der der Kontakt zwischen allen Ebenen großgeschrieben wird, bilden die Basis der Strategie bei der Mitarbeiterführung. IKEA multiplizierte sein Geschäft erfolgreich sowohl in Europa als auch weltweit.

Unternehmenskonzept

Kamprad verwob zwei wesentliche Gedanken in das Unternehmenskonzept. Auf der einen Seite stellt man einen unbändigen Tatendrang fest. Freude an der Arbeit und die Bereitschaft, Neues anzunehmen, werden als zentral betrachtet. Verantwortung paart sich mit dem Zugeständnis, jeder dürfe Fehler machen. Auf der anderen Seite steht seine Philosophie der Einfachheit. Darin liegt auch das Kostenbewußtsein begründet. In den Produkten spiegelt sich dies wider: »Wegwerfartikel passen nicht zu IKEA . . . Aber die Qualität darf nicht zum Selbstzweck werden. Sie muß dem Bedarf des Benutzers angepaßt sein.« Überall da wird gespart, wo es möglich ist.
Aus diesen zwei Grundideen entwickelt sich »IKEAs eigener Weg«. Dies dokumentiert der sechste Leitsatz: »Dynamik und Experimentierfreude werden uns immer vorwärts führen. ›Warum‹ bleibt ein wichtiges Schlüsselwort.«
IKEA feiert wohl auch deswegen mit dem speziellen System Erfolge, weil jedes der Möbelhäuser in sich stimmig ist. So einfach und schlicht sich ein solches präsentiert, besteht doch stets eine ästhetische Note, die dem gesamten Unternehmen einen sympathischen Grundcharakter verleiht.

Strukturen

Die einzelnen Verkaufshäuser sind Landesorganisationen unterstellt, die von einer kleinen Konzernführung in Dänemark geleitet werden. In Älmhult befindet sich die Zentrale für Produktentwicklung und Sortimentfragen. Die einzelnen Häuser sind als Profit-Center organisiert. Sie haben ein bestimmtes Grundsortiment zu führen. Darüber hinaus besteht die Möglichkeit, weitere Artikel hinzuzunehmen.

Risiko

Der Aufbau des IKEA-Konzerns erfolgte sehr planmäßig und risikobewußt. Wie dargestellt, dauerte es fast bis 1972, bis man mit großem Schwung durch das erste Haus außerhalb Skandinaviens das IKEA-System multiplizierte. Lange Phasen des Systemaufbaus waren die-

sem Prozeß vorausgegangen. Dieses umsichtige Vorgehen erscheint rückblickend als eine Maßnahme kluger Risikobegrenzung.
Finanziell vertraut man bei IKEA nur auf die eigene Stärke. Das Unternehmensvermögen gehört einem komplizierten Geflecht von IKEA-Stiftungen in der ganzen Welt. Dabei verfolgt der Konzern eisern die Devise der Selbstfinanzierung. Dadurch wird der Wachstumsprozeß zwar geringfügig gedämpft, andererseits aber das Risiko wesentlich reduziert.

Ingvar Kamprad, der Gründer von IKEA, überzeugte durch seine ehrliche Bescheidenheit und seine Philosophie der Einfachheit und Sparsamkeit. Ein konsequentes Hinterfragen bestehender Lösungen verbunden mit Risikobewußtsein prägte die Kreativität.

Anmerkungen

Prolog

1 Hirn (Warten auf Krieg) 67.

1. TEIL, Kapitel 1

1 Ulrich spricht in diesem Zusammenhang von Institutionen, »... die irgendwelche Ansprüche an das Unternehmen stellen oder stellen könnten«. Ulrich (Unternehmungspolitik) 66.
2 Vgl. dazu die Strategie von Hanson im Anlagebericht von CIBC Securities Europe Limited, A Share for Uncertain Times, January 1988, 12 f.
3 Vgl. dazu z. B. Peters/Waterman (Excellence) im Text: A Bias for Action; Mills (New Competitors); Bright (Fast Lane); Tichy/Devanna (Leader).
4 Vgl. auch den Beitrag von Pleitner zur Rolle des Dynamik-Promotors in New-Venture-Unternehmen: Pleitner (Entrepreneurs) 34–43.

1. TEIL, Kapitel 2

1 Ulrich (Unternehmung) 153–155.
2 Vgl. dazu Porter (Competitive Strategy); Pümpin (Strategische Führung); Abell (Business); Lorange (Strategic Planning); Gälweiler (Unternehmensführung); Hinterhuber (Unternehmensführung); Kirsch/Roventa (Management), insbesondere der Beitrag von Kirsch/Trux (Marketing), 43–63; Pleitner untersucht Excellence-Faktoren für Klein- und Mittelunternehmen in: Pleitner (Erfolgsfaktoren) 14–25.
3 Vgl. dazu Porter (Corporate Strategy) 43–59.
4 Bleicher/Meyer (Führung) 19.
5 Bleicher/Meyer (Führung) 19.
6 Gälweiler (Unternehmensführung) 26.
7 Gälweiler (Unternehmensführung) 26.
8 Pümpin (Erfolgspositionen) 34.
9 Vgl. Hamilton (Drug) 46–51.
10 Vgl. z. B. Freudenmann (Planung) 8, Schelker (Problemlösungsmethoden) 59.

11 Vgl. Greiner (Evolution) 7–15.
12 Die Namen wurden aus Vertraulichkeitsgründen geändert.
13 Naisbitt (Megatrends) 159 ff.
14 Es handelt sich dabei um folgende Publikationen: Merriam/Makover (Trend Watching); Naisbitt (Megatrends).
15 Vgl. Wall Street Journal (Glutted Markets) 1.
16 Vgl. Tapie (Gagner).
17 Vgl. dazu Winteler (Strukturwandel) 31.
18 Das Handwörterbuch der Betriebswirtschaft, Stuttgart 1974, definiert die Wertschöpfung auf S. 570 als Differenz zwischen Gesamtleistung (Erlöse +/– Lagerveränderungen + sonstige aktivierte Eigenleistungen und Zinserträge) und den Vorleistungen anderer Unternehmen zuzüglich Abschreibungen und Kostensteuern.
19 Vgl. dazu z. B.: Ohmae (Triad Power) 35 ff., Levitt (Globalization) 92 ff., Levitt (Imagination) 20–49, Casson (Recent Trends) 215–376.
20 Vgl. Finneran (English Language) 9 ff.
21 Vgl. Percy/McMinn (Biggest Market) F2.
22 Vgl. Kirkland (Outsider) 121 ff.
23 Vgl. Mayo (Developments) 499 ff.
24 Vgl. Mayo (Developments) 499 ff.
25 Vgl. Suplee (Computer Design).
26 Vgl. Amato (Microtool) C3.
27 Vgl. z.B. Robertson/Achilladelis/Jervis (Success).
28 Peters (Chaos) 198.
29 Vgl. Mayo (Developments) 499 ff.
30 Ramirez (Old Workers) 107 ff.
31 Maccoby (Self-Developers) 50 ff.
32 Vgl. dazu Cetron (21st Century) 29 ff.
33 Vgl. dazu Cetron (21st Century) 29 ff.
34 Fowles (Coming) F3.
35 Myers (Writing) 190 ff.
36 Turner (Ambitions) 11 ff.
37 Turner (Ambitions) 11 ff.
38 Meffert (Marketing) 186. Weinhold differenziert zwischen den Begriffen Marktkapazität und Marktpotential wie folgt: Die Marktkapazität ist die (physische) Aufnahmefähigkeit des Marktes, die sich aus der Anzahl der Bedürfnisträger und der durchschnittlichen Verwendungsintensität ergibt. Das Marktpotential berücksichtigt zusätzlich die Kaufkraft und den Preis. Vgl. Weinhold (Marketing) 75, 79.
39 Vgl. Wehrli (Marketing) 63.
40 Vgl. Peters/Waterman (Excellence) 156 ff., 292 ff.
41 Vgl. Belz (Konstruktives Marketing) 34 ff., 187 ff.

42 Die Management Enzyklopädie definiert auf S. 823 Innovation als: »...das Schaffen und Durchsetzen von Veränderungen innovativen Charakters... Sie (technologische Innovationen) treten als neue Produkte oder Produktgenerationen, neue Software, neue Systeme oder neue Produktionsverfahren in Erscheinung.«

1. TEIL, Kapitel 3

1 Vgl. Siegwart/Caytas/Mahari (Financial Design) 44.
2 Vgl. Borner (Unternehmungsführung) 18 f.
3 Vgl. Peters/Waterman (Excellence) 156 ff. Die Kundenorientierung definieren Peters/Waterman als »Maßschneiderei« (»tailoring«). Die Kundschaft eines Unternehmens wird so lange in Segmente aufgeteilt, bis spezifische Produkte und Dienstleistungen maßgeschneidert werden können. Vgl. Peters/Waterman (Excellence) 182.
4 Vgl. Henderson (Erfahrungskurve) 19.
5 Vgl. Peters/Waterman (Excellence) 308 f., 314, 316; Pümpin (Erfolgspositionen) 173.
6 Theoretisch müßte man noch die Elementmultiplikation anführen, bei welcher beispielsweise ein Produkt oder ein Werbeprospekt multipliziert werden. Alle Elemente werden jedoch in Prozessen erzeugt, weshalb im folgenden der Prozeßbetrachtung der Vorzug gegeben wird.
7 Auf Wunsch des Unternehmens wird hier ein Phantasiename verwendet.
8 Vgl. dazu Abell (Business) 223–227.

1. TEIL, Kapitel 4

1 Vgl. dazu Porter (Nations).
2 Vgl. Kotter (General Managers) 34 ff.
3 Wunderer/Grunwald (Führungslehre) 113.
4 Vgl. Bennis/Nanus (Leaders); Hornstein (Courage); Kotter (Power); Kotter (General Managers); Kouzes/Posner (Leadership); Moss-Kanter (Change Masters).
5 Im englischen Original: »Leaders make others feel like owners, not like hired hands.« Kouzes/Posner (Leadership) 131.
6 Im englischen Original: »Chaotic action ist preferable to orderly inaction.« Peters/Waterman (Excellence) 134.
7 Vgl. dazu die ausführliche Kritik an diesem Forschungsansatz in: Wunderer/Grunwald (Führungslehre) 122 ff.
8 Carlzon (Customer) 39–51.

2. TEIL, Kapitel 1

1 Vgl. Porter (Competitive Advantage) 37.
2 Vgl. Abell (Business) 29.
3 Wenn hier speziell das obere Management hervorgehoben wird, so vor allem deshalb, weil dieses in vielen statischen Unternehmen bewußt oder unbewußt den eigenen Nutzen maximiert. Dies kommt darin zum Ausdruck, daß das ganze Trachten und Handeln darauf ausgerichtet ist, die eigene Position zu verteidigen. Oft werden aber auch unangenehme Entscheide wie Restrukturierungen usw. hinausgeschoben. Diese Flucht vor unangenehmen Entscheiden stellt natürlich nichts anderes als einen Nutzen dar, den das Topmanagement aus dem Unternehmen zieht.
4 Auf diesen Punkt werden wir weiter unten noch eingehend zu sprechen kommen.
5 Vgl. z.B. Rappaport (Shareholder Value).
6 Levitt (Marketing Myopia) 45–56.
7 Vgl. z.B. Quinn (Innovationsmanagement) 24–32; Peters (Chaos) 191 ff.: Hinterhuber (Unternehmensführung) 88 ff.; Foster (Innovation); Goldsmith/Clutterbuck (Winning Streak) 160 ff.
8 Vgl. Quinn (Innovationsmanagement) 28.
9 Vgl. Ansoff (Corporate Strategy) 109.
10 Vgl. Argenti (Corporate Collapse) 76 ff.
11 Vgl. Whitney (Turnaround Management) 49–55; Bibeault (Turnaround) 203–307; Siegwart/Caytas/Mahari (Turnaround Management).
12 Rappaport (Shareholder Value) 76.
13 Vgl. Pümpin (Erfolgspositionen) 34.
14 Vgl. z.B. Pümpin (Strategische Führung); Hrebiniak/Joyce (Strategy) 2 ff.; Vancil/Lorange (Planning) 81–90; Lorange/Vancil (Planning System) 75–81.
15 Drucker (Management) 74 ff.
16 Foster (Innovation) 139 ff.

2. TEIL, Kapitel 2

1 Bleicher (Unternehmenspolitik) 48.
2 Bleicher (Unternehmenspolitik) 50.
3 Vgl. Biedenkopf (Gemeinschaft) 381.
4 In seinem Buch »Erfolg durch Partnerschaft« betont Reinhard Mohn die Bedeutung dieser Harmonisierung immer wieder. Vgl. Mohn (Erfolg).
5 Mohn (Erfolg) 142.
6 Mohn (Erfolg) 54 f.
7 Mohn (Erfolg) 73.
8 Mohn (Erfolg) 39.
9 Vgl. de Woot (Management Stratégique) 71 ff.
10 Jacobs (Renewal), 50, im Text: »In looking at our business we found that we

really make money at only two levels in the organization: at the very top, where we control resources and set policies and guidelines with respect to vital issues of commodities purchasing, currencies, and the like; and in the firing line, in our country-based product organizations. We resolved to concentrate our best management talent in the firing line, making those people responsible for the country-based business units and then ruthlessly stripping away as many as possible of the intervening management layers between them and top management in Zurich.«

11 Vgl. Hanan (Fast Growth) 40 ff.

12 Vgl. Probst (Gesetzeshypothesen) 306 ff.

13 Vgl. Ketteringham/Nayak (Senkrechtstarter) 67 ff.

14 Vgl. Berg (Mismarketing) 2, 228.

15 Meffert (Flexibilität) 121 ff. Wir beschränken uns hier auf die Betrachtung der Handlungsflexibilität.

16 Vgl. dazu Meffert (Flexibilität) 126 ff.

2. TEIL, Kapitel 3

1 Vgl. Deal/Kennedy (Corporate Cultures) 13 ff.; Bleicher (Chancen) 40 ff.; Kobi/Wüthrich (Unternehmenskultur verstehen) 28 ff.; Pümpin (Bedeutung) 17.

2 Unter einer Grundorientierung verstehen wir ein relevantes Merkmal der Unternehmenskultur, das im Unternehmen in einer ganz spezifischen Art und Weise ausgeprägt ist. Vgl. dazu Kobi/Wüthrich (Unternehmenskultur verstehen) 89 ff.

3 Zu den Begriffen vgl. Pümpin/Kobi/Wüthrich (Unternehmenskultur) 29.

4 Zur Kulturgestaltung siehe Kobi/Wüthrich (Unternehmenskultur verstehen) 155 ff.

2. TEIL, Kapitel 4

1 Auf diesen Sachverhalt habe ich bereits in einem meiner früheren Bücher verwiesen, vgl. Pümpin (Erfolgspositionen) 190.

2 Vgl. dazu Abell (Strategic Windows) 21–26.

3 Vgl. Leysen (Krisen) 103.

4 Vgl. dazu Simon (Zeit) 14 ff.

5 Buzzel und Gale untersuchen periodisch in ihren PIMS-Studien (Profit Impact of Market Strategy) aufgrund einer Datenbasis, die Informationen über rund 3000 strategische Geschäftseinheiten amerikanischer und europäischer Unternehmen enthält, die Auswirkungen verschiedener Variablen (Marktanteil, Wachstum, F & E-Ausgaben, Qualitätsniveau etc.) auf den ROI, ROS etc. Vgl. Buzzel/Gale (PIMS-Principles).

6 Vgl. Clifford/Cavanagh (Winning Performance).

7 Simon (Zeit) 21, Ries/Trout (Positioning) 19, zit. in: Simon (Zeit) 21.

8 Simon (Zeit) 18.

9 Vgl. dazu auch Simon (Zeit) 10 ff.

2. TEIL, Kapitel 5

1 Vgl. z. B. Porter (Corporate Strategy).

Epilog/Fallstudien

1 Vgl. Höhn, (Führungsbrevier).
2 Vgl. Loomis (Buyout Kings) 53 ff.
3 Rappaport (Shareholder Value).

Fünf Praxisbeispiele

1 Bertelsmann AG (150 Jahre) 41.
2 Wachstumsstrategien bei Bertelsmann, unveröffentlichtes Arbeitspapier, 10.
3 Bleicher (Vorbild) 73.

Literaturverzeichnis

Abell, D. F. (Business), Defining the Business, Englewood Cliffs 1980.

Abell, D. F. (Strategic Windows), Strategic Windows, in: Journal of Marketing, July 1978.

Amato, I. (Microtool), Microtool: Small Things Considered, in: The Washington Post, Sonntag, 13. März 1988.

Ansoff, H. I. (Corporate Strategy), Corporate Strategy, New York 1965.

Argenti, J. (Corporate Collapse), Corporate Collapse – The Causes and Symptoms, London 1976.

Below, P. J.; Morissey, G. L.; Acomb, B. L. (Strategic Planning), The Executive Guide to Strategic Planning, San Francisco/London 1979.

Belz, Ch. (Konstruktives Marketing), Konstruktives Marketing, Savosa/St. Gallen 1989.

Bennis, W.; Nanus, B. (Leaders), Leaders, New York 1985.

Berg, Th. L. (Mismarketing), Mismarketing – Case Histories of Marketing Misfires, Garden City 1971.

Bertelsmann AG (Hrsg.) (150 Jahre), 1835–1985 – 150 Jahre Bertelsmann, München 1985.

Bibeault, D. B. (Turnaround), Corporate Turnaround, New York 1982.

Biedenkopf, K. H. (Gemeinschaft), Im Dienst der Gemeinschaft, in: 150 Jahre Bertelsmann, Gütersloh 1985.

Bleicher, K. (Chancen), Chancen für Europas Zukunft, Frankfurt/Main 1989.

Bleicher, K. (Vorbild), Führung durch Vorbild, in: Bertelsmann AG (Hrsg.) 1835–1985 – 150 Jahre Bertelsmann, München 1985.

Bleicher, K. (Unternehmenspolitik), Unternehmenspolitik und integrierte Führung, Skriptum Hochschule St. Gallen 1988.

Bleicher, K.; Meyer, E. (Führung), Führung in der Unternehmung – Formen und Modelle, Reinbek bei Hamburg 1976.

Borner, S. (Hrsg.) (International Finance), International Finance and Trade in a Polycentric World, Houndmills, Basingstoke, Hampshire/London 1988.

Borner, S.; Simma, B. (Unternehmungsführung), Unternehmungsführung im Strukturwandel, in: Die Orientierung, Nr. 82, Schriftenreihe der Schweizerischen Volksbank, Bern 1984.

Boyatzis, R. E. (Manager) The Competent Manager, New York 1982.

Brauchlin, E. (Desindustrialisierung), Desindustrialisierung der Schweiz – Konsequenzen für die industriellen Unternehmen, in: Technische Rundschau, 16/88.

Bright, D. S. (Fast Lane), Gearing up for Fast Lane, New York 1985.

Buzzell, R. D.; Gale, B. T. (PIMS-Principles), The PIMS-Principles, New York 1987.

Carlzon, J. (Customer), Putting Customer First: The Key to Service Strategy, in: The McKinsey Quarterly, Summer 1987.

Casson, M. (Recent Trends), Recent Trends in International Business: A New Analysis, in: Borner (International Finance) 215–376.

Cetron, M. J. (21st Century), Into the 21st Century: Long-Term Trends Affecting the United States, in: The Futurist 22:4, Juli–August 1988.

Clifford, D. K.; Cavanagh, R. E. (Winning Performance), The Winning Performance, New York 1985; dt.: Spitzengewinner, Düsseldorf 1986.

Deal, T. E.; Kennedy, A. A. (Corporate Cultures), Corporate Cultures, Reading/Massachusetts 1982.

Drucker, P. F. (Management), Management, London 1974; dt.: Neue Management-Praxis, Düsseldorf 1975.

Finneran, K. (English Language), The Future of the English Language, in: The Futurist 20:4, Juli–August 1986.

Foster, R. N. (Innovation), Innovation, New York 1986.

Fowles, J. (Coming), Coming Soon: More Men than Women; in: The New York Times, Sonntag, 5. Juni 1988.

Freudenmann, H. (Planung), Planung neuer Produkte, Stuttgart 1965, zit. in: Siegwart, H.: Produktentwicklung in der industriellen Unternehmung, Bern 1974.

Gälweiler, A. (Unternehmensführung), Strategische Unternehmensführung, Frankfurt 1987.

Gälweiler, A. (Unternehmensplanung), Unternehmensplanung – Grundlagen und Praxis, Frankfurt/New York 1986.

Goldsmith, W.; Clutterbuck, D. (Winning Streak), The Winning Streak, Harmondsworth/Middlesex 1985.

Greiner, L. E. (Evolution), Evolution und Revolution im Wachstum von Organisationen, in: Harvard Manager 3/1982.

Hamilton, J. O. (Drug), Miracle Drug, in: Business Week, August 29, 1988.

Hanan, M. (Fast Growth), Fast Growth Strategies, New York 1987.

Henderson, B. D. (Erfahrungskurve), Die Erfahrungskurve in der Unternehmensstrategie, Frankfurt/New York 1974.

Henderson, B. D. (Corporate Strategy), Henderson on Corporate Strategy, Cambridge/Massachusetts 1979.

Hinterhuber, H. H. (Unternehmensführung), Strategische Unternehmensführung, Berlin/New York 1984.

Hirn, W. (Krieg), Warten auf Krieg, in: Manager Magazin Nr. 6, 1988.

Höhn, R. (Führungsbrevier), Führungsbrevier der Wirtschaft, Bad Harzburg 1966.

Hornstein, H. A. (Courage), Managerial Courage, New York 1986.

Hrebiniak, L. G.; Joyce, W. F. (Strate-

gy), Implementing Strategy, New York/London 1984.
Jacobs, K. (Renewal), Organizational Renewal: The Jacobs Suchard Experience. In: The McKinsey Quarterly, Winter 1987.
Ketteringham/Nayak (Senkrechtstarter), Senkrechtstarter, Düsseldorf 1987.
Kirkland, R. I. (Outsider), Outsider's Guide to Europe in 1992, in: Fortune, 24. Oktober 1988.
Kirsch, W.; Roventa, P. (Hrsg.) (Management), Bausteine eines strategischen Managements, Berlin 1983.
Kirsch, W.; Trux, W. (Marketing), Vom Marketing zum Strategischen Management, in: Kirsch/Roventa (Management) 43–64.
Kobi, J.-M.; Wüthrich, H. A. (Unternehmenskultur verstehen), Unternehmenskultur verstehen, erfassen und gestalten, München 1986.
Kotter, J. P. (General Managers), The General Managers, New York 1982.
Kotter, J. P. (Power), Power and Influence, New York 1985.
Kouzes, J. M.; Posner, B. Z. (Leadership), The Leadership Challenge, San Francisco 1988.
Levitt, T. (Marketing Myopia), Marketing Myopia, in: Harvard Business Review, July-August 1960.
Levitt, T. (Globalization), The Globalization of Markets, in: Harvard Business Review, May-June 1983.
Levitt, T. (Imagination), The Marketing Imagination, New York/London 1983; dt.: Die Macht des Kreativen Marketing, Düsseldorf 1986.
Leysen, A. (Krisen), Krisen sind Herausforderungen, Herford 1986, zit. in: Simon (Zeit) 22.
Loomis, C. J. (Buyout Kings), Buyout Kings, in: Fortune, July 1988.
Lorange, P.; Vancil, R. F. (Planning System), How to Design a Strategic Planning System, Harvard Business Review, September-October 1976.
Lorange, P. (Strategic Planning), Strategic Planning Systems, Englewood Cliffs 1977.
Maccoby, M. (Self-Developers), Self-Developers: Why the New Engineers Work, in: IEEE Spectrum, 26:2, Februar 1988.
Management Enzyklopädie, 2. Aufl., Landsberg/Lech 1983.
Mayo, J. S. (Developments), New Developments in Computer and Communications Technologies, in: Vital Speeches of the Day, 53:16, 1. Juni 1987.
Meffert, H. (Flexibilität), Größere Flexibilität als Unternehmungskonzept, in: zfb, Nr. 37, 2/1985.
Meffert, H. (Marketing), Marketing, 3. Auflage, Wiesbaden 1977.
Merriam, J. E.; Makover, J. (Trend Watching), Trend Watching, New York 1988.
Mills, D. Q. (New Competitors), The New Competitors, New York 1985.
Mohn, R. (Erfolg), Erfolg durch Partnerschaft, Berlin 1986.
Moss-Kanter, F. (Change Masters), The Change Masters, New York 1983.
Myers, N. (Writing), Writing Off the Environment, in: Green Pages: The Business of Saving the World, Routledge 1988.
Naisbitt, J. (Megatrends), Mega-

trends, London/Sydney 1984.
Ohmae, K. (Triad Power), Triad Power, New York 1985.
Percy, C. H.; McMinn, D. W. (Biggest Market), The World's Biggest Market. How Companies Can Keep Europe Open, in: The New York Times, Sonntag, 9. Oktober 1988.
Peters, T. J.; Waterman, R. H. (Excellence), In Search of Excellence, New York 1982.
Peters, T. J. (Chaos), Thriving on Chaos, New York 1987.
Pleitner, H. J. (Entrepreneurs), Entrepreneurs and New Venture Creation: Some Reflections of a Conceptual Nature, in: Journal of Small Business & Entrepreneurship, Vol 4, Summer 1986.
Pleitner, H. J. (Erfolgsfaktoren), Künftige Erfolgsfaktoren für das Gewerbe, in: Wiener Internationales Gewerbeforum: Materialien der Abteilung für Gewerbe-, Klein- und Mittelbetriebe an der Wirtschaftsuniversität Wien, Bd. III, Wintersemester 1987/88, Wien 1988.
Porter, M. E. (Competitive Advantage), Competitive Advantage, New York 1985.
Porter, M. E. (Nations), Competitive Advantage of Nations, unveröffentlichtes Arbeitspapier, Boston 1988.
Porter, M. E. (Competitive Strategy), Competitive Strategy, New York 1980.
Porter, M. E. (Corporate Strategy), From Competitive Advantage to Corporate Strategy, in: Harvard Business Review, May-June 1987.
Probst, G. J. B. (Gesetzeshypothesen), Kybernetische Gesetzeshypothesen als Basis für Gestaltungs- und Lenkungsregeln im Management, Bern 1981.
Pümpin, C. (Erfolgspositionen), Management strategischer Erfolgspositionen, 3. Aufl., Bern/Stuttgart 1986.
Pümpin, C. (Strategische Führung), Strategische Führung in der Unternehmenspraxis, in: Die Orientierung Nr. 76, Schriftenreihe der Schweizerischen Volksbank, Bern 1980.
Pümpin, C.; Kobi, J.-M.; Wüthrich, H. A. (Unternehmenskultur), Unternehmenskultur, Basis strategischer Profilierung erfolgreicher Unternehmen, Schriftenreihe der Schweizerischen Volksbank, Bern 1985.
Pümpin, C. (Bedeutung), Unternehmenskultur, Unternehmensstrategie und Unternehmenserfolg, in: Die Bedeutung der Unternehmenskultur für den zukünftigen Erfolg Ihres Unternehmens, Allgemeine Treuhand AG (ATAG), Basel 1984.
Quinn, J. B. (Innovationsmanagement), Innovationsmanagement: Das kontrollierte Chaos, in: Harvard Manager, 4/1985.
Ramirez, A. (Old Workers), Making Better Use of Older Workers, in: Fortune, 30. Januar 1989.
Rappaport, A. (Shareholder Value), Creating Shareholder Value, New York 1986.
Ries, A.; Trout, J. (Positioning), Positioning: The Battle for Your Mind, New York 1986.
Robertson, A. B.; Achilladelis, B.; Jervis, B. (Success), Success and

Failure in Industrial Innovation, Report on Project Sappho, London 1972.

Schelker, Th. (Problemlösungsmethoden), Problemlösungsmethoden im Produktinnovationsprozeß, Dissertation, St. Gallen 1976.

Siegwart, H.; Caytas, I. G.; Mahari, J. I. (Financial Design), Financial Design setzt Energien frei, in: Harvard Manager 1/1988.

Siegwart, H.; Caytas, I. G.; Mahari, J. I. (Turnaround Management), Turnaround Management: von quantitativen zu qualitativen Sanierungsstrategien, in: Der Schweizer Treuhänder, Sonderdruck III 1–2/88.

Simon, H. (Zeit), Die Zeit als strategischer Erfolgsfaktor, unveröffentlichtes Manuskript, Bielefeld 1988.

Suplee, C. (Computer Design), Computer Design: Is This Machine Thinking Or Not? in: Washington Post, Sonntag, 5. Oktober 1986.

Tapie, B. (Gagner), Gagner, Paris. 1986.

Tichy, N. M.; Devanna, M. A. (Leader), The Transformational Leader, New York 1986.

Turner, G. (Ambitions), The Future Ambitions of Japan's Financial Giants, in: Long Range Planning, 20:5, Oktober 1987.

Ulrich, H. (Unternehmung), Die Unternehmung als produktives soziales System, 2. Aufl., Bern 1970.

Ulrich, H. (Unternehmungspolitik), Unternehmungspolitik, 2. Aufl., Bern 1987.

Vancil, R. F.; Lorange, P. (Planning), Strategic Planning in Diversified Companis, Harvard Business Review, January-February 1975.

Wall Street Journal (Glutted Markets), Glutted Markets: A Global Overcapacity Hurts Many Industries. No Easy Cure Is Seen, Montag, 9. März 1987.

Wehrli, H. P. (Marketing), Marketing – Zürcher Ansatz, Dissertation, Zürich 1980.

Weidenbaum, M. L. (Business Landscape), The Business Landscape in 2001; in: Across the Board, 23:5, Mai 1986.

Weinhold, H. (Marketing), Marketing in 20 Lektionen, 16. Auflage, St. Gallen/Stuttgart/Steyr 1988.

Whitney, J. O. (Turnaround Management), Turnaround Management Every Day, in: Harvard Business Review, September-October 1987.

Winteler, H. (Strukturwandel), Strukturwandel des Goldmarktes, in: Neue Zürcher Zeitung, 20. Dezember 1988.

de Woot, Ph. (Management Stratégique), Management Stratégique des Groupes Industriels, Paris 1984.

Wuffli, P. A. (Wertsteigerung) Wertsteigerung oder Überleben als Institution? in: Neue Zürcher Zeitung, 16. Nov. 1988, 41.

Wunderer, R.; Grunwald, W. (Führungslehre), Führungslehre, Bd. 1, Berlin 1980.

Personen- und Sachregister

Lee Iacocca
und Sonny Kleinfield

Mein amerikanischer Traum

384 Seiten plus 16 Seiten Abbildungen, gebunden, Schutzumschlag

»Inzwischen gibt es über Management etwa so viele Bücher wie übers Abspecken.«
Mit solch kontroversen Aussagen ist Lee Iacoccas zweites Buch randvoll gespickt. Was im ersten autobiographisch war, wird jetzt allgemeingültig.
Lee Iacocca äußert sich mit dem Abstand eines Elder Statesman und zugleich mit dem Engagement eines erfolgreichen Konzernbosses zu Themen unserer Zeit: Publicity, Japan, Nation, Staatsdefizit, Wall Street, Business. Es ist die Abrechnung mit den faulen Stellen in Gesellschaft, Politik und Geschäftswechsel; ein Bekenntnis zur Gradlinigkeit.
Keine Frage, auch das zweite Buch von Lee Iacocca wird ein Welterfolg werden. Ein Ratgeber für Politiker oder solche, die es werden wollen, ein Nachschlagewerk für Manager und Studenten der Nationalökonomie. Eine blendend ins Deutsche übersetzte Gedankensammlung eines überaus erfolgreichen Wirtschaftskapitäns der USA.

Kölnische Rundschau

Es ist alles gesagt! *Frankfurter Allgemeine*

Lee Iacoccas Weltbestseller »Eine amerikanische Karriere« ist ebenfalls im ECON Verlag erschienen.
416 Seiten plus 8 Seiten Abbildungen, gebunden, Schutzumschlag.

Gerd Gerken

Die Trends für das Jahr 2000

416 Seiten, gebunden, Schutzumschlag

Die Jahrhundertwende steht vor der Tür: Wir befinden uns in einem Zeitalter epochaler Umwälzungen; alle Bereiche – Politik, Wirtschaft und Kultur – sind davon betroffen. Doch keiner weiß so recht, wo's langgeht. Wie sieht die Zukunft der Wirtschaft in unserer heutigen Informationsgesellschaft aus? Was sind die Trends, die das auslaufende Jahrtausend prägen werden? Auf welchen Wertewandel haben sich Unternehmer und Manager einzustellen?
Gerd Gerken kann mit seinem neuesten Werk eine kompetente Vorausschau bieten.
Topmanager, Selbständige, Unternehmer, Werbeleute, Journalisten, Parteien oder Berater – sie alle können sich von ihm inspirieren lassen. Er zeigt die Wege auf, die »grüne« Ideologie und Fortschrittsglaube verbinden, er analysiert den Einfluß von New Age auf das klassische Management und beschreibt, wie die Welle der neuen Bescheidenheit das Marketing völlig umkrempeln wird. Gerd Gerkens Thesen sind bahnbrechend.